具有约束的动力定位船控制方法研究

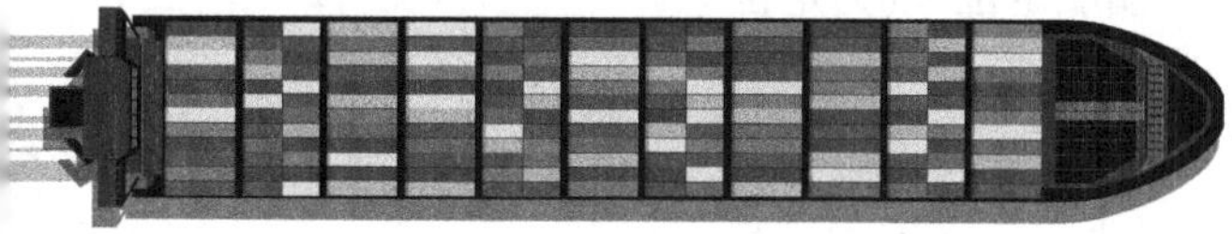

梁坤◎著

本成果受到航空航天电子信息技术河南省协同创新中心、河南省特需急需特色骨干学科（群）航空航天智能工程学科群、河南省通用航空技术重点实验室、河南省科技攻关项目“兼容动力学差异的多旋翼无人机着舰复合触发抗饱和控制技术研究”（232102221014）、郑州航空工业管理学院科研团队支持计划专项（23ZHTD01007）资助。

郑州大学出版社

·郑州·

图书在版编目(CIP)数据

具有约束的动力定位船控制方法研究 / 梁坤著. --
郑州 : 郑州大学出版社, 2024. 9
ISBN 978-7-5773-0364-2

I. ①具… II. ①梁… III. ①船舶定位-动力定位-
研究 IV. ①U675. 6

中国国家版本馆 CIP 数据核字(2024)第 102534 号

具有约束的动力定位船控制方法研究
JUYOU YUESHU DE DONGLI DINGWEICHUAN KONGZHI FANGFA YANJIU

策划编辑	李同奎	封面设计	凯高教育
责任编辑	李同奎　袁晨晨	版式设计	凯高教育
责任校对	王瑞珈	责任监制	李瑞卿

出版发行	郑州大学出版社	地　　址	郑州市大学路 40 号(450052)
出 版 人	卢纪富	网　　址	http://www.zzup.cn
经　　销	全国新华书店	发行电话	0371-66966070
印　　刷	郑州宁昌印务有限公司		
开　　本	710 mm×1 010 mm　1/16	彩　　页	2
印　　张	11	字　　数	152 千字
版　　次	2024 年 9 月第 1 版	印　　次	2024 年 9 月第 1 次印刷

书　　号	ISBN 978-7-5773-0364-2	定　　价	58.00 元

前　言

动力定位控制是实现船舶高精度海洋作业的一项关键技术。在动力定位船控制系统中,由物理特性限制所造成的约束问题往往会导致动力定位船的控制性能下降,是影响高性能海洋作业的核心问题,也是制约动力定位船控制方法应用于实际工程的瓶颈。本书针对动力定位船控制系统中物理特性限制所带来的时滞约束、输入饱和约束、速度不可测约束以及不确定性约束问题,在考虑各类约束问题对动力定位船控制性能影响的前提下,设计出一系列控制方法,从而实现动力定位船高性能的定位或者航迹跟踪控制。本书的主要研究内容如下:

(1)针对动力定位船推进系统推力生成速度限制造成的时滞约束问题,并考虑预设定位作业时间内动力定位船的状态约束问题,基于 Lyapunov-Krasovskii 理论,本书提出了一种有限时间暂态定位控制方法,保证动力定位船在时滞约束的影响下,能够在包含初始时刻的预设作业时间内定位于期望定位点附近,并且在定位过程中满足预设的作业状态要求。通过有限时间状态有界的方法,保证动力定位船在包含初始时刻的预设作业时间内定位于期望定位点附近,并且船舶状态始终保持在预设要求的作业范围内,弥补了 Lyapunov 方法无法定量分析在包含初始时刻的预设作业时间内动力定位船运动状态的局限性;同时,构造了一个包含初始状态的性能指标,消除了传统控制对于初始状态为零的假设条件,减弱了作业时间内动力定位船的振荡;此外,对于有限时间稳定理论进行了研究,提出了一种改进的有限时间稳定分析方法,缩小了被控对象预设时间内运动状态的范围,降低了传统方法的保守性。

(2)针对动力定位船推进系统所提供推力限制造成的输入饱和约束问题,并考虑航迹跟踪作业中的抗干扰性能以及计算负担约束问题,基于抗饱和控制理论,本书提出了一种基于干扰观测器的鲁棒自适应双回路超前抗饱和航迹跟踪控制方法,保证动力定位船在输入饱和约束的影响下,以较小的计算负担,稳定精确地跟踪到期望航迹,并且超调量较小。本书研究了六自由度动力定位船运动模型化简为三自由度运动模型的过程,首次考虑了由此产生的非匹配干扰问题,通过设计干扰观测器,提高了动力定位船的抗干扰性能,提升了动力定位船的航迹跟踪精度;同时,通过集成不同性能的抗饱和补偿器,提出了一种改进的双回路超前抗饱和控制方法来处理动力定位船的输入饱和问题,克服了输入饱和造成的动力定位船航迹跟踪初始阶段超调量过大的问题，并且相对于传统抗饱和控制，进一步降低了动力定位船在初始跟踪阶段的超调；此外，应用动态面技术有效解决了复合跟踪控制方法计算负担过重的问题，使得所设计的控制方法易于工程应用。

(3)针对动力定位船传感器成本和精度限制造成的速度不可测约束问题，并考虑航迹跟踪作业中的输入饱和约束问题以及收敛速度约束问题，基于终端滑模控制理论，本书提出了一种基于有限时间收敛状态观测器的自适应滑模输出反馈航迹跟踪控制方法，保证动力定位船在速度不可测约束与输入饱和约束的影响下，能够快速跟踪到期望航迹。本书提出了一种连续有限时间收敛状态观测器来解决动力定位船速度不可测的问题，提高了传统动力定位船状态观测器的收敛速度，避免了滑模观测器的抖振问题；同时，设计了有限时间收敛辅助系统来处理动力定位船的输入饱和约束问题，并将辅助系统信号加入到滑模面的设计中，为动力定位船设计了自适应滑模输出反馈航迹跟踪控制器，减弱了动力定位船航迹跟踪初始阶段中的振荡，并且具有更快的收敛速度；此外，所设计的标称自适应滑模输出反馈航迹跟踪控制器避免了传统滑模控制器的抖振问题，保证了未触发输入饱和约束情况下动力定位船的跟踪精度。

(4)针对动力定位船物理特性信息限制而造成的不确定性约束问题，并综合考虑时滞、未知输入饱和以及计算负担等多重约束下动力定位船沿预设航迹跟踪至定位点的跟踪控制问题，基于神经网络控制理论，本书提出了一种基于最小参数学习的动力定位船鲁棒自适应神经网络跟踪控制方法，保证动力定位船在时滞约束、未知输入饱和约束以及不确定性约束的多重约束影响下，能够以较小的计算负担，沿着期望航迹跟踪至期望位置。本书通过基于最小参数学习的径向基神经网络逼近动力定位船中的未知参数，不仅解决了动力定位船物理信息限制造成的不确定性约束问题，还解决了“维数灾难”和“计算爆炸”问题，使得控制方法结构简单，计算负担小，易于工程实现；同时，通过选择合适的 Lyapunov-Krasovskii 函数补偿了动力定位船状态延迟对于跟踪性能的影响；此外，通过鲁棒自适应技术对未知海洋环境干扰、未知输入饱和约束以及神经网络的逼近误差进行估计补偿，不仅弥补了抗饱和控制无法处理未知输入饱和约束问题的局限性，减弱了跟踪初始阶段由于饱和约束所引起动力定位船的振荡，也降低了由于神经网络估计所引起的动力定位船跟踪误差，提高了动力定位船的跟踪精度。

本书是作者近些年在动力定位控制算法领域科研和学术研究工作的总结，在撰写过程中参考、借鉴了大量国内外同行的研究成果和文献，谨在此表示诚挚的敬意与真诚的感谢。

由于著者的理论学术水平有限，书中难免存在错误或疏漏之处，敬请专家同行及广大读者批评指正。

著者

2024 年 6 月

目　录

第 1 章 绪论

1.1 研究目的和意义

由于世界人口的持续增长以及陆地资源的惊人消耗，世界各国在生存、发展及安全方面对海洋开发的需求日益增加，因此海洋作业以及工程在国家发展格局中的作用日益重要，在维护国家主权、安全、发展利益中的地位也日益突出[1]。但是，复杂的海洋环境、恶劣多变的气候等因素都导致人类对海洋资源的开发困难重重，这就需要先进的技术设备作为支持。为此，动力定位控制技术得到了迅速发展，并且已成为船舶在海洋环境下作业的必备技术手段之一[2-4]。动力定位船是装备了动力定位系统的全驱动水面船，动力定位船根据信息测量系统得到船舶运动状态，通过控制系统中所设计的控制器输出控制信号，控制信号驱动船舶自身装备的推进装置，保证动力定位船在海面上定位于固定位置或者跟踪给定的航迹，以实现船舶在海洋环境下进行各类作业的要求[5]。因此，动力定位船的控制器设计是实现高精度海洋作业的核心部分，在此背景下，本书将开展对动力定位船控制器设计的研究。在动力定位船控制器的设计中，研究人员需要综合考虑各种约束因素。一方面，研究人员需要考虑动力定位船各种设备的物理特性限制，这些限制会造成动力定位船控制器设计中的“硬约束”问题。例如，推进器结构的限制以及电机功率的限制使得推进系统无法提供任意大小的推力和力矩，这样会造成输入饱和约束问题[6]；推进系统中推进器产生推力需要一定时间，而动力定位船运动状态对于推力的响应也存在延迟，这种响应速度限制造成了动力定位船控制器设计中的时滞约束问题[7]；同时，由于传感器成本和精度的限制，信息测量系统通常难以精确地提供动力定位船的所有运动状态，尤其是速度和角速度信息，这就造成动力定位船控制器设计中存在速度不可测约束问题[8]；此外，动力定位船复杂的物理结构导致研究人员难以完全获得动力定位船所有信息，通常采用的船舶运动模型是一种简化的模型表述方式，难以精确描述动力定位船运动的所有动态特征，模型中的参数也难以精确获得，这种物理特性和参数信息的限制造成了动力定位船控制器设计中的不确定性约束[9]问题。综上所述，考虑动力定位船中的物理约束问题是控制器设计的前提，研究人员需要考虑这些约束问题才能设计出适用于实际工程的动力定位船控制系统。另一方面，为了实现不同的海洋作业任务，研究人员对于动力定位船的控制性能也有各种要求，这就是所谓的“性能约束”问题。一般来讲，研究人员需要动力定位船在作业期间保持良好的稳态性能，也就是保证动力定位船能够精确稳定地保持在期望的定位点或者跟踪到期望航迹，这就需要动力定位船控制系统对外界干扰具备良好的抗干扰能力，保证动力定位船对于期望位置或者航迹的跟踪误差尽量小[10]。除了稳态性能，暂态性能也是衡量动力定位船控制性能的重要指标，在一些对作业时间区间有特定要求的作业任务中，研究人员希望动力定位船能够在包含初始时刻的预设作业时间内保证状态的稳定[11]，还有一些任务中需要动力定位船快速地达到期望状态[12]。此外，在复杂海洋环境下的海洋作业需要动力定位船运动状态不出现明显的振荡现象[13]，因此，仅仅满足动力定位船的稳态控制性能约束并不能满足所有的海洋作业要求。综上所述，为了满足不同的海洋作业任务，研究人员需要为动力定位船设计满足不同性能约束的控制器。

需要指出的是，上述的物理约束问题和性能约束问题在动力定位船控制器的设计中并不是相互独立的，需要进行综合的考量。一般来讲，为了满足动力定位船的物理约束，需要在控制器的设计过程中牺牲部分控制性能[14]，这样就会降低动力定位船的控制性能，可以说动力定位船物理限制所引起的约束问题是造成动力定位船控制性能下降的主要因素。例如，推进系统所提供的推力不足会使得动力定位船的暂态性能下降，造成动力定位船作业的收敛时间变长，超调变大[15]；信息测量系统无法提供精确的船舶速度会使得控制系统无法反馈正确的跟踪误差信息，从而造成动力定位船的稳态性能变差[16]；推力和力矩输出延迟引起的相位滞后会造成动力定位船控制系统的性能下降、振荡，甚至不稳定[7]；动力定位船水动力阻尼系数的不确定性使得控制系统的输出信号包含了不确定信息，影响了推进系统对于船舶运动状态的调节，从而导致动力定位船的定位性能或者跟踪性能下降[17]。因此可以看出，在动力定位船的控制器设计过程中，物理约束问题会造成动力定位船运动难以满足控制性能的约束，在控制器的设计中需要综合考量各类约束问题,才能够实现动力定位船的高性能控制。

综上所述,约束问题是制约动力定位船控制系统性能的关键问题,如何在满足物理约束的前提下设计满足控制性能的控制器是动力定位船控制系统设计的核心问题。因此,在考虑动力定位船各种约束的情况下,设计易于工程实现、结构简单的高性能控制方法,保证控制精度,改善控制性能,具有重要的理论价值和应用前景。

在此背景下,本书将开展具有约束的动力定位船控制方法设计的研究,在控制器的设计中综合考量由于动力定位船控制系统物理特性限制所造成的时滞约束、输入饱和约束、速度不可测约束以及不确定性约束等问题,在满足这些约束条件的情况下设计满足控制性能约束的控制方法,旨在解决由于约束问题带来的动力定位船控制性能下降的问题。

1.2　动力定位船控制方法研究现状

动力定位控制系统是由人类对于海洋石油、天然气资源开发的迫切需求而快速发展起来的[5],从20世纪60年代至今,越来越多的作业船舶和海洋平台装备了动力定位控制系统。相对于装备了传统锚泊系统的船舶来讲,动力定位船具有机动性强、定位精度高等明显优势,同时动力定位船的定位成本不会随着水深的增加而增加,也能够避免锚泊对于海床的破坏。现今动力定位船已被广泛应用于铺管、打捞救援、石油钻井、供给等海洋工程及作业领域中,成为了人类向深海和远洋发展的关键技术之一[4]。

根据国际海事组织(international maritime organization, IMO)和世界主要船级社(英国劳氏船级社LR,美国船级社ABS,挪威船级社DNV)所给出的定义[5],动力定位船是指装备了动力定位控制系统的船舶,该类型船舶能够在不依靠锚泊的条件下,利用自身装备的推进器来抵御风、浪、流等外界干扰对船舶运动状态的影响,使得动力定位船能够以一定的姿态保持在海面上的预设位置或者精确地跟踪给定的航迹曲线,从而实现各类海洋作业和工程。动力定位船的基本作业功能分为艏向控制、定点控位以及航迹控制,其中,艏向控制针对动力定位船的航向进行控制,在艏向相对于预设艏向出现偏移的时候自动改变艏向,实现对动力定位船艏向的精确控制;定点控位是动力定位船的一种基本功能,在执行该作业任务的时候,需要将动力定位船定位于大地坐标系下的一个固定位置,当船舶偏离预设位置的时候,通过自身装备的推进器对动力定位船进行调整,保持其精确的位置;航迹控制是一种对预设航迹的跟踪控制,为了实现铺管、救援、巡逻、检测等海洋作业任务,动力定位船需要对预设航迹进行跟踪控制,按照预设的航迹指令或者速度指令,动力定位船通过推进器系统沿预定的轨迹航行,最终到达终点[5]。此外,根据动力定位船控制系统的冗余度,国际海事组织将动力定位船分为 DP-1、DP-2 和 DP-3 三个级别,DP-1 能够在无故障的情况下实现动力定位船的控制,但是单一故障会造成定位失效;DP-2 能够在部分单一故障下保持定位能力,但是在静态原件发生故障的时候可能会造成定位失效;DP-3 能够保证动力定位船在任意单一故障下实现定位控制[3]。

动力定位船控制系统包括信息测量系统、控制系统和推进器系统三个部分(如图 1. 1 所示),其中信息测量系统主要包括传感器系统和位置参考系统,控制系统包含定位控制器与推力分配单元,推进器系统一般由多台推进器组成,其中控制系统中的定位控制器是动力定位船控制系统的核心部分,各国研究人员围绕动力定位船控制器设计问题开展了大量深入的研究[10,18,19]。早在 20 世纪 60 年代,研究人员为动力定位船设计了基于 PID 方法的控制器,所设计的控制器对解耦的各个自由度分别进行控制[20]。随后,到了 70 年代,最优控制与 Kalman 滤波技术被用于动力定位船控制器的设计中,文献[21]通过结合 Kalman 滤波技术和线性二次高斯控制为动力定位船设计控制器。到了 80 年代初期,研究人员开始将自适应控制方法应用于动力定位船控制系统的设计当中,文献[22]基于自校正控制方法,为动力定位船设计了自校正滤波器。到了 90 年代末,研究人员开始将非线性控制方法用于动力定位船控制器的设计中,基于 Lyapunov 稳定性理论和反步法,文献[23]为动力定位船设计了非线性状态观测器和控制器,所设计的控制方法能够实现闭环控制系统的全局渐近稳定,但是该方法需要六个步骤进行设计,较为复杂,为了解决该问题,在文献[23]的基础上,文献[24]引入了矢量-观测反步法,将原方法的六个步骤降低为两个,并且基于 Lyapunov 理论证明了闭环控制系统的全局指数稳定。同一时期,鲁棒控制方法也开始被用于动力定位船的控制器设计中[25]。

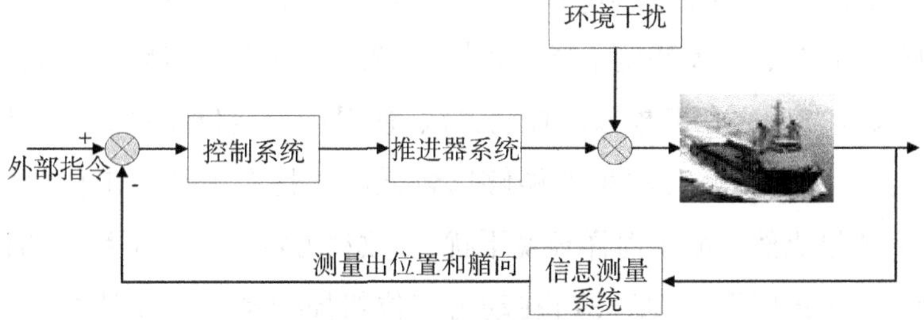

图 1.1 动力定位系统结构图

进入21世纪以来,由于控制理论各个分支的迅速发展和完善,越来越多的先进控制方法被应用于动力定位船控制器的设计中,取得了大量成果。滑模控制方法因为其具有较强的鲁棒性和较好的收敛性,而被应用于动力定位船的控制器设计中,文献[26]、[27]为动力定位船设计了滑模控制器,并且通过1:150的动力定位船模型进行了试验分析,说明了滑模控制方法在动力定位船控制中的有效性。通过分析和试验结果可以看出,相对于PID控制来讲,滑模控制方法具有更好的控制性能,并且对外界环境干扰和船舶自身负载具有更好的鲁棒性。虽然鲁棒控制已被用于动力定位船控制器的设计中,但是随着鲁棒控制理论的发展,一些采用控制理论[28]和结构奇异值理论的鲁棒控制方法也被用于对传统动力定位船鲁棒控制方法的改进。文献[29]根据T-S模糊控制理论,将非线性的动力定位船运动模型转化成为了一组线性模型,采用最优控制方法,将控制器的设计问题等价为一组线性矩阵不等式的最优解求解问题,可以通过现有工具箱得到鲁棒控制器的参数。文献[30]、[31]结合了鲁棒控制与自适应控制方法,为动力定位船设计了简捷的控制策略,保证了动力定位船在超恶劣海况条件下的控制性能,文献[16]在干扰上界已知的条件下,为动力定位船设计了鲁棒动态面控制,避免了反步法中对于虚拟控制律的求导计算。作为一种性能优异的工业控制方法,模型预测控制方法能够处理多种性能约束下的控制问题,被广泛应用于各类工业控制中,挪威Kongsberg公司以节能减排为目的,为动力定位船设计了基于非线性模型预测控制的控制系统,能够有效降低动力定位船作业过程中的能耗,同时降低了有害气体的排放量[32]。文献[33]采用反馈线性化的方法,为装备动力定位控制系统的海洋平台设计了线性模型预测控制方法,文献[34]同样采用线性模型预测控制方法,基于动态矩阵控制方法为动力定位船设计了控制器,但是线性化方法忽略了动力定位船运动中固有的非线性因素。文献[35]考虑了非线性船舶运动模型,基于非切换解析模型预测控制方法,在无环境干扰的条件下,为动力定位船设计了非线性模型预测控制器。文献[36]采用双模预测控制方法,使得动力定位船具有了补偿慢变环境干扰的能力。模型预测方法虽然能够以较低的功耗实现动力定位船的海洋作业,但是很多成果仍然忽略了海洋环境干扰,导致动力定位船控制系统的抗干扰能力不足,为了改善该问题,文献[37]在动力定位船控制系统的设计中引入了自抗扰技术,文献[38]、[39]针对扰动估计补偿能力,分别为动力定位船设计了基于双扩张状态观测器和基于高阶干扰信息的干扰估计方法,改进了传统自抗扰控制的干扰估计方法。除了自抗扰控制方法,自适应控制方法也常常被用于未知干扰下动力定位船控制器的设计中,文献[16]基于自适应干扰观测器,为动力定位船设计了鲁棒反步控制器,文中将基于 σ-修正的泄漏项引入自适应控制器的设计中,为动力定位船设计了动态面自适应状态反馈控制器。此外,为了保证动力定位船在各种海洋环境下进行全天候的作业,文献[40]考虑了切换控制的方法,为动力定位船设计了基于监督切换的混杂控制策略,根据所设计多估计器的输出信号切换至合适的备选控制器,保证了动力定位船在包括恶劣海况的各种海洋环境下实现高精度的作业。更进一步地,文献[41]为集成不同控制器的动力定位船控制策略提出了一种统一框架,能够用于动力定位船的定点控位以及航迹保持,但是基于监督切换的混杂控制器中控制参数过多,选择参数的时候十分困难,为此文献[42]中通过粒子群优化算法对参数进行寻优,并在后续的文献中分别对于观测器、控制器以及切换逻辑进行了研究[43,44],更进一步提高了动力定位船切换控制策略的控制性能。

前述的研究成果大部分都忽略了动力定位船控制系统中的物理特性限制问题,这也制约了上述方法在实际工程中的应用,近些年来,有部分研究人员开始考虑物理特性限制对动力定位船控制的影响问题。在动力定位船控制系统中,由于推进系统推力生成速度的限制以及数据信号传输速度的限制,动力定位船控制中不可避免地存在着时滞约束问题。文献[45]中提出了一种基于 Smith 预估器的自抗扰控制方法来处理动力定位船控制中推进系统所产生的时滞约束问题,文献[46]研究了包含定常输入时滞的动力定位船的控制器设计问题,通过一个模型转换将包含输入时滞的动力定位船控制问题等价为包含状态时滞的动力定位船控制问题,然后基于 Lyapunov-Krasovskii 理论为动力定位船设计了滑模控制器,在此基础上，文献[47]更进一步地假设动力定位船中模型参数未知，设计了动力定位船自适应模糊控制器，但是上述几类控制器都只能处理时滞为已知常数的情况。文献[48]为包含时变时滞的动力定位船设计了加速度反馈 H_∞ 控制器，通过时滞分割法和 Lyapunov-Krasovskii 函数法处理了动力定位船的输入时滞，相对于不考虑输入时滞的控制方法具有更好的控制性能。综合前述研究现状可知，已有研究人员对于动力定位船控制中的时滞约束问题开展了研究，这些成果中大多根据 Lyapunov-Krasovskii 稳定性理论[49-51]补偿动力定位船控制系统中时滞带来的影响，通过鲁棒控制等方法保证了动力定位船的控制性能。

在动力定位船控制系统中，推进系统是主要执行机构，由于推进器并不能提供任意大小的推力和力矩，因此在动力定位船的控制器设计中面临着推进系统输出幅值饱和约束的问题，也就是输入饱和约束问题。文献[52]考虑了未知常值干扰下的动力定位船输入饱和控制问题，采用积分控制处理其中的定常干扰问题，通过抗积分饱和法处理输入饱和问题，为动力定位船设计了鲁棒非线性控制器。文献[53]考虑了未知时变环境干扰以及输入饱和问题，通过设计一个辅助系统来分析输入饱和对于动力定位船控制的影响，为动力定位船设计了一种鲁棒容错控制器。文献[54]针对船舶的转向控制，提出了一种基于抗饱和结构的自适应控制策略，该控制方法包括了一个线性二次型控制器和一个基于 Riccati 方程的补偿器，在输入饱和的情况下保证了船舶转向控制系统的稳定性和控制性能。文献[55]基于滑模观测器，将输入饱和对动力定位船控制性能的影响等效为干扰，将这一部分干扰与外界干扰作为合成干扰，为动力定位船设计了终端滑模控制器，取得了较好的鲁棒性能和收敛性能。文献[56]结合自适应控制和反步法设计非线性控制器，然后结合自适应反步控制与抗饱和控制为船舶设计了航向控制器。考虑舵角的限制，文献[57]为船舶减摇控制提出了一种双环路动态抗饱和控制方法，在传统抗饱和控制中引入了一个延迟补偿器，通过数值仿真说明所设计的控制器能够使得减摇率和舵机工作性能得到改善。文献[58]通过一个辅助系统处理了输入饱和造成的输入非线性，为动力定位船设计了自适应控制器。文献[59]通过双曲正切函数处理了输入饱和引起的控制器不光滑问题，为全驱动船舶设计了有限时间收敛控制器，实现了全驱动船舶的快速编队控制。文献[60]中考虑了动力定位船所受到的未知外界干扰以及输入饱和问题，通过构造辅助系统处理了输入饱和问题，为动力定位船设计了基于干扰观测器的非线性鲁棒控制器，获得了良好的控制效果。综合前述的研究现状可知，对于输入饱和约束下动力定位船控制器设计问题的研究已有了一些成果，主要的处理方法可以分为两类：一步法和两步法。在一步法中[61]，研究人员一般通过近似方法，将控制器中的非线性饱和函数近似为光滑函数，将输入饱和约束下动力定位船控制器的设计问题转化成了无输入饱和约束的控制器设计问题，这样设计出的动力定位船控制器输出信号不会超出推进系统所能提供的最大推力上界。但是需要指出的是，在动力定位船的作业中，输入饱和约束现象具有短时间、非光滑的特点，一步法所设计的控制器在整个作业过程中都需要考虑输入饱和约束问题，这样设计的控制方法具有相当大的保守性，不仅造成了动力定位船稳态性能不足，并且造成动力定位船无法在超出其环境承载能力的海况下作业，限制了动力定位船在全海况环境下的作业能力。两步法[62]首先不考虑输入饱和约束问题，为动力定位船设计标称控制器，在控制器输出的推力信号超过推进系统所能提供最大推力的时候，根据实际控制输入与期望控制输入之间的差值进行性能补偿，保证动力定位船在输入饱和约束下的控制性能。在动力定位船控制系统所需推力不超出推进系统输出推力上界的情况下，两步法能够最大限度地发挥标称控制器的控制性能，保守性相对较低，在动力定位船控制器设计中得到了更为广泛的应用。目前，两步法主要包括了三种具体实现方式：抗饱和控制方法[63]、基于辅助系统的控制方法[64]以及基于干扰补偿的控制方法[65]。其中抗饱和控制方法与基于辅助系统的控制方法相似，通过实际控制输入与期望控制输入之间的偏差触发抗饱和补偿器或者辅助系统，然后抗饱和补偿器或者辅助系统的输出信号将会修正控制方法，保证了动力定位船在触发输入饱和约束情况下的控制性能，基于干扰补偿的控制方法将实际控制输入与期望控制输入之间的偏差作为一种干扰，通过神经网络、自适应律或者干扰观测器进行估计，从而在动力定位船控制器的设计中进行补偿，最终消除输入饱和约束对于动力定位船控制性能的影响。因此，采用两步法处理输入饱和约束问题更有利于设计高性能的动力定位船控制器，更容易满足海洋作业中对于控制性能的要求。

考虑到动力定位船信息测量系统中传感器的成本和精度限制，动力定位船运动状态中的速度通常是难以直接通过传感器测量获得的[66]。文献[67]基于分离原理，为动力定位船设计了比例微分输出反馈控制器，根据动力定位船的位置和艏向角信息,通过无源观测器重构了动力定位船的所有运动状态,基于 Lyapunov 理论证明了闭环控制系统的全局渐近稳定,并且采用 1:70 的动力定位船模型进行了实验验证。文献[68]为线性化的动力定位船模型设计了 Kalman 滤波器,用来估计出动力定位船的所有状态信息,基于此设计了自适应模糊控制方法。文献[69]设计了自适应滑模观测器,为铺管船设计了鲁棒输出反馈控制器。文献[70]为动力定位船设计了 Luenberger 观测器估计船舶速度信息,采用自适应技术来估计未知常值干扰,最终采用矢量反步法为动力定位船设计了非线性输出反馈控制器。文献[71]为动力定位船设计了自适应观测器来估计船舶运动速度,基于估计速度设计了鲁棒自适应控制器,该控制方法能够保证动力定位船闭环系统的全局渐近稳定。文献[72]将高增益观测器技术应用于动力定位船的控制器设计中,在估计误差有界的条件下,证明了动力定位船闭环控制系统的稳定性。综合前述的研究现状可知,已有部分文献关注了动力定位船控制器设计中的速度不可测约束问题,通过为动力定位船设计滤波器[73]或者状态观测器[74]解决了这一约束问题。状态观测器通过重构动力定位船控制系统来估计控制系统中的未知状态,基于确定性等价原理和分离原理,动力定位船控制系统中状态观测器的设计及其稳定性证明可以独立于控制器的设计和证明,由于状态观测器中包含了已知状态和输入信号,在构造其估计误差系统的时候可以抵消掉动力定位船控制器的输入信号,这样在考察状态观测器收敛性的时候,可以脱离控制器的设计进行分析与研究,简化了控制器与观测器的设计步骤,更有利于充分发挥闭环控制系统的性能,因此基于状态观测器的动力定位船输出反馈控制器设计得到了广泛的关注和深入的研究。根据前述的研究现状可知,截至目前,研究人员为动力定位船控制系统设计了无源观测器、时变增益观测器、自适应观测器以及高增益观测器等状态观测器对动力定位船运动状态进行估计,都具有良好的估计性能,保证了动力定位船在速度不可测约束情况下的控制性能。

考虑到动力定位船以及设备复杂的物理特性,研究人员对于这些特性的认知存在限制,因此动力定位船模型的参数和结构都包含了不确定性[75-78]。文献[79]为船舶设计了一种自适应控制器,保证了船舶在参数不确定和外部干扰未知下能够实现渐近稳定,相对于一致最终有界具有更好的控制性能。文献[80]对包含不确定性和未知干扰的动力定位船设计了神经网络控制器,通过径向基神经网络来补偿不确定性和未知外界干扰,该方法所需要的外界干扰先验信息较少。文献[81]结合径向基神经网络、动态面控制和极值搜索算法,为动力定位船设计了自适应控制器。文献[82]同时考虑了动力定位船动态不确定性以及输入饱和问题,为动力定位船设计了鲁棒自适应神经网络控制器,提高了传统神经网络控制器的鲁棒性。文献[83]考虑了动力定位船的状态不可测以及动态不确定性,提出了一种基于高增益观测器的模糊自适应控制器,并证明了动力定位船闭环控制系统的一致最终有界性,保证了包括定位误差在内的所有信号都是有界的。综合前述的研究现状可知,在包含不确定性约束的动力定位船控制器设计中,现有成果主要采取了以下三种方法:基于干扰观测器的控制方法[84]、自适应控制方法[85]以及以神经网络[86]控制和模糊控制[87]为代表的智能控制方法。其中,基于干扰观测器的控制方法能够重构并估计出动力定位船所受到的未知干扰,但是该方法需要动力定位船的参数是已知的,一般用于对海洋环境干扰的估计;自适应控制方法通过在线更新自适应律来估计动力定位船控制中的不确定性信息,不断地辨识动力定位船模型中的参数摄动和不确定性干扰,但是自适应控制方法对动力定位船中的结构不确定性较为敏感,鲁棒性较差;神经网络控制和模糊控制在理论上能够以任意精度逼近动力定位船控制系统中的结构以及参数的不确定性,但是计算负担较重,不利于控制器在实际工程中的实现。

本节给出了动力定位船控制器设计的研究现状,通过研究现状可以看出国内外学者对于动力定位船控制器的设计进行了大量研究,也取得了丰硕成果,其中一些成果已经开始考虑约束条件下动力定位船控制器设计的问题。接下来,本书将对现有成果进行总结,概述现有研究成果的不足。

1.3 现有研究成果的不足

1.2 节给出了动力定位船控制器设计的研究现状,由此可知,虽然已有成果对具有约束的动力定位船控制器设计问题进行了研究,但是在研究内容和研究方法上仍然存在着不足。在此,作者总结研究现状,认为对于具有约束的动力定位船控制器设计问题的研究中尚存在以下亟待解决的问题。

(1)单一控制方法的保守性问题

在动力定位船控制系统设计中,研究人员提出了各种方法来处理动力定位船中不同物理约束带来的问题,但是这些方法各有利弊。由于约束问题会造成动力定位船的控制性能下降,通过单一控制方法解决动力定位船控制中的约束问题仍然具有相当的保守性,难以满足海洋作业对于动力定位船作业的需要。因此,在考虑动力定位船约束问题的前提下,改善单一控制方法的性能、降低方法的保守性不仅在动力定位船控制器设计中具有重要意义,而且对于控制理论也具有重要意义,需要进行深入的研究。

(2)复合控制方法的集成设计问题

除了采用单一控制方法,还可以通过设计复合控制方法来处理动力定位船控制系统中的各类约束问题。由于不同的控制方法侧重解决的问题不同,因此,集成不同的控制方法有助于充分发挥各种单一控制方法的优势,并且弥补它们的不足,进而改善约束条件下动力定位船的控制性能。但是复合控制方法中各个单一控制方法的应用条件不同,在解决动力定位船控制问题中相互耦合,不能通过简单的叠加来实现控制器的设计,对闭环控制系统稳定性的证明也会变得非常复杂和困难,此外,复合控制器通常还会造成控制系统的计算负担过重,这些因素都制约了复合控制方法在动力定位船控制器设计中的应用。因此,如何为具有约束的动力定位船设计复合控制方法,集成不同的控制方法,充分发挥各种控制方法的优势,降低控制系统的计算负担,并且保证整个闭环控制系统的稳定性是动力定位船控制器设计中的重要问题,也是需要深入研究的难点问题。

(3)物理约束条件下特定控制性能约束问题

根据研究现状的总结可知,在具有约束的动力定位船控制器设计问题的研究中,多数成果仅仅保证了动力定位船在物理约束条件下能够实现定点控位或者航迹跟踪控制,但是对于如何在物理约束条件下改善动力定位船控制系统特定控制性能的研究尚存在不足,针对海洋作业要求没有考虑动力定位船的控制性能约束,仅仅通过参数调节来实现动力定位船的控制性能,缺少理论基础。因此,在满足物理约束条件下提高动力定位船特定控制性能是实现动力定位船高性能作业的核心问题,需要进一步的深入研究。

(4)多约束综合影响下的控制器设计问题

目前多数成果仅仅能够处理一类约束问题,缺少对于约束问题的综合考虑。由于动力定位船控制系统是复杂的非线性系统,对于多约束条件下的控制器设计并不能通过不同研究成果的叠加进行处理。因此,考虑多种约束综合影响下的动力定位船控制器设计问题是设计控制系统应用于实际工程中的关键问题,需要在控制器设计的过程中进行全面考虑和分析。

需要指出的是,以上问题之间并不是相互独立的,而是相互关联、同时存在的,在具有约束的动力定位船控制器设计的研究中需要进行综合考虑,在考虑各种约束问题的前提下,设计高性能的单一控制方法或者复合控制方法,能满足动力定位船不同作业的特定控制性能,实现动力定位船高性能的定点控位或者航迹跟踪作业。

1.4 研究内容与组织结构

为了在约束条件下实现动力定位船的高性能控制,并解决 1.3 中所述的不足,本书主要开展了以下四方面的研究。

(1)考虑推进系统时滞约束的动力定位船低保守性控制方法研究

针对推进系统中推力生成速度限制造成的时滞约束问题,在此基础上考虑包含初始时刻的预设作业时间区间内动力定位船状态有界的性能约束问题,探索降低传统 H_∞ 控制方法保守性的方法,在动力定位船控制系统包含时滞约束的情况下,设计保守性更低的 H_∞ 定位控制器,保证动力定位船在包含初始时刻的作业时间内定位于定位点附近,并且保持运动状态约束于预设区域内。

(2)考虑输入饱和约束的动力定位船复合控制方法研究

针对推进系统所提供推力有限造成的控制输入饱和约束问题,在此基础上考虑动力定位船的抗干扰性能和计算负担的性能约束问题,探索新的复合控制方法,在满足动力定位船推力有限的条件下,设计计算负担较小的复合航迹跟踪控制方法,提高动力定位船的抗干扰性能,改善传统抗饱和控制的暂态性能,保证动力定位船在各类干扰下能够实现高性能的航迹跟踪控制。

(3)考虑速度不可测约束的动力定位船快速收敛控制方法研究

针对传感器成本和精度限制造成的速度不可测约束问题,在此基础上考虑动力定位船的控制输入饱和约束问题以及收敛速度性能约束问题,探究改善收敛速度的控制方法,在满足动力定位船速度不可测约束以及控制输入饱和约束的条件下,设计基于状态观测器的控制方法,保证动力定位船能够快速跟踪到期望航迹。

(4)考虑不确定性约束的动力定位船多约束控制方法研究

针对船舶物理信息限制造成的不确定性约束问题,综合考虑时滞以及未知输入饱和的约束问题,在此基础上考虑计算负担的性能约束问题,探究计算负担较小的复合控制方法,在满足动力定位船未知输入饱和、时滞以及参数不确定性的多重约束条件下,设计计算负担较小的复合控制器,保证动力定位船在多种约束条件下能够实现高性能的跟踪控制。

结合上述的研究内容,本书将包括以下七个章节的内容,其中各章节之间的逻辑关系如图 1.2 所示。

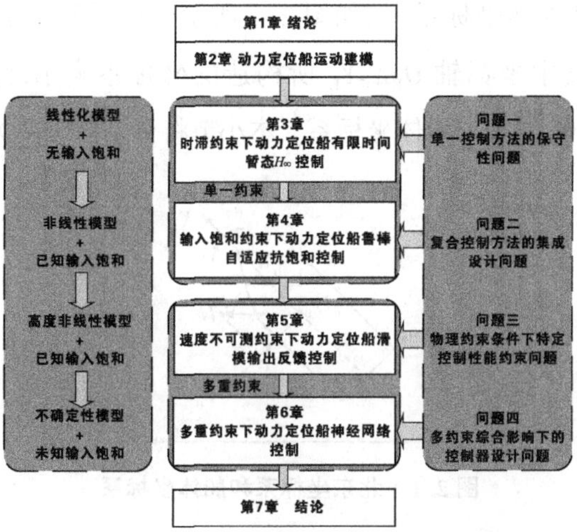

图 1.2　组织结构图

第 2 章　动力定位船运动建模

2.1　引言

在基于模型的动力定位船控制器设计的研究中，船舶运动模型是控制器设计的基础，本章首先给出船舶在水平面运动的三自由度微分方程模型，然后给出本书仿真所采用动力定位船的参数信息，最后对于动力定位船运动中的约束问题进行分析描述。

2.1.1　参考坐标系

为了描述船舶运动的动态信息，首先需要建立参考坐标系，本书选择了两种坐标系：北东坐标系和船体坐标系[5]，如图 2.1 所示。针对两种坐标系，对其水平面投影进行了描述，其中坐标轴 $O_E X_E Y_E$ 所构造的坐标系表示北东坐标系，坐标轴 $O_B X_B Y_B$ 所构造的坐标系表示船体坐标系。本小节将分别对于两类坐标系进行介绍。

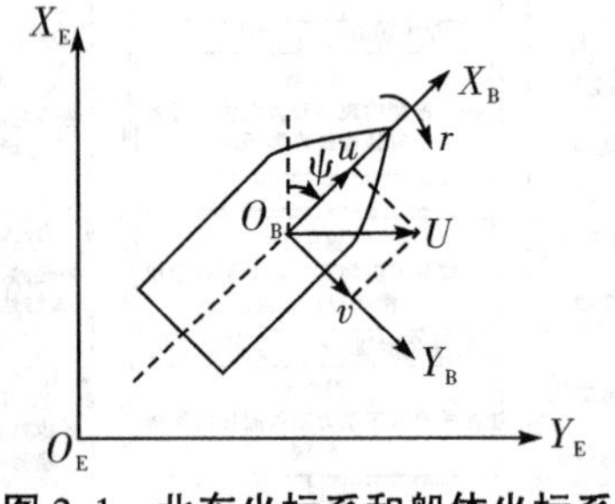

图 2.1　北东坐标系和船体坐标系

2.1.1.1　北东坐标系

北东坐标系又称大地坐标系，简称为 n-坐标系，一般用来描述动力定位船的位置和艏向角。在该坐标系下，可以选择地球表面的任意一点作为坐标原点，此时选择指向地理学中北向的射线为坐标系中的 X 轴，选择指向地理学中东向的射线为坐标系中的 Y 轴，选择垂直于地球表面并且指向地心的射线为坐标轴的 Z 轴。由于北东坐标系可以近似为一种惯性坐标系，因此可以在此坐标系下通过牛顿力学定律分析动力定位船运动中的力学过程。

2.1.1.2　船体坐标系

船体坐标系是一种运动坐标系，又被称作随船坐标系，简称为 b-坐标系，一般用来描述动力定位船的速度以及角速度。该坐标系固定于船体上，并且会随着动力定位船的运动而运动。该坐标系可以以船体上任意一个固定点为原点，由于一般假设动力定位船是左右对称的，因此选择重心为坐标原点会方便对动力定位船的运动进行分析和描述。从坐标原点出发，一般选择指向船艏的射线为船体坐标系的 X 轴，选择指向右舷的射线为船体坐标系的 Y 轴，此时 Z 轴垂直于 X 轴与 Y 轴所确定的平面，并且指向船底。

2.1.2　船舶三自由度运动模型

2.1.2.1　运动学模型

船舶的运动学模型用来描述船舶位置、姿态与速度、角速度随时间的变化关系，当船舶在海平面上进行三自由度运动的时候，将会包括以下状态向量：$\boldsymbol{\eta}=[x, y, \psi]^{\mathrm{T}} \in \mathbb{R}^3$，$\boldsymbol{v}=[u, v, r]^{\mathrm{T}} \in \mathbb{R}^3$，其中 x、y 和 ψ 分别表示船舶在北东坐标系下的位置和艏向角信息，而 u、v、r 则分别表示船体坐标系下船舶运动的纵向速度、横向速度以及艏向角速度。在此假设北东坐标系和船体坐标系的原点重合，则经过旋转变化可以得到以下关系：

$$\dot{\boldsymbol{\eta}} = \boldsymbol{J}(\psi)\boldsymbol{v} \tag{2-1}$$

其中，$\boldsymbol{J}(\psi)$ 为转换矩阵，具体形式如下：

$$\boldsymbol{J}(\boldsymbol{\eta}) = \boldsymbol{J}(\psi) = \begin{bmatrix} \cos\psi & -\sin\psi & 0 \\ \sin\psi & \cos\psi & 0 \\ 0 & 0 & 1 \end{bmatrix} \tag{2-2}$$

由式(2-2)可知，任取艏向角 ψ，转换矩阵均满足如下关系：

$$\boldsymbol{J}(\psi)^{\mathrm{T}}\boldsymbol{J}(\psi) = I \quad \| \boldsymbol{J}(\psi) \| = 1 \tag{2-3}$$

2.1.2.2　动力学模型

动力学模型描述了船舶受到力和力矩作用之后的位置、姿态以及对应速度、角速度的变化情况,由于船舶的动力学分析是基于牛顿力学定律,因此需要在惯性坐标系下进行。在本书中,假设船体是左右对称并且整船的质量是分布均匀的,同时选择船舶中心线的一个固定点为原点,则船舶在海平面上的三自由度动力学模型可以描述为

$$\boldsymbol{M}\dot{\boldsymbol{v}} + \boldsymbol{C}(\boldsymbol{v})\boldsymbol{v} + \boldsymbol{D}(\boldsymbol{v})\boldsymbol{v} = \boldsymbol{\tau} + \boldsymbol{\tau}_b \tag{2-4}$$

$$\boldsymbol{M} = \begin{bmatrix} m - X_{\dot{u}} & 0 & 0 \\ 0 & m - Y_{\dot{v}} & mx_g - Y_{\dot{r}} \\ 0 & mx_g - N_{\dot{v}} & I_z - N_{\dot{r}} \end{bmatrix} \tag{2-5}$$

$$\boldsymbol{C}(\boldsymbol{v}) = \begin{bmatrix} 0 & 0 & c_{13}(\boldsymbol{v}) \\ 0 & 0 & c_{23}(\boldsymbol{v}) \\ -c_{13}(\boldsymbol{v}) & -c_{23}(\boldsymbol{v}) & 0 \end{bmatrix} \tag{2-6}$$

$$\boldsymbol{D}(\boldsymbol{v}) = \begin{bmatrix} d_{11}(\boldsymbol{v}) & 0 & 0 \\ 0 & d_{22}(\boldsymbol{v}) & d_{23}(\boldsymbol{v}) \\ 0 & d_{32}(\boldsymbol{v}) & d_{33}(\boldsymbol{v}) \end{bmatrix} \tag{2-7}$$

其中,$\boldsymbol{M}$ 为惯性质量矩阵,并且满足 $\boldsymbol{M}=\boldsymbol{M}^{\mathrm{T}}>0$;$\boldsymbol{C}(\boldsymbol{v})$ 为科里奥利和向心力矩阵,并且满足 $\boldsymbol{C}(\boldsymbol{v})=-\boldsymbol{C}(\boldsymbol{v})^{\mathrm{T}}$,其具体参数表示为

$$c_{13}(\boldsymbol{v}) = -(m-Y_{\dot{v}})\boldsymbol{v}-(mx_g-Y_{\dot{r}})r$$

$$c_{23}(\boldsymbol{v}) = (m-X_{\dot{u}})u$$

$\boldsymbol{D}(\boldsymbol{v})$ 表示阻尼矩阵,包含了线性阻尼矩阵部分和非线性阻尼矩阵部分,其具体参数表示为

$$d_{11}(\boldsymbol{v}) = -X_u-X_{|u|u}|u|-X_{uuu}u^2$$

$$d_{22}(\boldsymbol{v}) = -Y_v-Y_{|v|v}|v|-Y_{|r|v}|r|$$

$$d_{23}(\boldsymbol{v}) = -Y_r-Y_{|v|r}|v|-Y_{|r|r}|r|$$

$$d_{32}(\boldsymbol{v}) = -N_v-N_{|v|v}|v|-N_{|r|v}|r|$$

$$d_{33}(\boldsymbol{v}) = -N_r-N_{|v|r}|v|-N_{|r|r}|r|$$

其中各个水动力参数的详细定义可以参考文献[5],在此不进行赘述;需要特别指出的是,当船舶进行低速运动的时候,可以假设科里奥利力和向心力矩阵以及非线性阻尼矩阵为 0 矩阵。此时可以得到低速运动下船舶的动力学模型:

$$\boldsymbol{M}\dot{\boldsymbol{v}} + \boldsymbol{D}\boldsymbol{v} = \boldsymbol{\tau} + \boldsymbol{\tau}_b \tag{2-8}$$

其中,线性阻尼矩阵 $\boldsymbol{D}$ 为

$$\boldsymbol{D} = \begin{bmatrix} -X_u & 0 & 0 \\ 0 & -Y_v & -Y_r \\ 0 & -N_v & -N_r \end{bmatrix} \tag{2-9}$$

此外,$\boldsymbol{\tau} = [\tau_1, \tau_2, \tau_3]^{\mathrm{T}}$ 表示船舶控制系统中推进系统输出的推力和力矩;$\boldsymbol{\tau}_b$ 表示船舶所受到的外界干扰,在海洋环境下,船舶所受到的外界干扰包括风、浪、流,在计算机仿真中,由于缺少相关的实验数据,通过傅里叶变换,船舶所受到的外界干扰可以近似为一组三角函数的叠加。

2.1.3　动力定位船参数

本书仿真所用的船舶模型引自挪威科技大学所设计的一种动力定位船模型 CyberShip Ⅱ[88],该船是以一艘供给船为原型,进行 1∶70 的比例放缩。该船的质量为 23.8 kg,船长为 1.255 m,宽度为 0.29 m,其具体参数如表 2.1 所示。

表 2.1　CyberShip Ⅱ的具体参数

参数	参数值	参数	参数值
X_u	−0.7225	$Y_{\dot{v}}$	−10.0000
Y_v	−0.8612	$N_{\dot{r}}$	−1.0000
Y_r	0.1079	I_z	1.7600
N_r	−0.5000	$X_{\dot{u}}$	−2.0000
N_v	0.1052	$Y_{\dot{r}}$	0.0000
m	23.8000	x_g	0.0460
$Y_{\vert v\vert v}$	−36.2823	$N_{\dot{v}}$	0.0000
$X_{\vert u\vert u}$	−1.3274	$N_{\vert v\vert v}$	5.0437
X_{uuu}	−5.8664		

2.2　动力定位船控制系统中约束问题分析

2.1.2 中给出了船舶的运动模型,可以看到船舶运动是一种具有高度非线性

和强耦合性的非线性动态过程。装备了动力定位控制系统的动力定位船为了实现定点控位或者航迹跟踪等基本功能,需要配置各种复杂的物理设备。在信息测量系统中,动力定位船一般会装备罗经、垂直参考单元、风传感器以及差分全球定位系统、水声位置参考系统、雷达位置参考系统和张紧索位置参考系统等来实时地测量动力定位船的运动状态;控制系统中的控制器通过船舶运动状态以及反馈得到的误差信息计算出控制指令,并且通过推力分配单元计算出各个推进器所需要提供的推力以及力矩;推进系统会装备多部推进器,根据控制系统中输出的信号为动力定位船提供相应的推力和力矩,比较常见的推进器包括敞式螺旋桨、槽道推进器、全回转推进器和喷水推进器等[3]。在实际工程中,动力定位船中的物理设备具有各种物理特性限制,这些物理特性限制常常会造成以下四类约束问题:推进系统推力生成速度限制造成的时滞约束、推进系统所提供推力有限造成的输入饱和约束、传感器成本和精度限制造成的速度不可测约束以及动力定位船模型参数和结构信息限制造成的不确定性约束。本小节将结合动力定位船对以上四个问题进行分析。

2.2.1 时滞约束分析

在动力定位船的推进系统中,各类推进器产生推力的速度会受到推进器的物理特性限制,信息测量系统中船舶运动状态信息的传输会受到线路以及接口带宽、速度的限制,而动力定位船运动状态的变化也会受到自身惯性的影响,表现为一种状态对于控制力的延迟响应。这些物理限制造成了动力定位船控制系统中不可避免地存在着时间延迟现象,也就是时滞约束问题。作者认为在动力定位船控制中,时滞问题的产生可以分为两种类型:一种是由动力定位船控制系统中设备的物理特性限制产生的,另一种是由船舶自身物理特性限制产生的。由控制系统中物理特性限制产生的时滞主要是在动力定位控制系统中信号的传输处理和推进系统的推力输出过程中产生的,这一类型的时滞又可以分为两部分:一方面,由于推进器、舵等执行装置的物理特性限制,推进系统产生动力定位船所需要的推力和力矩需要一定的时间,也就是说推进系统无法瞬时产生船舶所需要的推力和力矩,这就造成了实际推力和力矩的输出相对于控制信号的输入存在延迟现象,这也是动力定位船输入端产生时滞约束的主要原因[89];另一方面,由于数据传输设备的带宽和速度限制,动力定位船控制系统中的数据传输存在延迟现象,这一类时滞现象被称作网络传输延迟[90]。除了动力定位船控制系统中的时滞现象,由于动力定位船自身的惯性限制,船舶的运动状态无法实时响应推进系统的推力,这将造成船舶的实际运动状态受到延迟响应状态的影响,这种类型的时滞约束问题是因为船舶自身物理特性限制产生的[91]。时滞约束会造成动力定位船振荡及其控制系统的性能下降,甚至闭环控制系统的不稳定。因此,时滞约束问题是制约动力定位船控制性能的重要问题。

2.2.2　输入饱和约束分析

推进系统是动力定位船中的主要执行装置,动力定位船通过自身装备的推进系统输出推力和力矩,从而实现对动力定位船运动状态的控制,这也是动力定位船实现各类作业任务的基本原理和方式。推进系统由各种推进器组成,不同类型的推进器虽然构造不同,但是这些推进器都无法提供任意大小的推力,因此在动力定位船控制系统的设计中,控制输入饱和是难以避免的问题,而推进器的这种物理限制也决定了动力定位船的定位和跟踪能力,如果海洋环境干扰超出了动力定位船的作业能力,就会触发输入饱和约束的问题,造成动力定位船性能下降,使得动力定位船无法实现期望的作业控制,这一约束问题也限制了动力定位船在全海况环境下的高性能作业能力[92]。特别是在航迹跟踪作业的初始阶段,由于初始误差较大,往往需要较大的推力和力矩才能使动力定位船快速精确地跟踪至期望航迹,这就会触发动力定位船的输入饱和约束问题。此外,考虑各个推进器的输出效率以及各个推进器由于装备角度所存在的耦合问题,动力定位船控制输入幅值约束上界也存在一定的不确定性[93]。无论是已知输入饱和约束还是未知输入饱和约束,推进系统所输出的推力达到其输出幅值的物理上界之后,控制器输出的控制力和控制力矩信号增大,推进系统所提供的推力却并没有增加,这种情况下,动力定位船的控制系统并没有按照所设计的控制方法进行工作,这样就会导致动力定位船的性能降低、稳定性得不到保证等现象出现,甚至造成重大的事故和灾难[94-96]。因此,由于推进系统所提供推力限制而造成的输入饱和约束问题是动力定位船控制系统设计的核心问题,也是所设计动力定位船控制方法应用于实际工程的关键问题。

2.2.3 速度不可测约束分析

信息量测系统所提供的动力定位船运动状态是控制器实现反馈控制的前提，而现有的传感器和位置参考系统通常只能提供较为精确的动力定位船位置和艏向角信息，速度和角速度信息通常难以通过传感器直接获得。如果通过多普勒计程仪测量船舶运动的速度，不仅会增加动力定位船设备的成本，其中的信号还会受到测量噪声的污染，导致对动力定位船运动速度测量不准确；此外，由于实际工程中信号的微分计算难以实现，如果考虑对动力定位船位置和艏向角进行数值微分，不仅会增加计算负担，而且数值计算也会增加信号处理的误差。同时，根据中国船级社的要求，在传感器失效的情况下，需要动力定位船控制系统能够提供船舶运动状态的估计值[16]。综合上述讨论，在动力定位船控制系统设计中考虑装备成本和测量误差，大部分船舶并没有装备测量速度的传感器，在此限制下，动力定位船会面临运动速度不可测的约束问题。在速度不可测的情况下，动力定位船的反馈控制器中无法得到船舶运动速度和艏向角速度的状态信息，状态反馈控制器将会失效，而输出反馈控制方法的设计相对于状态反馈更为复杂。因此，由于传感器成本和精度限制造成的速度不可测约束问题是动力定位船控制系统设计中的一个重要问题。

2.2.4 不确定性约束分析

动力定位船装备了各种特性复杂的物理设备，这将会影响动力定位船的动态特性，例如不同种类推进器的动态特性会影响到船舶运动模型中的动力学模型，在基于模型的动力定位船控制中，研究人员所采取用的运动学和动力学模型是一种简化的模型形式，这些因素造成了研究人员对物理设备信息认知和模型信息认知的限制，也使得面向控制器设计的动力定位船模型包含了一定的结构不确定性约束问题[5]；另外，研究人员通过测量实验以及系统辨识的方法获取动力定位船的各类水动力系数等参数信息，但是实验手段和辨识技术的限制都造成了动力定位船的水动力阻尼系数是难以精确获得的，这就造成了动力定位船控制系统存在参数信息不完全可知的约束问题[15]。此外，动力定位船的动态特性与船速、负载和水深等因素密切相关，然而变化莫测的海洋环境不仅影响了动力定位船参数信息的精确性，还使得研究人员很难获得外部干扰的信息[97,98]。在基于模型的动力定位船控制器的设计中,控制方法需要精确的动力定位船的模型结构和参数信息,才能通过反馈补偿的方式来修正跟踪误差,从而实现动力定位船对于期望位置和航迹的跟踪控制,然而动力定位船运动模型中结构和参数的不确定性约束问题使得这样的反馈调节机制失效,这就会造成动力定位船的定位或者跟踪失败。因此,动力定位船结构信息和参数限制造成的不确定性约束问题是制约控制方法应用于实际工程中的重要问题。

第 3 章　时滞约束下动力定位船有限时间暂态 H_∞ 控制

3.1　引言

本章针对动力定位船推进系统推力生成速度限制所造成的时滞约束问题，在此基础上考虑了预设作业时间内动力定位船状态约束的问题，开展包含输入时滞的动力定位船有限时间定位控制方法的研究。

定点控位是动力定位船的基本功能，该功能可以将动力定位船定位于大地坐标系下的一个固定位置。尽管大多数已有成果中所设计的控制器能够实现动力定位船高性能的定点作业要求，但是这些成果大部分是建立在推进系统能够实时产生控制器指令要求的推力这一假设条件下的。根据第 2 章中对于动力定位船控制系统的分析可知，推进系统需要电动机驱动推进器，从而将电动机提供的扭矩转化为动力定位船所需要的推力，这种推力生成到期望值的过程需要一定时间，使得推进系统无法瞬时产生动力定位船所需要的推力，这种推力生成速度的限制会造成推力相对于控制信号延迟输出的问题，这种物理设备的限制造成了动力定位船控制系统中的时滞约束问题[3]。在已有的研究成果中，研究人员基于 Lyapunov-Krasovskii 理论，为包含时变输入时滞的动力定位船设计了鲁棒控制器[48]，在补偿了时滞约束对于动力定位船定位性能影响的前提下，通过鲁棒控制的方法保证了动力定位船输出对外界干扰的鲁棒性能。但是需要指出的是，这种鲁棒控制方法是建立在动力定位船初始状态为零的假设条件下[99]，当动力定位船初始运动状态不为零的时候，初始状态会影响到动力定位船的定位性能，这样的设计方法会造成控制系统的保守性过强，不利于发挥动力定位船控制系统的性能。

在动力定位船的定点控位作业中，还会出现对作业时间具有明确要求的情况，例如水下机器人的回收，研究人员需要考察的是回收过程中动力定位船的运动状态，又例如救援作业，当作业时间超出预设时间时会造成作业的失败。在处理这些作业任务的时候,研究人员希望动力定位船从初始时刻开始,在预设作业时间区间内保证船舶保持在定位点附近,并且运动状态始终处于要求的作业范围内,这就需要在控制器设计的过程中,能够实现对于动力定位船作业时间和运动状态的定量分析。在现有动力定位船控制器的研究成果中,基于 Lyapunov 理论的设计方法仅仅能够满足动力定位船稳定后的定位误差,此时控制系统能够保证动力定位船在一定时间 T 时刻以后,以一定的误差实现对期望位置的定位,但是这些方法不仅无法分析从初始时刻开始到 T 时刻的时间区间内动力定位船的运动状态,对于动力定位船的预设作业时间以及作业要求的运动状态也难以进行定量分析。在基于非 Lyapunov 理论的控制器设计中,日本学者研究了动力定位船的实用稳定控制[100],所提出的控制方法能够保证动力定位船在不满足渐近稳定的条件下保持运动状态有界,但是无法对初始时刻开始之后特定时间区间内动力定位船的运动状态进行定量分析。因此,研究动力定位船在包含初始时刻的预设作业时间内状态有界的控制问题,提高预设作业时间内动力定位船的定位性能具有重要的实用价值。

根据以上讨论,本章为包含输入时滞的动力定位船设计了满足预设作业时间内状态约束的暂态 H_∞ 定位控制器,该控制器能够保证动力定位船在包含初始时刻的预设作业时间区间内定位于定位点附近,并且运动状态始终满足作业要求,同时消除了传统 H_∞ 控制方法中的零初始状态假设条件。首先,基于艏向角较小的假设,建立了包含输入时滞的动力定位船线性模型;然后,设计了包含三重积分项的扩张类 Lyapunov-Krasovskii 函数,结合 Wirtinger 不等式和交互凸组合方法,得到了动力定位船在包含初始时刻的预设作业时间内运动状态有界的定量分析结果;再次,引入了一种包含初始状态的暂态 H_∞ 性能指标,基于线性矩阵不等式技术,建立了动力定位船定位控制器的设计条件;最后,通过数值仿真说明本章所设计的控制器能够保证动力定位船在包含初始时刻的预设时间内定位于定位点附近的预设区域内,同时,通过对比仿真说明了本章所设计暂态 H_∞ 控制器相对于传统 H_∞ 控制器能够降低动力定位船定位运动中的振荡幅度,解决了包含时变输入时滞的动力定位船鲁棒定位控制器保守性过高的问题。

本章首先通过一个加性时滞系统,结合新的分析方法介绍了基于线性矩阵不等式技术的有限时间稳定分析方法,为下文的分析提供了理论基础;然后,给出包含输入时滞的动力定位船的线性化模型,并且设定了本章动力定位船控制器的控制目标;再次,为动力定位船设计了有限时间暂态 H_∞ 控制器,基于 Lyapunov-Krasovskii 方法分析了预设作业时间内动力定位船的运动状态和暂态 H_∞ 性能;最后,通过数值仿真和对比仿真,说明本章所设计的控制器能够满足预设的控制目标,并且降低了传统 H_∞ 控制的保守性。

3.2 基于线性矩阵不等式的时滞系统有限时间稳定描述

在许多实际工程应用中,研究人员通常会要求控制对象在初始时刻开始之后的预设时间区间内具有良好的控制性能。概括地讲,一个系统的有限时间稳定是指,对于给定的有界初始条件,在无外部干扰的条件下,系统状态能够从初始时刻开始,在一段预设时间内保持在一个预设的区域内,如果考虑系统所受到的外部干扰,有限时间稳定的概念就能够转化为有限时间状态有界。有限时间稳定这一概念最早出现在控制领域,可以追溯到20世纪60年代,Lasalle 和 Lefschetz 开创性地提出系统实用稳定性的概念[101],在此基础上,文献[102]提出了有限时间稳定的概念,它的出现弥补了渐近稳定性无法定量分析包含初始时刻的预设时间内控制对象控制性能的不足。考虑如下系统,将首先给出有限时间稳定的数学概念。

$$\dot{\boldsymbol{x}}(t)=f(t,\boldsymbol{x}(t),\boldsymbol{u}(t),\boldsymbol{d}(t)) \tag{3-1}$$

其中,$f(\cdot)$ 为一类线性或者非线性系统,$\boldsymbol{x}(t)\in\mathbb{R}^n$ 表示系统的状态,$\boldsymbol{u}(t)\in\mathbb{R}^n$ 表示系统的输入向量,$\boldsymbol{d}(t)\in\mathbb{R}^n$ 表示系统所受到的外部干扰,在此,将以该系统为例,给出控制系统有限时间稳定的相关概念。

定义 3.1 有限时间稳定[103]:考虑系统式(3-1),假设该系统所受到的外部干扰满足 $\boldsymbol{d}(t)=0$,给定正定矩阵 $\boldsymbol{R}$ 以及三个正常数 c_1,c_2,T,且满足 $c_1<c_2$。如果对于系统式(3-1),当初始状态满足不等式条件 $\sup_{-\tau<\theta<0}\{\boldsymbol{x}^{\mathrm{T}}(\theta)\boldsymbol{R}\boldsymbol{x}(\theta),\dot{\boldsymbol{x}}^{\mathrm{T}}(\theta)R\dot{\boldsymbol{x}}(\theta)\}<c_1$ 的时候,系统状态在 $t\in[0,T]$ 中的任意时间内都满足不等式 $\boldsymbol{x}^{\mathrm{T}}(t)\boldsymbol{R}\boldsymbol{x}(t)<c_2$,那么可以称系统式(3-1)是关于参数$(c_1\quad c_2\quad \boldsymbol{R}\quad T)$有限时间稳定的。

定义 3.2 有限时间有界[104]:考虑系统式(3-1),给定正定矩阵 $\boldsymbol{R}$ 以及三个正常数 c_1,c_2,T,且满足 $c_1<c_2$。如果对于系统式(3-1),当初始状态满足不等式条件 $\sup_{-\tau<\theta<0}\{\boldsymbol{x}^{\mathrm{T}}(\theta)\boldsymbol{R}\boldsymbol{x}(\theta),\dot{\boldsymbol{x}}^{\mathrm{T}}(\theta)\boldsymbol{R}\boldsymbol{x}(\theta)\}<c_1$ 的时候,系统状态在 $t\in[0,T]$ 的任意时间内都满足 $\boldsymbol{x}^{\mathrm{T}}(t)\boldsymbol{R}\boldsymbol{x}(t)<c_2$,那么可以称系统式(3-1)是关于参数$(c_1\quad c_2\quad \boldsymbol{R}\quad T)$有限时间有界的。

线性矩阵不等式是一种非常强大的控制系统分析与设计工具,在控制器设计过程中,研究人员可以将控制器的设计问题等价为一组线性矩阵不等式的最优化问题,这样就可以通过 MATLAB 中的 LMI 工具箱进行控制系统的分析以及控制器的设计。在有限时间状态约束问题以及鲁棒控制问题中,基于线性矩阵不等式的方法也能够为研究人员提供方便求解的分析与设计结果。由于有限时间约束问题与 Lyapunov 理论是两种截然不同的概念,本节接下来将以一类加性时滞系统为例,说明基于线性矩阵不等式技术的时滞系统有限时间稳定的分析过程,并给出一种新的有限时间稳定分析方法,使得结果具有更低的保守性。

考虑如下的加性时滞系统模型[105]:

$$\dot{\boldsymbol{x}}(t) = \boldsymbol{A}\boldsymbol{x}(t) + \boldsymbol{A}_d\boldsymbol{x}(t - d_1(t) - d_2(t)) + \boldsymbol{B}\boldsymbol{u}(t) \tag{3-2}$$

其中,$\boldsymbol{x}(t) \in \mathbb{R}^n$ 表示系统的状态向量,$\boldsymbol{u}(t) \in \mathbb{R}^m$ 描述了系统的控制信号,$\boldsymbol{A} \in \mathbb{R}^{n\times n}$,$\boldsymbol{A}_d \in \mathbb{R}^{n\times n}$ 以及 $\boldsymbol{B} \in \mathbb{R}^{n\times m}$ 均为定常矩阵,两个描述时滞现象的函数 $d_1(t)$ 和 $d_2(t)$ 分别满足如下条件:

$$0 \leqslant d_1(t) \leqslant d_1 \quad 0 \leqslant d_2(t) \leqslant d_2 \tag{3-3}$$

以及

$$\dot{d}_1(t) \leqslant \mu_1 \dot{d}_2(t) \leqslant \mu_2 \tag{3-4}$$

其中,d_1,d_2 和 μ_1,μ_2 均为已知常数。

为了方便后续的处理和描述,在此设定 $d(t) = d_1(t) + d_2(t)$,则系统式(3-2)可以描述为

$$\dot{\boldsymbol{x}}(t) = \boldsymbol{A}\boldsymbol{x}(t) + \boldsymbol{A}_d\boldsymbol{x}(t - d(t)) + \boldsymbol{B}\boldsymbol{u}(t) \tag{3-5}$$

其中

$$0 \leqslant d(t) \leqslant d \quad d = d_1 + d_2 \quad \mu = \mu_1 + \mu_2 \tag{3-6}$$

有限时间稳定的目标在于获得能够合理描述系统式(3-2)且保守性较低的稳定性判据,根据有限时间稳定的定义 3.1,本节所希望得到保守性较低的结果可以描述为

(1)在初始状态 $\sup_{-\tau<\theta<0}\{\boldsymbol{x}^{\mathrm{T}}(\theta)\boldsymbol{R}\boldsymbol{x}(\theta), \dot{\boldsymbol{x}}^{\mathrm{T}}(\theta)\boldsymbol{R}\dot{\boldsymbol{x}}(\theta)\} < c_1$ 的条件下,本节的稳定性判据,能够使得系统式(3-2)在预设的时间区间 $t \in [0,T]$ 内,系统的状态满足 $\boldsymbol{x}^{\mathrm{T}}(t)\boldsymbol{R}\boldsymbol{x}(t) < c_2$;

(2)相较于已有方法,在相同的初始状态条件和预设时间内,本节所获得的稳

定性判据使得系统所能容许 c_2 的最小值更小。

为了处理加性时滞系统式(3-2),得到保守性更低的有限时间稳定的判据,在此引入了以下引理:

引理 3.1[106] 对于任意的正定矩阵 $\boldsymbol{P}$ 和可微信号 $\boldsymbol{x}:[-a,-b]\to\mathbb{R}^n$,以下不等式总是成立:

$$\int_{-a}^{-b}\dot{\boldsymbol{x}}^{\mathrm{T}}(u)\boldsymbol{S}_1\dot{\boldsymbol{x}}(u)\,\mathrm{d}u \geqslant \frac{1}{a-b}\Pi_1\left(\boldsymbol{S}_1,\boldsymbol{x}^{\mathrm{T}}(-b),\boldsymbol{x}^{\mathrm{T}}(-a),\frac{1}{a-b}\int_{-a}^{-b}\boldsymbol{x}^{\mathrm{T}}(u)\,\mathrm{d}u\right)$$

其中

$$\Pi_1(\boldsymbol{S}_1,\alpha,\beta,\gamma)=\begin{pmatrix}(\alpha-\beta)^{\mathrm{T}}\\(\alpha+\beta-2\gamma)^{\mathrm{T}}\end{pmatrix}^{\mathrm{T}}\begin{pmatrix}\boldsymbol{S}_1 & 0\\ * & 3\boldsymbol{S}_1\end{pmatrix}\begin{pmatrix}(\alpha-\beta)^{\mathrm{T}}\\(\alpha+\beta-2\gamma)^{\mathrm{T}}\end{pmatrix}$$

引理 3.2[107] 对于定常的正定矩阵 $\boldsymbol{S}_1>0,\boldsymbol{S}_2>0$,以及定常参数 $a>b$,对于所有连续可微函数 $\boldsymbol{x}:[-a,-b]\to\mathbb{R}^n$,均有如下不等式成立:

$$\begin{aligned}&\int_{-a}^{-b}\int_{t+\theta}^{t-b}\dot{\boldsymbol{x}}^{\mathrm{T}}(u)\boldsymbol{S}_2\dot{\boldsymbol{x}}(u)\,\mathrm{d}u\mathrm{d}\theta\\&\geqslant \Pi_2\left(\boldsymbol{S}_2,\boldsymbol{x}^{\mathrm{T}}(t-b),\frac{1}{a-b}\int_{t-a}^{t-b}\boldsymbol{x}^{\mathrm{T}}(u)\,\mathrm{d}u,\frac{1}{(a-b)^2}\int_{-a}^{-b}\int_{t+\theta}^{t-b}\boldsymbol{x}^{\mathrm{T}}(u)\,\mathrm{d}u\mathrm{d}\theta\right)\end{aligned}$$

$$\begin{aligned}&\int_{-a}^{-b}\int_{t-a}^{t+\theta}\dot{\boldsymbol{x}}^{\mathrm{T}}(u)\boldsymbol{S}_3\dot{\boldsymbol{x}}(u)\,\mathrm{d}u\mathrm{d}\theta\\&\geqslant \Pi_3\left(\boldsymbol{S}_3,\boldsymbol{x}^{\mathrm{T}}(t-a),\frac{1}{a-b}\int_{t-a}^{t-b}\boldsymbol{x}^{\mathrm{T}}(u)\,\mathrm{d}u,\frac{1}{(a-b)^2}\int_{-a}^{-b}\int_{t+\theta}^{t-b}\boldsymbol{x}^{\mathrm{T}}(u)\,\mathrm{d}u\mathrm{d}\theta\right)\end{aligned}$$

其中

$$\Pi_2(\boldsymbol{S}_2,\alpha,\beta,\gamma)=\begin{pmatrix}(\alpha-\beta)^{\mathrm{T}}\\\left(\dfrac{\alpha}{2}-\gamma\right)^{\mathrm{T}}\end{pmatrix}^{\mathrm{T}}\begin{pmatrix}6\boldsymbol{S}_2 & -12\boldsymbol{S}_2\\ * & 36\boldsymbol{S}_2\end{pmatrix}\begin{pmatrix}(\alpha-\beta)^{\mathrm{T}}\\\left(\dfrac{\alpha}{2}-\gamma\right)^{\mathrm{T}}\end{pmatrix}$$

$$\Pi_3(\boldsymbol{S}_3,\alpha,\beta,\gamma)=\begin{pmatrix}(\alpha-\beta)^{\mathrm{T}}\\\left(\dfrac{\alpha}{2}-\beta+\gamma\right)^{\mathrm{T}}\end{pmatrix}^{\mathrm{T}}\begin{pmatrix}6\boldsymbol{S}_3 & -12\boldsymbol{S}_3\\ * & 36\boldsymbol{S}_3\end{pmatrix}\begin{pmatrix}(\alpha-\beta)^{\mathrm{T}}\\\left(\dfrac{\alpha}{2}-\beta+\gamma\right)^{\mathrm{T}}\end{pmatrix}$$

引理 3.3[108] 假设函数 $f_1,f_2,\cdots,f_N:\mathbb{R}^m\mapsto\mathbb{R}$ 在 $\mathbb{R}^m$ 的开子集 D 中有正数值,则在集合 D 内的倒凸集合 f_i 如果满足下列条件:

$$\left\{g_{i,j}:\mathbb{R}^m\mapsto\mathbb{R},g_{j,i}(t)=g_{i,j}(t),\begin{pmatrix} f_i(t) & g_{i,j}(t) \\ g_{j,i}(t) & f_j(t)\end{pmatrix}\geqslant 0\right\}$$

则有

$$\min_{\{\alpha_i|\alpha_i>0,\sum_i\alpha_i=1\}}\sum_i\frac{1}{\alpha_i}f_i(t)=\sum_i f_i(t)+\max_{g_{i,j}(t)}\sum_{i\neq j}g_{i,j}(t)$$

引理 3.4[109]　对于任意正定矩阵 $\boldsymbol{S}_4$ 以及向量函数 $x:[-a,-b]\rightarrow\mathbb{R}^n$，以下不等式总是成立的：

$$\int_{-a}^{-b}\boldsymbol{x}^{\mathrm{T}}(s)\boldsymbol{S}_4\boldsymbol{x}(s)\,\mathrm{d}s\geqslant\frac{1}{a-b}\left(\int_{-a}^{-b}\boldsymbol{x}^{\mathrm{T}}(s)\,\mathrm{d}s\right)\boldsymbol{S}_4\left(\int_{-a}^{-b}\boldsymbol{x}(s)\,\mathrm{d}s\right)$$

本小节将对加性时滞系统式(3-2)进行分析，受文献[110]的启发，通过构造新的类 Lyapunov-Krasovskii 函数，建立加性时滞系统式(3-2)的有限时间稳定判据，在此将以定理 3.1 的形式给出满足上述描述的有限时间稳定结果。

定理 3.1　考虑加性时滞系统式(3-2)，给定正常数 c_1、c_2、T 和正定矩阵 $\boldsymbol{R}$，如果存在正定矩阵 $\boldsymbol{P}$、对称矩阵 $\boldsymbol{Q}_1>\boldsymbol{Q}_2>\boldsymbol{Q}_3$ 以及常数 λ_1、λ_2、λ_3、λ_4、λ_5、γ，满足下列不等式：

$$\begin{pmatrix}\boldsymbol{P} & -\boldsymbol{P}\\ * & \boldsymbol{Q}_i+\boldsymbol{P}\end{pmatrix}>0\ (i=1,2,3) \tag{3-7}$$

$$\begin{pmatrix}\bar{\boldsymbol{\Omega}} & \boldsymbol{\Psi}^{\mathrm{T}}\\ * & -\boldsymbol{P}^{-1}\end{pmatrix}<\boldsymbol{0} \tag{3-8}$$

$$c_1\lambda_2+c_1d_1\lambda_3+c_1d\lambda_4+c_1d\lambda_5+\frac{1}{2}c_1d^2\lambda_2\leqslant\lambda_1e^{-\gamma T}c_2 \tag{3-9}$$

其中，$\bar{\boldsymbol{\Omega}}$ 是一个 5×5 的矩阵，具体参数描述如下 $\bar{\boldsymbol{\Omega}}_{11}=\boldsymbol{A}^{\mathrm{T}}\boldsymbol{P}+\boldsymbol{P}\boldsymbol{A}+\boldsymbol{Q}_1-(4+\gamma d+\gamma)\boldsymbol{P}$，$\bar{\boldsymbol{\Omega}}_{13}=\boldsymbol{P}\boldsymbol{A}_d$，$\bar{\boldsymbol{\Omega}}_{14}=-2\boldsymbol{P}$，$\bar{\boldsymbol{\Omega}}_{15}=6\boldsymbol{P}+\gamma d\boldsymbol{P}$，$\bar{\boldsymbol{\Omega}}_{22}=-(1-\mu_1)(\boldsymbol{Q}_1-\boldsymbol{Q}_2)$，$\bar{\boldsymbol{\Omega}}_{33}=-(1-\mu)(\boldsymbol{Q}_2-\boldsymbol{Q}_3)$，$\bar{\boldsymbol{\Omega}}_{44}=-4\boldsymbol{P}-\boldsymbol{Q}_3$，$\bar{\boldsymbol{\Omega}}_{45}=6\boldsymbol{P}$，$\bar{\boldsymbol{\Omega}}_{55}=-12\boldsymbol{P}-\gamma d\boldsymbol{Q}_3-\gamma d\boldsymbol{P}$，$\bar{\boldsymbol{\Omega}}$ 中的其他元素均为 0，即满足 $\bar{\boldsymbol{\Omega}}_{12}=\bar{\boldsymbol{\Omega}}_{23}=\bar{\boldsymbol{\Omega}}_{24}=\bar{\boldsymbol{\Omega}}_{25}=\bar{\boldsymbol{\Omega}}_{34}=\bar{\boldsymbol{\Omega}}_{35}=0$。常数分别表示了矩阵中的特征值 $\lambda_1=\lambda_{\min}(\tilde{\boldsymbol{P}})$，$\lambda_2=\lambda_{\max}(\tilde{\boldsymbol{P}})$，$\lambda_3=\lambda_{\max}(\tilde{\boldsymbol{Q}}_1)$，$\lambda_4=\lambda_{\max}(\tilde{\boldsymbol{Q}}_2)$，$\lambda_5=\lambda_{\max}(\tilde{\boldsymbol{Q}}_3)$，$\boldsymbol{\Psi}=(d\boldsymbol{P}\boldsymbol{A}\quad 0\quad d\boldsymbol{P}\boldsymbol{S}_d\quad 0\quad 0)$，$\tilde{\boldsymbol{P}}=\boldsymbol{R}^{-1/2}\boldsymbol{P}\boldsymbol{R}^{-1/2}$，$\tilde{\boldsymbol{Q}}_i=\boldsymbol{R}^{-1/2}\boldsymbol{Q}_i\boldsymbol{R}^{-1/2}$，$i=1,2,3$，常数满足以下不等式关系 $\lambda_1>0$，$\lambda_2>0$，$0<\lambda_1\boldsymbol{I}<\boldsymbol{P}<\lambda_2\boldsymbol{I}$，$\boldsymbol{Q}_1<\lambda_3\boldsymbol{I}$，$\boldsymbol{Q}_2<\lambda_4\boldsymbol{I}$，$\boldsymbol{Q}_3<\lambda_5\boldsymbol{I}$，$\gamma>0$。

那么,加性时滞系统式(3-2)是关于$(c_1 \quad c_2 \quad T \quad d_1 \quad d_2 \quad \boldsymbol{R})$有限时间稳定的。

证明　构造如下形式的类 Lyapunov-Krasovskii 函数:

$$V(t) = V_1(t) + V_2(t) + V_3(t) \tag{3-10}$$

其中

$$V_1(t) = \boldsymbol{x}^{\mathrm{T}}(t)\boldsymbol{P}\boldsymbol{x}(t)$$

$$V_2(t) = \int_{t-d_1(t)}^{t} \boldsymbol{x}^{\mathrm{T}}(s)\boldsymbol{Q}_1\boldsymbol{x}(s)\,\mathrm{d}s + \int_{t-d(t)}^{t-d_1(t)} \boldsymbol{x}^{\mathrm{T}}(s)\boldsymbol{Q}_2\boldsymbol{x}(s)\,\mathrm{d}s + \int_{t-d}^{t-d(t)} \boldsymbol{x}^{\mathrm{T}}(s)\boldsymbol{Q}_3\boldsymbol{x}(s)\,\mathrm{d}s$$

$$V_3(t) = \mathrm{d}\int_{-d}^{0}\int_{t+\theta}^{t} \dot{\boldsymbol{x}}^{\mathrm{T}}(s)\boldsymbol{P}\dot{\boldsymbol{x}}(s)\,\mathrm{d}s\mathrm{d}\theta$$

首先,将证明定理 3.1 能够保证函数 $V(t)$ 的正定性,根据引理 3.4 可得如下不等式成立:

$$\begin{aligned} V_3(t) \geqslant & \int_{-d_1(t)}^{0} (\boldsymbol{x}(t) - \boldsymbol{x}(t+\theta)^{\mathrm{T}}\boldsymbol{P}(\boldsymbol{x}(t) - \boldsymbol{x}(t+\theta))\,\mathrm{d}\theta \\ & + \int_{-d(t)}^{-d_1(t)} (\boldsymbol{x}(t) - \boldsymbol{x}(t+\theta))^{\mathrm{T}}\boldsymbol{P}(\boldsymbol{x}(t) - \boldsymbol{x}(t+\theta))\,\mathrm{d}\theta \\ & + \int_{-d}^{-d(t)} (\boldsymbol{x}(t) - \boldsymbol{x}(t+\theta))^{\mathrm{T}}\boldsymbol{P}(\boldsymbol{x}(t) - \boldsymbol{x}(t+\theta))\,\mathrm{d}\theta \end{aligned} \tag{3-11}$$

在此将 $V_2(t)$ 重新写为如下形式:

$$\begin{aligned} V_2(t) = & \int_{-d_1(t)}^{0} \boldsymbol{x}^{\mathrm{T}}(t+\theta)\boldsymbol{Q}_1\boldsymbol{x}(t+\theta)\,\mathrm{d}\theta + \int_{-d(t)}^{-d_1(t)} \boldsymbol{x}^{\mathrm{T}}(t+\theta)\boldsymbol{Q}_2x(t+\theta)\,\mathrm{d}\theta \\ & + \int_{-d}^{-d(t)} \boldsymbol{x}^{\mathrm{T}}(t+\theta)\boldsymbol{Q}_3\boldsymbol{x}(t+\theta)\,\mathrm{d}\theta \end{aligned} \tag{3-12}$$

结合式(3-11)和式(3-12),在此可以得到:

$$\begin{aligned} V_2(t) + V_3(t) = & \int_{-d_1(t)}^{0} \begin{pmatrix} \boldsymbol{x}(t) \\ \boldsymbol{x}(t+\theta) \end{pmatrix}^{\mathrm{T}} \begin{pmatrix} \boldsymbol{P} & -\boldsymbol{P} \\ * & \boldsymbol{Q}_1 + \boldsymbol{P} \end{pmatrix} \begin{pmatrix} \boldsymbol{x}(t) \\ \boldsymbol{x}(t+\theta) \end{pmatrix} \mathrm{d}\theta \\ & + \int_{-d(t)}^{-d_1(t)} \begin{pmatrix} \boldsymbol{x}(t) \\ \boldsymbol{x}(t+\theta) \end{pmatrix}^{\mathrm{T}} \begin{pmatrix} \boldsymbol{P} & -\boldsymbol{P} \\ * & \boldsymbol{Q}_2 + \boldsymbol{P} \end{pmatrix} \begin{pmatrix} \boldsymbol{x}(t) \\ \boldsymbol{x}(t+\theta) \end{pmatrix} \mathrm{d}\theta \\ & + \int_{-d}^{-d(t)} \begin{pmatrix} \boldsymbol{x}(t) \\ \boldsymbol{x}(t+\theta) \end{pmatrix}^{\mathrm{T}} \begin{pmatrix} \boldsymbol{P} & -\boldsymbol{P} \\ * & \boldsymbol{Q}_3 + \boldsymbol{P} \end{pmatrix} \begin{pmatrix} \boldsymbol{x}(t) \\ \boldsymbol{x}(t+\theta) \end{pmatrix} \mathrm{d}\theta \end{aligned} \tag{3-13}$$

由此可看出,定理3.1中的式(3-7)成立能够保证 $V_2(t)+V_3(t)$ 正定,又由于 $\boldsymbol{P}$ 为正定矩阵,因此,函数式(3-10)为正定函数。

然后,对于函数式(3-10)沿系统模型式(3-2)进行微分计算可得

$$\dot{V}_1(t)=\dot{\boldsymbol{x}}^{\mathrm{T}}(t)\boldsymbol{P}\boldsymbol{x}(t)+\boldsymbol{x}^{\mathrm{T}}(t)\boldsymbol{P}\boldsymbol{x}(t) \tag{3-14}$$

$$\begin{aligned}\dot{V}_2(t)\leqslant&\boldsymbol{x}^{\mathrm{T}}(t)\boldsymbol{Q}_1\boldsymbol{x}(t)-(1-\mu_1)\boldsymbol{x}^{\mathrm{T}}(t-d_1(t))(\boldsymbol{Q}_1-\boldsymbol{Q}_2)\\&\cdot\boldsymbol{x}(t-d_1(t))-(1-\mu)\boldsymbol{x}^{\mathrm{T}}(t-d(t))(\boldsymbol{Q}_2-\boldsymbol{Q}_3)\\&\cdot\boldsymbol{x}(t-d(t))-\boldsymbol{x}^{\mathrm{T}}(t-d)\boldsymbol{Q}_3\boldsymbol{x}(t-d)\end{aligned} \tag{3-15}$$

$$\dot{V}_3(t)=d^2\dot{\boldsymbol{x}}^{\mathrm{T}}(t)\boldsymbol{P}\dot{\boldsymbol{x}}(t)-\mathrm{d}\int_{t-d}^{t}\dot{\boldsymbol{x}}^{\mathrm{T}}(\theta)\boldsymbol{P}\dot{\boldsymbol{x}}(\theta)\,\mathrm{d}\theta \tag{3-16}$$

采用引理3.1中的不等式,$\dot{V}_3(t)$ 可以重新写为如下形式:

$$\begin{aligned}\dot{V}_3(t)\leqslant& d^2(\boldsymbol{A}\boldsymbol{x}(t)+\boldsymbol{A}_d\boldsymbol{x}(t-d(t)))^{\mathrm{T}}\boldsymbol{P}(\boldsymbol{A}\boldsymbol{x}(t)+\boldsymbol{A}_d\boldsymbol{x}(t-d(t)))\\&+\hat{\boldsymbol{\varpi}}^{\mathrm{T}}(t)\hat{\Pi}\hat{\boldsymbol{\varpi}}(t)\end{aligned} \tag{3-17}$$

其中,$\hat{\boldsymbol{\varpi}}^{\mathrm{T}}(t)=\begin{pmatrix}\boldsymbol{x}^{\mathrm{T}}(t) & \boldsymbol{x}^{\mathrm{T}}(t-d) & \frac{1}{d}\int_{t-d}^{t}\boldsymbol{x}^{\mathrm{T}}(s)\,\mathrm{d}s\end{pmatrix}^{\mathrm{T}}$,$\hat{\Pi}=\begin{pmatrix}-4\boldsymbol{P} & -2\boldsymbol{P} & 6\boldsymbol{P}\\ * & -4\boldsymbol{P} & 6\boldsymbol{P}\\ * & * & -12\boldsymbol{P}\end{pmatrix}$。

结合式(3-14)、式(3-15)和式(3-17),可以得到如下不等式:

$$\dot{V}(t)\leqslant\boldsymbol{\xi}^{\mathrm{T}}(t)\boldsymbol{\Omega}\boldsymbol{\xi}(t) \tag{3-18}$$

其中,系统状态向量 $\boldsymbol{\xi}(t)=\begin{pmatrix}\boldsymbol{x}(t) & \boldsymbol{x}(t-d_1(t)) & \boldsymbol{x}(t-d(t)) & \boldsymbol{x}(t-d) & \frac{1}{d}\int_{t-d}^{t}\boldsymbol{x}(s)\,\mathrm{d}s\end{pmatrix}^{\mathrm{T}}$,矩阵 $\boldsymbol{\Omega}=(\boldsymbol{\Omega}_{ij})_{5\times5}$ 中的元素可以描述为如下形式:

$\boldsymbol{\Omega}_{11}=\boldsymbol{A}^{\mathrm{T}}\boldsymbol{P}+\boldsymbol{P}\boldsymbol{A}+\boldsymbol{Q}_1-4\boldsymbol{P}+\boldsymbol{A}^{\mathrm{T}}(d^2\boldsymbol{P})\boldsymbol{A}$,$\boldsymbol{\Omega}_{22}=-(1-\mu_1)(\boldsymbol{Q}_1-\boldsymbol{Q}_2)$,$\boldsymbol{\Omega}_{33}=-(1-\mu)(\boldsymbol{Q}_2-\boldsymbol{Q}_3)+\boldsymbol{A}_d^{\mathrm{T}}(d^2\boldsymbol{P})\boldsymbol{A}_d$,$\boldsymbol{\Omega}_{44}=-4\boldsymbol{P}-\boldsymbol{Q}_3$,$\boldsymbol{\Omega}_{13}=PA_d+\boldsymbol{A}^{\mathrm{T}}(d^2\boldsymbol{P})\boldsymbol{A}_d$,$\boldsymbol{\Omega}_{14}=-2\boldsymbol{P}$,$\boldsymbol{\Omega}_{15}=6\boldsymbol{P}$,$\boldsymbol{\Omega}_{45}=6\boldsymbol{P}$,$\boldsymbol{\Omega}_{55}=-12P$,$\boldsymbol{\Omega}_{12}=\boldsymbol{\Omega}_{23}=\boldsymbol{\Omega}_{24}=\boldsymbol{\Omega}_{25}=\boldsymbol{\Omega}_{34}=\boldsymbol{\Omega}_{35}=\boldsymbol{0}$。

给定一个正值常数 γ,可以得到如下等式成立:

$$\dot{V}(t)-\gamma V(t)=\boldsymbol{\xi}^{\mathrm{T}}(t)\boldsymbol{\Omega}\boldsymbol{\xi}(t)-\gamma\boldsymbol{x}^{\mathrm{T}}(t)\boldsymbol{P}\boldsymbol{x}(t)-\gamma(V_2(t)+V_3(t)) \tag{3-19}$$

又由于矩阵关系 $\boldsymbol{Q}_1>\boldsymbol{Q}_2>\boldsymbol{Q}_3$,因此可以得到如下不等式成立:

$$-\gamma V_2\leqslant-\gamma\left(\int_{t-d_1(t)}^{t}\boldsymbol{x}^{\mathrm{T}}(s)\boldsymbol{Q}_3\boldsymbol{x}(s)\,\mathrm{d}s+\int_{t-d(t)}^{t-d_1(t)}\boldsymbol{x}^{\mathrm{T}}(s)\boldsymbol{Q}_3\boldsymbol{x}(s)\,\mathrm{d}s\right.$$

$$+\int_{t-d}^{t-d(t)}\boldsymbol{x}^{\mathrm{T}}(s)\boldsymbol{Q}_3\boldsymbol{x}(s)\,\mathrm{d}s\Big) \tag{3-20}$$
$$=-\gamma\int_{t-d}^{t}\boldsymbol{x}^{\mathrm{T}}(s)\boldsymbol{Q}_3\boldsymbol{x}(s)\,\mathrm{d}s$$

结合关于 $V_3(t)$ 的式(3-11),可以得到如下不等式关系成立:

$$-\gamma(V_2(t)+V_3(t))$$
$$\leqslant-\gamma\int_{-d}^{0}\begin{pmatrix}\boldsymbol{x}(t)\\ \boldsymbol{x}(t+\theta)\end{pmatrix}^{\mathrm{T}}\begin{pmatrix}\boldsymbol{P} & -\boldsymbol{P}\\ * & \boldsymbol{Q}_3+\boldsymbol{P}\end{pmatrix}\begin{pmatrix}\boldsymbol{x}(t)\\ \boldsymbol{x}(t+\theta)\end{pmatrix}\mathrm{d}\theta \tag{3-21}$$

根据引理 3. 4,如果定理 3. 1 中的式(3-7)成立,可以得到如下不等式成立:

$$-\gamma(V_2(t)+V_3(t))$$
$$\leqslant-\gamma\frac{1}{d}\begin{pmatrix}\mathrm{d}x(t)\\ \int_{t-d}^{t}\boldsymbol{x}(s)\,\mathrm{d}s\end{pmatrix}^{\mathrm{T}}\begin{pmatrix}\boldsymbol{P} & -\boldsymbol{P}\\ * & \boldsymbol{Q}_3+\boldsymbol{P}\end{pmatrix}\begin{pmatrix}\mathrm{d}x(t)\\ \int_{t-d}^{t}\boldsymbol{x}(s)\,\mathrm{d}s\end{pmatrix} \tag{3-22}$$

因此式(3-19)中的 $\gamma V(t)$ 可以写为如下形式:

$$-\gamma V(t)\leqslant-\gamma\boldsymbol{x}^{\mathrm{T}}(t)\boldsymbol{P}\boldsymbol{x}(t)$$
$$-\gamma\begin{pmatrix}\boldsymbol{x}(t)\\ \frac{1}{d}\int_{t-d}^{t}\boldsymbol{x}(s)\,\mathrm{d}s\end{pmatrix}^{\mathrm{T}}\begin{pmatrix}d\boldsymbol{P} & -d\boldsymbol{P}\\ * & d(\boldsymbol{Q}_3+\boldsymbol{P})\end{pmatrix}\begin{pmatrix}\boldsymbol{x}(t)\\ \frac{1}{d}\int_{t-d}^{t}\boldsymbol{x}(s)\,\mathrm{d}s\end{pmatrix} \tag{3-23}$$
$$=-\boldsymbol{\xi}^{T}(t)\hat{\Omega}\boldsymbol{\xi}(t)$$

其中,矩阵 $\hat{\boldsymbol{\Omega}}=(\hat{\boldsymbol{\Omega}}_{ij})_{5\times5}$ 中的元素如下 $\hat{\boldsymbol{\Omega}}_{11}=\gamma(1+d)P$,$\hat{\boldsymbol{\Omega}}_{15}=-\gamma dP$, $\hat{\boldsymbol{\Omega}}_{55}=\gamma d(\boldsymbol{Q}_3+\boldsymbol{P})$,其余 $\hat{\boldsymbol{\Omega}}_{ij}=\boldsymbol{O}$。

结合式(3-18)和式(3-23)可以得到如下不等式成立:

$$\dot{V}(t)-\gamma V(t)\leqslant\boldsymbol{\xi}^{\mathrm{T}}(t)\widetilde{\boldsymbol{\Omega}}\boldsymbol{\xi}(t) \tag{3-24}$$

其中,矩阵 $\widetilde{\boldsymbol{\Omega}}$ 满足 $\widetilde{\boldsymbol{\Omega}}=\boldsymbol{\Omega}-\hat{\boldsymbol{\Omega}}$, $\widetilde{\boldsymbol{\Omega}}_{11}=\boldsymbol{A}^{\mathrm{T}}\boldsymbol{P}+\boldsymbol{P}\boldsymbol{A}+\boldsymbol{Q}_1+\boldsymbol{A}^{\mathrm{T}}(d^2\boldsymbol{P})\boldsymbol{A}-(4+\gamma d+\gamma)\boldsymbol{P}$, $\widetilde{\boldsymbol{\Omega}}_{22}=-(1-\mu_1)(\boldsymbol{Q}_1-\boldsymbol{Q}_2)$, $\widetilde{\boldsymbol{\Omega}}_{33}=-(1-\mu)(\boldsymbol{Q}_2-\boldsymbol{Q}_3)+\boldsymbol{A}_d^{\mathrm{T}}(d^2\boldsymbol{P})\boldsymbol{A}_d$, $\widetilde{\boldsymbol{\Omega}}_{44}=-4\boldsymbol{P}-\boldsymbol{Q}_3$, $\widetilde{\boldsymbol{\Omega}}_{55}=-12\boldsymbol{P}-\gamma d(\boldsymbol{Q}_3+\boldsymbol{P})$, $\widetilde{\boldsymbol{\Omega}}_{13}=\boldsymbol{P}\boldsymbol{A}_d+\boldsymbol{A}^{\mathrm{T}}(d^2\boldsymbol{P})\boldsymbol{A}_d$, $\widetilde{\boldsymbol{\Omega}}_{14}=-2\boldsymbol{P}$, $\widetilde{\boldsymbol{\Omega}}_{15}=6\boldsymbol{P}+\gamma d\boldsymbol{P}$, $\widetilde{\boldsymbol{\Omega}}_{45}=6\boldsymbol{P}$, $\widetilde{\boldsymbol{\Omega}}_{12}=\widetilde{\boldsymbol{\Omega}}_{23}=\widetilde{\boldsymbol{\Omega}}_{24}=\widetilde{\boldsymbol{\Omega}}_{25}=\widetilde{\boldsymbol{\Omega}}_{34}=\widetilde{\boldsymbol{\Omega}}_{35}=\boldsymbol{O}$。

需要注意的是在矩阵 $\widetilde{\boldsymbol{\Omega}}$ 中,矩阵 $\boldsymbol{Z}$ 与 $\boldsymbol{A}$ 和 $\boldsymbol{A}_d$ 分别耦合,为了得到线性矩阵不

等式形式的结果,需要对耦合项进行解耦,在此,将$\widetilde{\boldsymbol{\Omega}}$改写为以下形式:

$$\widetilde{\boldsymbol{\Omega}} = \overline{\boldsymbol{\Omega}} - \boldsymbol{\Psi}^{\mathrm{T}}(-\boldsymbol{P})^{-1}\boldsymbol{\Psi} \tag{3-25}$$

根据 Schur 补引理,上式等价于定理 3. 1 中的式(3-8),因此,定理 3. 1 中的条件能够保证如下不等式成立:

$$\dot{V}(t) - \gamma V(t) < 0 \tag{3-26}$$

对于上式进行积分运算,从 0 时刻积分至 $t \in (0,T]$,可以得到如下不等式:

$$V(t) < e^{\gamma t} V(0) \tag{3-27}$$

接下来,根据 $V(t)$ 的定义,可以得到如下关于 $V(t)$ 初始条件的不等式:

$$\begin{aligned} V(0) = {} & \boldsymbol{x}^{\mathrm{T}}(0)\boldsymbol{P}\boldsymbol{x}(0) + \int_{-d_1(0)}^{0} \boldsymbol{x}^{\mathrm{T}}(s)\boldsymbol{Q}_1 x(s)\,\mathrm{d}s \\ & + \int_{-d(0)}^{-d_1(0)} \boldsymbol{x}^{\mathrm{T}}(s)\boldsymbol{Q}_2\boldsymbol{x}(s)\,\mathrm{d}s + \int_{-d}^{-d(0)} \boldsymbol{x}^{\mathrm{T}}(s)\boldsymbol{Q}_3\boldsymbol{x}(s)\,\mathrm{d}s \\ & + \int_{-d}^{0}\int_{\theta}^{0} \dot{\boldsymbol{x}}^{\mathrm{T}}(s)\boldsymbol{P}\dot{\boldsymbol{x}}(s)\,\mathrm{d}s\mathrm{d}\theta \\ \leqslant {} & c_1\boldsymbol{\lambda}_2 + c_1 d_1\boldsymbol{\lambda}_3 + c_1 d\boldsymbol{\lambda}_4 + c_1 d\boldsymbol{\lambda}_5 + \frac{1}{2}c_1 d^2\boldsymbol{\lambda}_2 \end{aligned} \tag{3-28}$$

又因为此时,系统式(3-2)的状态与 $V(t)$ 具有如下不等式关系:

$$V(t) \geqslant \boldsymbol{x}^{\mathrm{T}}(t)\boldsymbol{P}\boldsymbol{x}(t) \geqslant \lambda_1\boldsymbol{x}^{\mathrm{T}}(t)\boldsymbol{R}\boldsymbol{x}(t) \tag{3-29}$$

因此,结合式(3-7)~式(3-9),系统状态满足:

$$\begin{aligned} & \boldsymbol{\lambda}_1\boldsymbol{x}^{\mathrm{T}}(t)\boldsymbol{R}\boldsymbol{x}(t) \leqslant V(t) \\ & \qquad \leqslant e^{\gamma T}\left(c_1\boldsymbol{\lambda}_2 + c_1 d_1\boldsymbol{\lambda}_3 + c_1 d\boldsymbol{\lambda}_4 + c_1 d\boldsymbol{\lambda}_5 + \frac{1}{2}c_1 d^2\boldsymbol{\lambda}_2\right) \end{aligned} \tag{3-30}$$

即定理 3. 1 中的条件能够保证 $\forall t \in (0,T]$,$\boldsymbol{x}^{\mathrm{T}}(t)\boldsymbol{R}\boldsymbol{x}(t) < c_2$,成立。

综上所述,定理 3. 1 得证。

需要注意的是在关于加性时滞系统分析与控制的已有成果中,研究人员通常将整个时滞区间分解为若干子区间,但是往往会忽略这些子区间的存在性问题[111,112]。例如,如果 $d(t) < d_1$ 成立,则子区间 $[0, d_2(t) + d_1]$ 显然超出了时滞函数所包括的范围,基于这些不合理的信息,所得的结果将无法正确描述加性时滞系统中两个时滞环节的性质,不利于其在实际工程中的应用。此外,由于加性时滞系统

中两个时滞环节的独立性,因此,目前所通用的时滞区间分割方法在时间轴上难以描述这类系统的性质,如图 3. 1 所示,$d_1(t)$ 和 $d_2(t)$ 都只是整体 $d(t)$ 中的一部分,但是并不存在于时间轴上,因此在分割时滞区间的时候并没有得以体现。

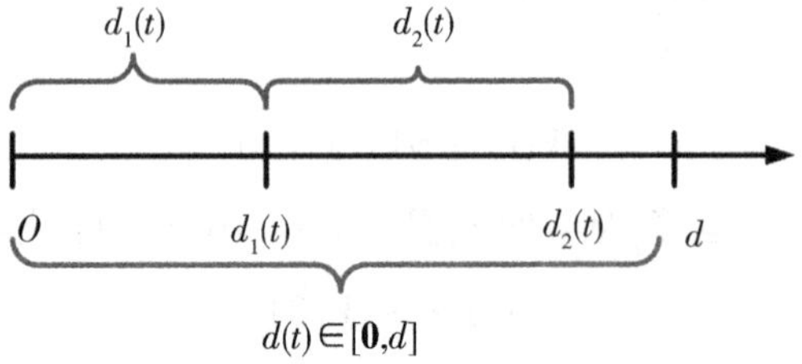

图 3. 1　加性时滞系统的时滞区间

在时滞系统稳定性分析的研究中,保守性的高低是评判结果好坏的重要标准。在渐近稳定的分析中,研究学者们通常以方法所能得到的最大容许时滞上界作为保守性的评判准则,但是在有限时间稳定的研究中,研究人员更为关注的是如何保持控制对象的系统状态在一个尽量小的范围内,因此,根据定义 3. 1,一般将所能容许 c_2 的最小值作为评判有限时间稳定判据保守性的标准,c_2 的最小值越小,则说明控制对象的系统状态在预设时间内不超过的边界值越小,那么有限时间稳定判据的保守性越低[113]。

为了说明本章所提方法具有更低的保守性,在此以假设定理 3. 1 中的所有 Lyapunov 矩阵为正,也就是取消线性矩阵不等式条件,并且假设矩阵 $\boldsymbol{Q}_i(i=1,2,3)$ 均为正定矩阵,可以得到传统方法下的有限时间稳定性判据,证明的方法过程与定理 3. 1 类似,在此处将不再赘述。在此分别采用两种有限时间稳定的判据方法,在不同的初始状态 c_1 下,计算得到了加性时滞系统中 c_2 的最小值,对比结果如表 3. 1 所示。

表 3. 1　不同初始条件下状态的最小边界

c_1	0. 5	1	2	5	10	20
定理 3. 1	1. 239 8	2. 170 6	5. 115 9	12. 392 7	25. 612 0	43. 426 3
传统方法	1. 365 0	2. 395 1	6. 429 2	19. 750 7	67. 148 7	285. 418 7

从表 3. 1 中可以看出,对于不同的初始值 c_1,本节所提出的分析方法总能得到最小边界值 c_2 更小的结果,因此可以证明,本节所提出的分析方法能够获得保守

性更低的结果。

至此,本章给出了基于线性矩阵不等式技术的时滞系统有限时间稳定分析的方法,从分析过程可以看出,通过分析 $\dot{V}(t)$ 与 $V(t)$ 之间的不等式关系能够得到在初始时刻开始之后的预设时间区间内关于系统状态上界的一个不等式关系,这样就能够实现被控系统在包含初始时刻的预设时间内运动状态的定量分析结果。接下来,本章将考虑系统所受到的外界干扰,研究包含时变输入时滞的动力定位船有限时间暂态定位控制器的设计问题。

3.3　有限时间控制器设计

3.3.1　包含输入时滞的动力定位线性化模型

根据第 2 章建立的动力定位船三自由度非线性模型,本章假设船舶在低速运动状态下进行定点控位作业,这样可以忽略掉模型中的科里奥利向心力矩阵,而在动力定位船模型的阻尼环节中,由于线性阻尼部分远大于非线性阻尼部分,因此也可以忽略其中的非线性阻尼部分。基于以上假设和讨论,本章同时考虑了船舶运动所包含的输入时滞约束问题,在此给出了包含输入时滞的动力定位船线性化模型:

$$\dot{\boldsymbol{\eta}}(t) = \boldsymbol{J}(\psi)\,\boldsymbol{v}(t) \tag{3-31}$$

$$\boldsymbol{M}\dot{\boldsymbol{v}}(t) + \boldsymbol{D}\boldsymbol{v}(t) = \tau(t - \boldsymbol{h}(t)) + \boldsymbol{\tau}_d(t) \tag{3-32}$$

其中,$\boldsymbol{h}(t) = (h_1(t), h_2(t), h_3(t))^{\mathrm{T}}$ 是一个表示推进系统推力生成延迟的时变连续函数向量,在此,假设该时变时滞函数满足 $\boldsymbol{h}(t) < h, \dot{\boldsymbol{h}}(t) < \mu$。$\boldsymbol{\tau}_d(t)$ 是一个时变的外部干扰向量,并且满足 $\int_0^\infty \boldsymbol{\tau}_d^{\mathrm{T}}(t)\,\boldsymbol{\tau}_d(t)\,\mathrm{d}t < d$,其中 d 为已知的正常数,其他参数的定义和描述形式均在第 2 章中给出,在此不再赘述。

为了方便接下来的模型分析,首先将做以下假设。

假设 3.1　动力定位船的艏向角较小。

在艏向角较小的假设下,可以将运动模型中的转移矩阵近似为一个 3×3 的单位矩阵,选取状态变量为 $\boldsymbol{x}(t) = (\boldsymbol{\eta}, \boldsymbol{v})^{\mathrm{T}}$,则模型和可以写成状态空间的形式[114]:

$$\dot{\boldsymbol{x}}(t) = \boldsymbol{A}\boldsymbol{x}(t) + \boldsymbol{B}_1 u(t - \boldsymbol{h}(t)) + \boldsymbol{B}_2 \tau_d \tag{3-33}$$

$$\boldsymbol{z}(t) = \boldsymbol{C}\boldsymbol{x}(t) + \boldsymbol{D}u(t - \boldsymbol{h}(t)) \tag{3-34}$$

其中，$A=\begin{pmatrix}0_{3\times3} & I_{3\times3}\\ 0_{3\times3} & -M^{-1}D\end{pmatrix}$，$B_1=B_2=\begin{pmatrix}0_{3\times3}\\ M^{-1}\end{pmatrix}$。

在假设 3.1 的条件下，在此设计了全状态反馈控制器，形式如下：

$$u(t-h(t))=Kx(t-h(t)) \tag{3-35}$$

结合式(3-33)和式(3-34)，可以得到动力定位船的闭环控制系统方程为

$$\dot{x}(t)=Ax(t)+B_1Kx(t-h(t))+B_2\tau d(t) \tag{3-36}$$

$$z(t)=Cx(t)+DKx(t-h(t)) \tag{3-37}$$

首先，给出包含输入时滞动力定位船闭环控制系统有限时间状态有界的定义。

定义 3.3 考虑包含输入时滞的动力定位船闭环控制系统，给定正定矩阵 R 以及三个正常数 c_1，c_2，T，且满足 $c_1<c_2$。如果对于闭环控制系统，当初始状态满足条件$\sup_{-\tau<\theta<0}\{x^{\mathrm{T}}(\theta)Rx(\theta),\dot{x}^{\mathrm{T}}(\theta)R\dot{x}(\theta)\}<c_1$ 的时候，动力定位船的状态在 $t\in[0,T]$ 的任意时间内都满足不等式关系 $x^{\mathrm{T}}(t)Rx(t)<c_2$，那么可以称动力定位船式(3-33)是关于参数$(c_1\quad c_2\quad d\quad T\quad \tau\quad R)$有限时间状态有界的。

基于文献[115]、[116]中非零初始状态条件下 H_∞ 性能指标的定义，在此对包含输入时滞的动力定位船定位控制引入了新的 H_∞ 性能指标。

定义 3.4 考察包含输入时滞的动力定位船控制系统式(3-36)和式(3-37)，对于给定的常数 $\gamma>0$，如果以下条件成立，则可以称动力定位船控制系统在非零初始状态条件下是关于$(c_1\quad c_2\quad d\quad \gamma\quad T\quad \tau\quad R)$暂态 H_∞ 有限时间状态有界的：

1)动力定位船闭环控制系统式(3-36)是有限时间状态有界的；2)在初始状态 $x(0)\neq0$ 的条件下，动力定位船的输出 $z(t)$ 满足：

$$\Gamma=\sup_{\|\tau_d\|_{[0,T]}^2+x^{\mathrm{T}}(0)Sx(0)\neq0}\left(\frac{\|z(t)\|_{[0,T]}^2}{\|\tau_d\|_{[0,T]}^2+x^{\mathrm{T}}(0)Sx(0)}\right)^{\frac{1}{2}}<\gamma$$

其中，γ 是描述系统输出对于干扰鲁棒性能的指标，S 是描述鲁棒性能对于初始状态依赖性的可调参数矩阵。

有别于传统 H_∞ 控制指标，本章将依赖于初始状态的 H_∞ 性能指标拓展至包含输入时滞的动力定位船控制系统中，其中参数矩阵 S 表示控制抗干扰性能对于船舶初始状态 $x(0)$ 的敏感程度，S 增大的时候，Γ 会减小，此时更容易实现鲁棒性能指标，对于控制输出要求更低，因此，减弱了零初始状态假设所带来的过保守现象。

特别的是，当 $\boldsymbol{S}=\boldsymbol{0}$，则该性能指标转化成为了传统零初始状态假设条件下的 H_∞ 控制性能指标。

最后，在此给出了本节控制器设计所期望达到的目标。

本节对于包含输入时滞的动力定位船控制系统式(3-31)和式(3-32)设计式(3-35)描述的全状态反馈控制器，确定控制增益矩阵 $\boldsymbol{K}$，使得动力定位船控制系统式(3-31)和式(3-32)实现如下性能：

1)动力定位船在包含初始时刻的预设作业时间内定位于定位点附近，并且船舶的运动状态始终约束于预设范围内。

2)在初始状态不为零的条件下，动力定位船在预设的作业时间 $t\in[0,T]$ 内，对于所有海洋环境干扰 $\boldsymbol{\tau}_d$，能够保证满足如下性能指标：

$$J=\int_0^T \boldsymbol{z}^{\mathrm{T}}(s)\boldsymbol{z}(s)-\gamma^2\boldsymbol{\tau}_d^{\mathrm{T}}(s)\boldsymbol{\tau}_d(s)-\gamma^2\frac{1}{T}\boldsymbol{x}^{\mathrm{T}}(0)\boldsymbol{S}\boldsymbol{x}(0)\,\mathrm{d}s<0$$

3.3.2　有限时间状态有界暂态 H_∞ 控制器设计

本节控制器的设计过程分为三个步骤：首先，对于动力定位船式(3-36)在预设作业时间内的定位运动状态进行定量分析，构造新的扩张类 Lyapunov-Krasovskii 函数，综合采用 Wirtinger 不等式、交互凸组合法等方法，得到动力定位船在预设作业时间内定位状态有界的判定条件；然后，基于第一步的结果，对于动力定位船闭环控制系统的暂态 H_∞ 性能进行分析，引入定义 3.4 所给出的性能指标，在初始状态不为零的条件下分析动力定位船输出状态对于外界干扰的鲁棒性能；最后，根据前两步所得到的分析结果，将动力定位船定位控制器的设计条件转化成一组线性矩阵不等式，最终得到满足控制目标的动力定位船定位控制器的设计结果。

3.3.2.1　有限时间状态有界分析

针对动力定位船闭环控制系统式(3-36)，在此首先建立了保证动力定位船在包含初始时刻的预设作业时间内状态有界的定量分析结果。

定理 3.2　考虑包含输入时滞的动力定位船闭环控制系统式(3-36)，并且给定五个正参数 α、β、c_1、c_2、T 以及一个正定矩阵 $\boldsymbol{R}$，如果存在合适维数的矩阵 $\boldsymbol{P}_{11}>\boldsymbol{0}$、$\boldsymbol{P}_{22}>\boldsymbol{0}$、$\boldsymbol{W}>\boldsymbol{0}$、$\boldsymbol{Q}_i>\boldsymbol{0}$ $(i=1,2)$、$\boldsymbol{U}_j>\boldsymbol{0}$ $(j=1,2)$、$\boldsymbol{M}>\boldsymbol{0}$、$\boldsymbol{Z}_1$、$\boldsymbol{Z}_2$ 以及正常数 θ_l $(l=1,2,\cdots,8)$，使得如下线性矩阵不等式成立：

$$\boldsymbol{\Omega}=(\boldsymbol{\Omega}_{ij})_{8\times 8}<\boldsymbol{0}\tag{3-38}$$

$$\begin{pmatrix} W & Z_1 \\ * & W \end{pmatrix} > 0 \tag{3-39}$$

$$\begin{pmatrix} 3W & Z_2 \\ * & 3W \end{pmatrix} > 0 \tag{3-40}$$

$$\begin{aligned} e^{-\alpha T}c_2\theta_1 > {} & c_1\theta_2 + h^2c_1\theta_3 + \rho hc_1\theta_4 + \rho hc_1\theta_5 + \frac{1}{2}\rho h^3c_1\theta_6 \\ & + \frac{1}{6}\rho h^3c_1\theta_7 + \frac{1}{3}\rho h^3c_1\theta_8 + \beta\theta_9 d \end{aligned} \tag{3-41}$$

其中,矩阵 $\boldsymbol{\Omega}$ 是一个 8×8 的矩阵,其中矩阵的各个元素满足如下描述:$\boldsymbol{\Omega}_{11}=\boldsymbol{A}^{\mathrm{T}}\boldsymbol{P}_{11}+\boldsymbol{P}_{11}\boldsymbol{A}-\alpha\boldsymbol{P}_{11}+\boldsymbol{Q}_1+\boldsymbol{Q}_2+\boldsymbol{A}^{\mathrm{T}}\frac{1}{2}h^2(\boldsymbol{U}_1+\boldsymbol{U}_2+2\boldsymbol{W})\boldsymbol{A}-4\rho\boldsymbol{W}-3\rho\boldsymbol{U}_1-9\rho\boldsymbol{U}_2$,$\boldsymbol{\Omega}_{22}=-\rho\boldsymbol{Q}_2-4\rho\boldsymbol{W}-6\rho\boldsymbol{U}_2$,$\boldsymbol{\Omega}_{33}=\boldsymbol{K}^{\mathrm{T}}\boldsymbol{B}_1^{\mathrm{T}}\frac{1}{2}h^2(2\boldsymbol{W}+\boldsymbol{U}_1+\boldsymbol{U}_2)\boldsymbol{B}_1\boldsymbol{K}-8\rho\boldsymbol{W}+\rho\boldsymbol{Z}_1^{\mathrm{T}}+\rho\boldsymbol{Z}_1-\rho\boldsymbol{Z}_2^{\mathrm{T}}-\rho\boldsymbol{Z}_2-(1-\mu)\boldsymbol{Q}_2$,$\boldsymbol{\Omega}_{44}=\boldsymbol{B}_2^{\mathrm{T}}\frac{1}{2}h^2(2\boldsymbol{W}+\boldsymbol{U}_1+\boldsymbol{U}_2)\boldsymbol{B}_2-\beta M$,$\boldsymbol{\Omega}_{55}=\alpha h^2\boldsymbol{P}_{22}-18\rho\boldsymbol{U}_2-6\rho\boldsymbol{U}_1$,$\boldsymbol{\Omega}_{66}=-12\rho\boldsymbol{W}$,$\boldsymbol{\Omega}_{77}=-12\rho\boldsymbol{W}$,$\boldsymbol{\Omega}_{88}=-36\rho\boldsymbol{U}_1-36\rho\boldsymbol{U}_2$,$\boldsymbol{\Omega}_{12}=\rho\boldsymbol{Z}_1-\rho\boldsymbol{Z}_2+6\rho\boldsymbol{U}_2$,$\boldsymbol{\Omega}_{13}=\boldsymbol{P}_{11}\boldsymbol{B}_1\boldsymbol{K}+\boldsymbol{A}^{\mathrm{T}}\frac{1}{2}h^2(2\boldsymbol{W}+\boldsymbol{U}_1+\boldsymbol{U}_2)\boldsymbol{B}_1\boldsymbol{K}-2\rho\boldsymbol{W}-\rho\boldsymbol{Z}_1-\rho\boldsymbol{Z}_2$,$\boldsymbol{\Omega}_{15}=h\boldsymbol{P}_{22}+12\rho\boldsymbol{U}_2$,$\boldsymbol{\Omega}_{16}=6\rho\boldsymbol{W}$,$\boldsymbol{\Omega}_{17}=2\rho\boldsymbol{Z}_2$,$\boldsymbol{\Omega}_{14}=\boldsymbol{P}_{11}\boldsymbol{B}_2+\boldsymbol{A}^{\mathrm{T}}\frac{1}{2}h^2(2\boldsymbol{W}+\boldsymbol{U}_1+\boldsymbol{U}_2)\boldsymbol{B}_2$,$\boldsymbol{\Omega}_{18}=-18\rho\boldsymbol{U}_2+6\rho\boldsymbol{U}_1$,$\boldsymbol{\Omega}_{23}=-\rho\boldsymbol{Z}_1{}^{\mathrm{T}}-\rho\boldsymbol{Z}_2{}^{\mathrm{T}}-2\rho\boldsymbol{W}$,$\boldsymbol{\Omega}_{25}=-h\boldsymbol{P}_{22}-6\rho\boldsymbol{U}_2$,$\boldsymbol{\Omega}_{26}=2\rho\boldsymbol{Z}_2^{\mathrm{T}}$,$\boldsymbol{\Omega}_{27}=6\rho\boldsymbol{W}$,$\boldsymbol{\Omega}_{28}=12\rho\boldsymbol{U}_2$,$\boldsymbol{\Omega}_{34}=\boldsymbol{K}^{\mathrm{T}}\boldsymbol{B}_1^{\mathrm{T}}\frac{1}{2}h^2(2\boldsymbol{W}+\boldsymbol{U}_1+\boldsymbol{U}_2)\boldsymbol{B}_2$,$\boldsymbol{\Omega}_{36}=6\rho\boldsymbol{W}+2\rho\boldsymbol{Z}_2^{\mathrm{T}}$,$\boldsymbol{\Omega}_{37}=6\rho\boldsymbol{W}+2\rho\boldsymbol{Z}_2$,$\boldsymbol{\Omega}_{58}=12\rho\boldsymbol{U}_1+24\rho\boldsymbol{U}_2$,$\boldsymbol{\Omega}_{67}=-4\rho\boldsymbol{Z}_2$,矩阵 $\boldsymbol{\Omega}$ 中其余的各个元素均为 0,即满足 $\boldsymbol{\Omega}_{24}=\boldsymbol{\Omega}_{35}=\boldsymbol{\Omega}_{38}=\boldsymbol{\Omega}_{45}=\boldsymbol{\Omega}_{46}=\boldsymbol{\Omega}_{47}=\boldsymbol{\Omega}_{48}=\boldsymbol{\Omega}_{56}=\boldsymbol{\Omega}_{57}=\boldsymbol{\Omega}_{68}=\boldsymbol{\Omega}_{78}=\boldsymbol{0}$,正常数 θ_i 表示了各个矩阵的特征值,分别表示为:$\theta_1=\lambda_{\min}(\widetilde{\boldsymbol{P}}_{11})$,$\theta_2=\lambda_{\max}(\widetilde{\boldsymbol{P}}_{11})$,$\theta_3=\lambda_{\max}(\widetilde{\boldsymbol{P}}_{22})$,$\theta_4=\lambda_{\max}(\widetilde{\boldsymbol{Q}}_1)$,$\theta_5=\lambda_{\max}(\widetilde{\boldsymbol{Q}}_2)$,$\theta_6=\lambda_{\max}(\widetilde{\boldsymbol{W}})$,$\theta_7=\lambda_{\max}(\widetilde{\boldsymbol{U}}_1)$,$\theta_8=\lambda_{\max}(\widetilde{\boldsymbol{U}}_2)$,$\theta_9=\lambda_{\max}(\boldsymbol{M})$,$\widetilde{P}_{11}=R^{-1/2}\boldsymbol{P}_{11}R^{-1/2}$,$\widetilde{\boldsymbol{P}}_{22}=R^{-1/2}\boldsymbol{P}_{22}R^{-1/2}$,$\widetilde{\boldsymbol{Q}}_i=R^{-1/2}\boldsymbol{Q}_iR^{-1/2}$ $(i=1,2,3)$,$\widetilde{\boldsymbol{W}}=R^{-1/2}\boldsymbol{W}R^{-1/2}$,$\widetilde{\boldsymbol{U}}_j=R^{-1/2}\boldsymbol{U}_j\boldsymbol{R}^{-1/2}(j=1,2)$,$\rho=e^{\alpha h}$,其中 θ_i 满足不等式关系 $0<\theta_1\boldsymbol{I}<\boldsymbol{P}_{11}<\theta_2\boldsymbol{I}$,$\boldsymbol{0}<\boldsymbol{P}_{22}<\theta_3\boldsymbol{I}$,$0<\boldsymbol{Q}_1<\theta_4\boldsymbol{I}$,$\boldsymbol{0}<\boldsymbol{Q}_2<\theta_5\boldsymbol{I}$,$\boldsymbol{0}<\boldsymbol{W}<\theta_6\boldsymbol{I}$,$\boldsymbol{0}<\boldsymbol{U}_1<\theta_7\boldsymbol{I}$,$\boldsymbol{0}<\boldsymbol{U}_2<\theta_8\boldsymbol{I}$,$0<\boldsymbol{M}<\theta_9\boldsymbol{I}$。

那么动力定位船闭环控制系统式(3-36)的系统状态是关于参数 $(c_1\quad c_2\quad d\quad T\quad \tau\quad \boldsymbol{R})$ 有限时间有界的,也就是说动力定位船能够在预设作业时间区间 $[0,T]$ 内定位于期望定位点附近,并且运动状态始终满足 $\boldsymbol{x}^{\mathrm{T}}(t)\boldsymbol{R}\boldsymbol{x}(t)<c_2$。

证明　构造如下的扩张类 Lyapunov-Krasovskii 函数:

$$V(t)=V_1(t)+V_2(t)+V_3(t)+V_4(t) \tag{3-42}$$

其中

$$V_1(t)=\boldsymbol{\varepsilon}^{\mathrm{T}}(t)\boldsymbol{P}\boldsymbol{\varepsilon}(t)$$

$$V_2(t)=\int_{t-h}^{t}e^{\alpha(t-s)}\boldsymbol{x}^{\mathrm{T}}(s)\boldsymbol{Q}_1\boldsymbol{x}(s)\,\mathrm{d}s+\int_{t-h(t)}^{t}e^{\alpha(t-s)}\boldsymbol{x}^{\mathrm{T}}(s)\boldsymbol{Q}_2\boldsymbol{x}(s)\,\mathrm{d}s$$

$$V_3(t)=h\int_{-h}^{0}\int_{t+\theta}^{t}e^{\alpha(t-s)}\dot{\boldsymbol{x}}^{\mathrm{T}}(s)\boldsymbol{W}\dot{\boldsymbol{x}}(s)\,\mathrm{d}s\mathrm{d}\theta$$

$$V_4(t)=\int_{-h}^{0}\int_{\theta}^{0}\int_{t+\beta}^{t}e^{\alpha(t-s)}\dot{\boldsymbol{x}}^{\mathrm{T}}(s)\boldsymbol{U}_1\dot{\boldsymbol{x}}(s)\,\mathrm{d}s\mathrm{d}\beta\mathrm{d}\theta+\int_{-h}^{0}\int_{-h}^{\theta}\int_{t+\beta}^{t}e^{\alpha(t-s)}\dot{\boldsymbol{x}}^{\mathrm{T}}(s)\boldsymbol{U}_2\dot{\boldsymbol{x}}(s)\,\mathrm{d}s\mathrm{d}\beta\mathrm{d}\theta$$

$$\boldsymbol{\varepsilon}(t)=\boldsymbol{x}(t)\int_{t-h}^{t}\boldsymbol{x}(s)\,\mathrm{d}s$$

$$\boldsymbol{P}=\begin{pmatrix}\boldsymbol{P}_{11} & \boldsymbol{O}\\ * & \boldsymbol{P}_{22}\end{pmatrix}$$

为了方便后续的表述,在此先做如下设定:$\xi(t)=\Big(\boldsymbol{x}(t)\,\boldsymbol{x}(t-h)\,\boldsymbol{x}(t-\boldsymbol{h}(t))\,\omega(t)$

$\dfrac{1}{h}\displaystyle\int_{t-h}^{t}\boldsymbol{x}(s)\,\mathrm{d}s\ \dfrac{1}{h(t)}\int_{t-h(t)}^{t}\boldsymbol{x}(s)\,\mathrm{d}s\ \dfrac{1}{h-h(t)}\int_{t-h}^{t-h(t)}\boldsymbol{x}(s)\,\mathrm{d}s\ \dfrac{1}{h^2}\int_{-h}^{0}\int_{t+\theta}^{t}\boldsymbol{x}(s)\,\mathrm{d}s\mathrm{d}\theta\Big)$,

$l_k^{\mathrm{T}}=\Big(\underbrace{0\cdots0}_{k-1}\quad 1\quad \underbrace{0\cdots0}_{8-k}\Big)$。

将 $V(t)$ 中的各个子函数分别对时间求导可得

$$\dot{V}_1(t)=\alpha V_1(t)+\dot{\boldsymbol{\varepsilon}}^{\mathrm{T}}(t)\boldsymbol{P}\boldsymbol{\varepsilon}(t)+\boldsymbol{\varepsilon}^{\mathrm{T}}(t)\boldsymbol{P}\dot{\boldsymbol{\varepsilon}}(t)-\alpha V_1(t) \tag{3-43}$$

$$\begin{aligned}\dot{V}_2(t)=&\alpha V_2(t)+\boldsymbol{x}^{\mathrm{T}}(t)\boldsymbol{Q}_1\boldsymbol{x}(t)-e^{\alpha h}\boldsymbol{x}^{\mathrm{T}}(t-h)\boldsymbol{Q}_1\boldsymbol{x}(t-h)\\&+\boldsymbol{x}^{\mathrm{T}}(t)\boldsymbol{Q}_2\boldsymbol{x}(t)-(1-\dot{h}(t))e^{\alpha h(t)}\boldsymbol{x}^{\mathrm{T}}(t-h(t))\boldsymbol{Q}_2x(t-h(t))\\\leqslant&\alpha V_2(t)+\boldsymbol{x}^{\mathrm{T}}(t)\boldsymbol{Q}_1\boldsymbol{x}(t)-e^{\alpha h}\boldsymbol{x}^{\mathrm{T}}(t-h)\boldsymbol{Q}_1\boldsymbol{x}(t-h)\\&+\boldsymbol{x}^{\mathrm{T}}(t)\boldsymbol{Q}_2\boldsymbol{x}(t)-(1-\mu)\boldsymbol{x}^{\mathrm{T}}(t-h(t))\boldsymbol{Q}_2x(t-h(t))\end{aligned} \tag{3-44}$$

$$\dot{V}_3(t)=\alpha V_3(t)+h^2\dot{\boldsymbol{x}}^{\mathrm{T}}(t)\boldsymbol{W}_2\dot{\boldsymbol{x}}(t)-e^{\alpha h}h\int_{t-h}^{t}\dot{\boldsymbol{x}}^{\mathrm{T}}(s)\boldsymbol{W}_2\dot{\boldsymbol{x}}(s)\,\mathrm{d}s \tag{3-45}$$

$$\begin{aligned}\dot{V}_4(t)=&\alpha V_4(t)+\frac{1}{2}h^2\dot{\boldsymbol{x}}^{\mathrm{T}}(t)\boldsymbol{U}_1\dot{\boldsymbol{x}}(t)\\&-e^{\alpha h}\int_{-h}^{0}\int_{t+\beta}^{t}\dot{\boldsymbol{x}}^{\mathrm{T}}(s)\boldsymbol{U}_1\dot{\boldsymbol{x}}(s)\,\mathrm{d}s\mathrm{d}\beta\end{aligned} \tag{3-46}$$

$$+\frac{1}{2}h^2\dot{\boldsymbol{x}}^{\mathrm{T}}(t)\boldsymbol{U}_2\dot{\boldsymbol{x}}(t)-e^{\alpha h}\int_{-h}^{0}\int_{t-h}^{t+\beta}\dot{\boldsymbol{x}}^{\mathrm{T}}(s)\boldsymbol{U}_2\dot{\boldsymbol{x}}(s)\,\mathrm{d}s\mathrm{d}\beta$$

采用引理 3.1,在此可以将 $\dot{V}_3(t)$ 的表达式重新写为

$$\begin{aligned}\dot{V}_3(t)&=\alpha V_3(t)+h^2\dot{\boldsymbol{x}}^{\mathrm{T}}(t)\boldsymbol{W}\dot{\boldsymbol{x}}(t)\\&\quad-e^{\alpha h}h\int_{t-h(t)}^{t}\dot{\boldsymbol{x}}^{\mathrm{T}}(s)\boldsymbol{W}\dot{\boldsymbol{x}}(s)\,\mathrm{d}s-e^{\alpha h}h\int_{t-h}^{t-h(t)}\dot{\boldsymbol{x}}^{\mathrm{T}}(s)\boldsymbol{W}\dot{\boldsymbol{x}}(s)\,\mathrm{d}s\\&\leqslant\alpha V_3(t)+h^2\dot{\boldsymbol{x}}^{\mathrm{T}}(t)\boldsymbol{W}\dot{\boldsymbol{x}}(t)-e^{\alpha h}\frac{h}{h(t)}\boldsymbol{\varpi}_1^{\mathrm{T}}\boldsymbol{\Lambda}_1\boldsymbol{\varpi}_1\\&\quad-e^{\alpha h}\frac{h}{h-h(t)}\boldsymbol{\varpi}_2^{\mathrm{T}}\boldsymbol{\Lambda}_2\boldsymbol{\varpi}_2\end{aligned}\tag{3-47}$$

其中,向量 $\boldsymbol{\varpi}_1$、$\boldsymbol{\varpi}_2$ 以及矩阵 $\boldsymbol{\Lambda}_1$、$\boldsymbol{\Lambda}_2$ 分别可以描述为 $\boldsymbol{\varpi}_1^{\mathrm{T}}=\boldsymbol{\xi}^{\mathrm{T}}(t)\begin{pmatrix}(l_1^T-l_3^T)^T\\(l_1^T+l_3^T-2l_6^T)^T\end{pmatrix}^{\mathrm{T}}$,

$\boldsymbol{\varpi}_2^{\mathrm{T}}=\boldsymbol{\xi}^{\mathrm{T}}(t)\begin{pmatrix}(l_3^T-l_2^T)^T\\(l_3^T+l_2^T-2l_7^T)\end{pmatrix}^{\mathrm{T}}$,$\boldsymbol{\Lambda}_1=\boldsymbol{\Lambda}_2=\begin{pmatrix}\boldsymbol{W}&0\\ *&3\boldsymbol{W}\end{pmatrix}$。

为了得到保守性较低的判据,在此将引理 3.3 应用于式(3-47)可得

$$\dot{V}_3(t)\leqslant\alpha V_3(t)+h^2\boldsymbol{x}^{\dagger}(t)\boldsymbol{W}\dot{\boldsymbol{x}}(t)-e^{\alpha h}\boldsymbol{\varpi}_3^{\mathrm{T}}\boldsymbol{\Lambda}_3\boldsymbol{\varpi}_3\tag{3-48}$$

其中,$\boldsymbol{\varpi}_3^{\mathrm{T}}=\begin{pmatrix}\boldsymbol{\varpi}_1^{\mathrm{T}}\\\boldsymbol{\varpi}_2^{\mathrm{T}}\end{pmatrix}$,$\boldsymbol{\Lambda}_3=\begin{pmatrix}\boldsymbol{W}&\boldsymbol{Z}_1&0&0\\ *&\boldsymbol{W}&0&0\\ *&*&3\boldsymbol{W}&\boldsymbol{Z}_2\\ *&*&*&3\boldsymbol{W}\end{pmatrix}$。

将引理 3.2 用于 $\dot{V}_4(t)$,则可以被写为

$$\begin{aligned}\dot{V}_4(t)&\leqslant\alpha V_4(t)+\frac{1}{2}h^2\boldsymbol{x}^{\dagger}(t)\boldsymbol{U}_1\dot{\boldsymbol{x}}(t)\\&\quad+\frac{1}{2}h^2\dot{\boldsymbol{x}}^{\mathrm{T}}(t)\boldsymbol{U}_2\dot{\boldsymbol{x}}(t)-e^{\alpha h}\boldsymbol{\varpi}_4^{\mathrm{T}}\boldsymbol{\Lambda}_4\boldsymbol{\varpi}_4\end{aligned}\tag{3-49}$$

其中,$\boldsymbol{\Lambda}_4=\begin{pmatrix}6\boldsymbol{U}_1&-12\boldsymbol{U}_1&\boldsymbol{O}&\boldsymbol{O}\\ *&36\boldsymbol{U}_1&\boldsymbol{O}&\boldsymbol{O}\\ *&*&6\boldsymbol{U}_2&-12\boldsymbol{U}_2\\ *&*&*&36\boldsymbol{U}_2\end{pmatrix}$,$\boldsymbol{\varpi}_4^{\mathrm{T}}=\boldsymbol{\xi}^{\mathrm{T}}(t)\begin{pmatrix}(l_1{}^T-l_2{}^T)^T\\\left(\frac{1}{2}l_1{}^T-l_8{}^T\right)^T\\(l_2{}^T-l_5{}^T)^T\\\left(\frac{1}{2}l_2{}^T-l_5{}^T+l_8{}^T\right)^T\end{pmatrix}^{\mathrm{T}}$。

结合式(3-43)、式(3-44)、式(3-48)和式(3-49)，定义 $\rho=e^{\alpha h}$，可以得到如下不等式成立：

$$\dot{V}-\alpha V-\beta\boldsymbol{\omega}^{\mathrm{T}}(t)\boldsymbol{M}\boldsymbol{\omega}(t)<\boldsymbol{\xi}^{\mathrm{T}}(t)\boldsymbol{\Omega}\boldsymbol{\xi}(t) \tag{3-50}$$

假设上式中 $\boldsymbol{\Omega}<0$，则有

$$\dot{V}-\alpha V-\beta\boldsymbol{\omega}^{\mathrm{T}}(t)\boldsymbol{M}\boldsymbol{\omega}(t)<0 \tag{3-51}$$

对式(3-51)左边积分可得

$$V(t)<e^{\alpha T}(V(0)+\beta\lambda_{\max}(\boldsymbol{M})d) \tag{3-52}$$

根据 $V(t)$ 的定义可得

$$\begin{aligned}V(0)=&\boldsymbol{x}^{\mathrm{T}}(0)\boldsymbol{P}_{11}\boldsymbol{x}(0)+\int_{-h}^{0}\boldsymbol{x}^{\mathrm{T}}(s)\,\mathrm{d}s\boldsymbol{P}_{22}\int_{-h}^{0}\boldsymbol{x}(s)\,\mathrm{d}s\\&+\int_{-h}^{0}e^{-\alpha s}\boldsymbol{x}^{\mathrm{T}}(s)\boldsymbol{Q}_1\boldsymbol{x}(s)\,\mathrm{d}s+\int_{-h(t)}^{0}e^{-\alpha s}\boldsymbol{x}^{\mathrm{T}}(s)\boldsymbol{Q}_2\boldsymbol{x}(s)\,\mathrm{d}s\\&+h\int_{-h}^{0}\int_{\theta}^{0}e^{-\alpha s}\dot{\boldsymbol{x}}^{\mathrm{T}}(s)\boldsymbol{W}\dot{\boldsymbol{x}}(s)\,\mathrm{d}s\mathrm{d}\theta\\&+\int_{-h}^{0}\int_{\theta}^{0}\int_{\beta}^{0}e^{-\alpha s}\dot{\boldsymbol{x}}^{\mathrm{T}}(s)\boldsymbol{U}_1\dot{\boldsymbol{x}}(s)\,\mathrm{d}s\mathrm{d}\beta\mathrm{d}\theta\\&+\int_{-h}^{0}\int_{-h}^{\theta}\int_{\beta}^{0}e^{-\alpha s}\dot{\boldsymbol{x}}^{\mathrm{T}}(s)\boldsymbol{U}_2\dot{\boldsymbol{x}}(s)\,\mathrm{d}s\mathrm{d}\beta\mathrm{d}\theta\end{aligned} \tag{3-53}$$

对于式(3-53)应用引理 3.4，可以进一步得到

$$\begin{aligned}V(0)\leqslant&\boldsymbol{x}^{\mathrm{T}}(0)\boldsymbol{P}_{11}\boldsymbol{x}(0)+h\int_{-h}^{0}\boldsymbol{x}^{\mathrm{T}}(s)\boldsymbol{P}_{22}\boldsymbol{x}(s)\,\mathrm{d}s\\&+\rho\int_{-h}^{0}\boldsymbol{x}^{\mathrm{T}}(s)\boldsymbol{Q}_1\boldsymbol{x}(s)\,\mathrm{d}s+\rho\int_{-h(t)}^{0}\boldsymbol{x}^{\mathrm{T}}(s)\boldsymbol{Q}_2\boldsymbol{x}(s)\,\mathrm{d}s\\&+h\rho\int_{-h}^{0}\int_{\theta}^{0}\dot{\boldsymbol{x}}^{\mathrm{T}}(s)\boldsymbol{W}\dot{\boldsymbol{x}}(s)\,\mathrm{d}s\mathrm{d}\theta+\rho\int_{-h}^{0}\int_{\theta}^{0}\int_{\beta}^{0}\dot{\boldsymbol{x}}^{\mathrm{T}}(s)\boldsymbol{U}_1\dot{\boldsymbol{x}}(s)\,\mathrm{d}s\mathrm{d}\beta\mathrm{d}\theta\\&+\rho\int_{-h}^{0}\int_{-h}^{\theta}\int_{\beta}^{0}\dot{\boldsymbol{x}}^{\mathrm{T}}(s)\boldsymbol{U}_2\dot{\boldsymbol{x}}(s)\,\mathrm{d}s\mathrm{d}\beta\mathrm{d}\theta\end{aligned} \tag{3-54}$$

$$\begin{aligned}\leqslant&\lambda_{\max}(\widetilde{\boldsymbol{P}}_{11})c_1+h\lambda_{\max}(\widetilde{\boldsymbol{P}}_{22})hc_1+\rho\lambda_{\max}(\widetilde{\boldsymbol{Q}}_1)hc_1\\&+\rho\lambda_{\max}(\widetilde{\boldsymbol{Q}}_2)hc_1+\rho\lambda_{\max}(\widetilde{\boldsymbol{W}})\frac{1}{2}h^3c_1\\&+\rho\lambda_{\max}(\widetilde{\boldsymbol{U}}_1)\frac{1}{6}h^3c_1+\rho\lambda_{\max}(\widetilde{\boldsymbol{U}}_2)\frac{1}{3}h^3c_1\end{aligned}$$

根据式(3-42)可得

$$V(t) > \boldsymbol{x}^{\mathrm{T}}(t) R^{1/2}\widetilde{\boldsymbol{P}}_{11}R^{1/2}\boldsymbol{x}(t) > \lambda_{\min}(\widetilde{\boldsymbol{P}}_{11})\boldsymbol{x}^{\mathrm{T}}(t)\boldsymbol{R}\boldsymbol{x}(t) \tag{3-55}$$

再结合式(3-52)可以得到不等式关系:

$$\boldsymbol{x}^{\mathrm{T}}(t)\boldsymbol{R}\boldsymbol{x}(t) \leqslant \frac{V(t)}{\lambda_{\min}(\widetilde{\boldsymbol{P}}_{11})} \leqslant \frac{e^{\alpha T}(V(0) + \beta\lambda_{\max}(\boldsymbol{M})d)}{\lambda_{\min}(\widetilde{\boldsymbol{P}}_{11})} \tag{3-56}$$

由式(3-54)可知 $V(0)$ 有界,因此可得 $\boldsymbol{x}^{\mathrm{T}}(t)\boldsymbol{R}\boldsymbol{x}(t)$ 有界。

综上可知,当线性矩阵不等式条件式(3-38)~式(3-41)成立的时候,动力定位船闭环控制系统式(3-36)是有限时间有界的。定理得证。

通过包含输入时滞的动力定位船运动有限时间有界性分析可以知道,在任意有界的初始状态条件下,有限时间有界能够分析包含初始时刻的预设时间区间内动力定位船的运动状态,这是基于 Lyapunov 理论的控制器所无法实现的。因而,对于从一定初始状态开始,要求预定作业时间内动力定位船保持在定位点附近的定点控位作业,有限时间状态有界分析弥补了基于 Lyapunov 理论控制器的局限性,具有更为实际的意义。

需要特别注意的是,根据有限时间有界的定义可以知道,这一概念与渐近稳定具有本质上的不同,有限时间稳定只分析 $t \in [0,T]$ 这一段时间内控制系统的暂态性能,而渐近稳定研究的是时间在无穷区间上的系统性能,两者并没有因果关系,一个控制系统是渐近稳定的,但不一定是有限时间有界的,反之亦然。需要特别注意的是另外一种有限时间稳定的概念[117,118],为了方便区分,本书将其中的概念称作有限时间收敛。有限时间收敛仍然是渐近稳定范畴内的概念,它主要侧重于研究控制系统的收敛速度,要求控制对象的系统状态在有限时间内收敛于平衡点,因此,两者仍然是截然不同的两种概念,所研究的重点也不同。有限时间收敛控制虽然能够保证动力定位船快速达到稳定状态,但是该方法同样无法保证预设时间内动力定位船的运动状态。

此外,在现有时滞系统有限时间稳定性分析或者有限时间有界性分析的成果中,一般采用两种方法降低结果的保守性:①构造新的类 Lyapunov-Krasovskii 函数,使得该函数能够包含更多的时滞区间信息[119];②对于在 Lyapunov-Krasovskii 函数微分中得到的交叉项上界进行更精确的估计[120],这样在不等式放缩的时候能够丢失更少的信息。与已有成果相比,本书一方面构造了新的包含三重积分项的扩张类 Lyapunov-Krasovskii 函数,另一方面,叠加使用了 Wirtinger 不等式和交互凸组合法,使得不等式放缩的时候丢失更少的信息。

3.3.2.2 暂态 H_∞ 性能分析

基于 3.3.2.1 节所给出的动力定位船有限时间状态有界的分析结果,本小节将结合动力定位船控制系统的输出方程式(3-37),对于其在预设时间内定位作业的暂态 H_∞ 性能进行分析,在此以定理 3.3 的形式给出分析结果。

定理 3.3 考虑动力定位船控制系统式(3-31)和式(3-32),对于给定正定矩阵 $\boldsymbol{R}$ 和半正定矩阵 $\boldsymbol{S}$,以及正参数 α、c_1、c_2、T 和 γ,如果存在正参数 $\theta_l(l=1,2,\cdots,8)$ 以及适当维数的矩阵 $\boldsymbol{P}_{11}>\boldsymbol{0}$、$\boldsymbol{P}_{22}>\boldsymbol{0}$、$\boldsymbol{W}>\boldsymbol{0}$、$\boldsymbol{Q}_i>\boldsymbol{0}(i=1,2)$、$\boldsymbol{U}_j>\boldsymbol{0}(j=1,2)$、$\boldsymbol{Z}_1$ 和 $\boldsymbol{Z}_2$,满足以下的线性矩阵不等式:

$$\begin{pmatrix} \boldsymbol{W} & \boldsymbol{Z}_1 \\ * & \boldsymbol{W} \end{pmatrix} > \boldsymbol{0} \tag{3-57}$$

$$\begin{pmatrix} 3\boldsymbol{W} & \boldsymbol{Z}_2 \\ * & 3\boldsymbol{W} \end{pmatrix} > \boldsymbol{0} \tag{3-58}$$

$$\boldsymbol{P}_{11} - \gamma^2 \boldsymbol{S} < \boldsymbol{0} \tag{3-59}$$

$$\begin{aligned} e^{-\alpha T} c_2 \theta_1 > {} & c_1\theta_2 + h^2 c_1 \theta_3 + \rho h c_1 \theta_4 + \rho h c_1 \theta_5 \\ & + \frac{1}{2}\rho h^3 c_1 \theta_6 + \frac{1}{6}\rho h^3 c_1 \theta_7 + \frac{1}{3}\rho h^3 c_1 \theta_8 + \gamma^2 d \end{aligned} \tag{3-60}$$

$$\begin{pmatrix} \widetilde{\boldsymbol{\Omega}} & \widetilde{\boldsymbol{\Psi}}^{\mathrm{T}} & \overline{\boldsymbol{\Psi}}^{\mathrm{T}} & \hat{\boldsymbol{\Psi}}^{\mathrm{T}} & \boldsymbol{\Psi}^{\mathrm{T}} \\ * & -\frac{1}{2}\boldsymbol{U}_1 & \boldsymbol{O} & \boldsymbol{O} & \boldsymbol{O} \\ * & * & -\frac{1}{2}\boldsymbol{U}_2 & \boldsymbol{O} & \boldsymbol{O} \\ * & * & * & -\boldsymbol{W} & \boldsymbol{O} \\ * & * & * & * & -e^{-\alpha T}\boldsymbol{I} \end{pmatrix} < \boldsymbol{0} \tag{3-61}$$

$\mathbf{0}<\theta_1\boldsymbol{I}<\boldsymbol{P}_{11}<\theta_2\boldsymbol{I}, 0<\boldsymbol{P}_{22}<\theta_3\boldsymbol{I}, \mathbf{0}<\boldsymbol{Q}_1<\theta_4\boldsymbol{I}, 0<\boldsymbol{Q}_2<\theta_5\boldsymbol{I}, 0<\boldsymbol{W}<\theta_6\boldsymbol{I}, \mathbf{0}<\boldsymbol{U}_1<\theta_7\boldsymbol{I}$, $0<\boldsymbol{U}_2<\theta_8\boldsymbol{I}$。

其中,矩阵 $\widetilde{\boldsymbol{\Omega}}$ 是 8×8 矩阵,$\widetilde{\boldsymbol{\Omega}}_{11}=\boldsymbol{A}^{\mathrm{T}}\boldsymbol{P}_{11}+\boldsymbol{P}_{11}\boldsymbol{A}-\alpha\boldsymbol{P}_{11}+\boldsymbol{Q}_1+\boldsymbol{Q}_2-4\rho\boldsymbol{W}-3\rho\boldsymbol{U}_1-9\rho\boldsymbol{U}_2$,$\widetilde{\boldsymbol{\Omega}}_{33}=-8\rho\boldsymbol{W}+\rho\boldsymbol{Z}_1^{\mathrm{T}}+\rho\boldsymbol{Z}_1-\rho\boldsymbol{Z}_2^{\mathrm{T}}-\rho\boldsymbol{Z}_2-(1-\mu)\boldsymbol{Q}_2$,$\widetilde{\boldsymbol{\Omega}}_{44}=-\gamma^2\boldsymbol{I}$, $\widetilde{\boldsymbol{\Omega}}_{13}=\boldsymbol{P}_{11}\boldsymbol{B}_1\boldsymbol{K}-2\rho\boldsymbol{W}-\rho\boldsymbol{Z}_1-\rho\boldsymbol{Z}_2$,$\widetilde{\boldsymbol{\Omega}}_{14}=\boldsymbol{P}_{11}\boldsymbol{B}_2$,$\widetilde{\boldsymbol{\Omega}}_{34}=0$,矩阵 $\widetilde{\boldsymbol{\Omega}}$ 的其他元素满足 $\widetilde{\boldsymbol{\Omega}}_{ij}=\boldsymbol{\Omega}_{ij}$,此外向量 $\boldsymbol{\Psi}$、$\widetilde{\boldsymbol{\Psi}}$、$\overline{\boldsymbol{\Psi}}$、$\hat{\boldsymbol{\Psi}}$ 分别描述为如下形式:

$$\boldsymbol{\Psi}=(\boldsymbol{C}\quad \boldsymbol{O}\quad \boldsymbol{DK}\quad \boldsymbol{O}\quad \boldsymbol{O}\quad \boldsymbol{O}\quad \boldsymbol{O}\quad \boldsymbol{O}),$$

$$\widetilde{\boldsymbol{\Psi}}=\left(h\frac{1}{2}\boldsymbol{U}_1{}^{\mathrm{T}}\boldsymbol{A}\quad \boldsymbol{O}\quad h\frac{1}{2}\boldsymbol{U}_1{}^{\mathrm{T}}\boldsymbol{B}_1\boldsymbol{K}\quad h\frac{1}{2}\boldsymbol{U}_1^{\mathrm{T}}\boldsymbol{B}_2\quad \boldsymbol{O}\quad \boldsymbol{O}\quad \boldsymbol{O}\quad \boldsymbol{O}\right),$$

$$\overline{\boldsymbol{\Psi}}=\left(h\frac{1}{2}\boldsymbol{U}_2{}^{\mathrm{T}}\boldsymbol{A}\quad \boldsymbol{O}\quad h\frac{1}{2}\boldsymbol{U}_2{}^{\mathrm{T}}\boldsymbol{B}_1\boldsymbol{K}\quad h\frac{1}{2}\boldsymbol{U}_2{}^{\mathrm{T}}\boldsymbol{B}_2\quad \boldsymbol{O}\quad \boldsymbol{O}\quad \boldsymbol{O}\quad \boldsymbol{O}\right),$$

$$\hat{\boldsymbol{\Psi}}=\left(h\boldsymbol{W}^{\mathrm{T}}\boldsymbol{A}\quad \boldsymbol{O}\quad h\boldsymbol{W}^{\mathrm{T}}\boldsymbol{B}_1\boldsymbol{K}\quad h\boldsymbol{W}^{\mathrm{T}}\boldsymbol{B}_2\quad \boldsymbol{O}\quad \boldsymbol{O}\quad \boldsymbol{O}\quad \boldsymbol{O}\right)。$$

那么,动力定位系统式(3-31)和式(3-32)是关于参数 $(c_1\quad c_2\quad d\quad T\quad \tau\quad \boldsymbol{R})$ 有限时间状态有界的,并且在初始状态不为 0 的条件下是关于参数 $(c_1\quad c_2\quad d\quad \gamma\quad T\quad \tau\quad \boldsymbol{R})$ H_∞ 有限时间状态有界的。

证明 在定理 3.2 的基础上,在此设定 $M=\gamma^2I,\beta=1$,则式(3-51)可以重新写成

$$\dot{V}-\alpha V-\gamma^2\boldsymbol{\omega}^T(t)\boldsymbol{\omega}(t)<\boldsymbol{\xi}^{\mathrm{T}}(t)\hat{\boldsymbol{\Omega}}\boldsymbol{\xi}(t) \tag{3-62}$$

其中,$\hat{\boldsymbol{\Omega}}_{44}=\boldsymbol{B}_2{}^{\mathrm{T}}\frac{1}{2}h^2(2\boldsymbol{W}+\boldsymbol{U}_1+\boldsymbol{U}_2)\boldsymbol{B}_2-\gamma^2I$, 其余的 $\hat{\boldsymbol{\Omega}}_{ij}=\boldsymbol{\Omega}_{ij}$

在此,如果假设 $\hat{\boldsymbol{\Omega}}<0$, 则上式可以改写为

$$\dot{V}-\alpha V-\gamma^2\boldsymbol{\omega}^T(t)\boldsymbol{\omega}(t)<0 \tag{3-63}$$

将不等式的左边从 $0\sim t$ 进行积分计算,可以得到

$$V(t)<e^{\alpha t}V(0)+\gamma^2\int_0^t e^{\alpha(t-s)}\boldsymbol{\omega}^T(s)\boldsymbol{\omega}(s)\,\mathrm{d}s<e^{\alpha T}(V(0)+\gamma^2 d) \tag{3-64}$$

根据 $V(\mathrm{t})$ 的定义可以得到如下不等式关系成立:

$$V(t) > \boldsymbol{x}^{\mathrm{T}}(t)\boldsymbol{R}^{1/2}\widetilde{\boldsymbol{P}}_{11}\boldsymbol{R}^{1/2}\boldsymbol{x}(t) > \lambda_{\min}(\widetilde{\boldsymbol{P}}_{11})\boldsymbol{x}^{\mathrm{T}}(t)\boldsymbol{R}\boldsymbol{x}(t) \tag{3-65}$$

根据定理 3.3 中的条件可以知道，动力定位船闭环控制系统运动状态是关于参数(c_1　c_2　d　T　τ　$\boldsymbol{R}$)有限时间有界的。

接下来，在初始状态不为 0 的条件下，本小节引入定义 3.4 中描述的暂态 H_∞ 控制性能指标，证明定理 3.3 中的线性矩阵不等式条件可以使得动力定位控制系统式(3-31)和式(3-32)在预设作业时间内满足所需的暂态 H_∞ 性能。

根据控制目标，在此首先给出如下不等式：

$$\begin{aligned}
&\dot{V} - \alpha V + e^{\alpha t}\boldsymbol{z}^{\mathrm{T}}(t)\boldsymbol{z}(t) - \gamma^2 e^{\alpha t}\boldsymbol{\omega}^{T}(t)\boldsymbol{\omega}(t)\\
&< \dot{V} - \alpha V + e^{\alpha T}\boldsymbol{z}^{\mathrm{T}}(t)\boldsymbol{z}(t) - \gamma^2\boldsymbol{\omega}^{\mathrm{T}}(t)\boldsymbol{\omega}(t)\\
&< \boldsymbol{\xi}^{\mathrm{T}}(t)(\hat{\boldsymbol{\Omega}} - \boldsymbol{\Psi}^{\mathrm{T}}(-e^{-\alpha T}\boldsymbol{I})^{-1}\boldsymbol{\Psi})\boldsymbol{\xi}(t)\\
&< \boldsymbol{\xi}^{\mathrm{T}}(t)\overline{\boldsymbol{\Omega}}\xi(t)
\end{aligned} \tag{3-66}$$

根据式(3-62)中所给出的 $\hat{\boldsymbol{\Omega}}$ 描述可知，在矩阵 $\hat{\boldsymbol{\Omega}}$ 中，未知矩阵 $\boldsymbol{W}$、$\boldsymbol{U}_1$、$\boldsymbol{U}_2$ 与 $\boldsymbol{A}$、$\boldsymbol{B}_1\boldsymbol{K}$ 和 $\boldsymbol{B}_2$ 之间是相互耦合的，不满足线性关系，为了消除这些耦合项，可以将 $\hat{\boldsymbol{\Omega}}$ 重新写成如下形式：

$$\hat{\boldsymbol{\Omega}} = \widetilde{\boldsymbol{\Omega}} - \widetilde{\boldsymbol{\Psi}}^{\mathrm{T}}\left(-\frac{1}{2}\boldsymbol{U}_1\right)^{-1}\widetilde{\boldsymbol{\Psi}} - \overline{\boldsymbol{\Psi}}^{\mathrm{T}}\left(-\frac{1}{2}\boldsymbol{U}_2\right)^{-1}\overline{\boldsymbol{\Psi}} - \hat{\boldsymbol{\Psi}}^{\mathrm{T}}(-\boldsymbol{W})^{-1}\hat{\boldsymbol{\Psi}} \tag{3-67}$$

为了同时满足 $\hat{\boldsymbol{\Omega}}<0$ 和 $\overline{\boldsymbol{\Omega}}<\boldsymbol{0}$，采用 Schur 补引理，可以得到

$$\boldsymbol{\Pi} = \begin{pmatrix}
\widetilde{\boldsymbol{\Omega}} & \widetilde{\boldsymbol{\Psi}}^{\mathrm{T}} & \overline{\boldsymbol{\Psi}}^{\mathrm{T}} & \hat{\boldsymbol{\Psi}}^{\mathrm{T}} & \boldsymbol{\Psi}^{\mathrm{T}}\\
* & -\frac{1}{2}\boldsymbol{U}_1 & \boldsymbol{O} & \boldsymbol{O} & \boldsymbol{O}\\
* & * & -\frac{1}{2}\boldsymbol{U}_2 & \boldsymbol{O} & \boldsymbol{O}\\
* & * & * & -\boldsymbol{W} & \boldsymbol{O}\\
* & * & * & * & -e^{-\alpha T}\boldsymbol{I}
\end{pmatrix} < \boldsymbol{0} \tag{3-68}$$

又因为式(3-59)中 $\boldsymbol{P}_{11}-\gamma^2\boldsymbol{S}<\boldsymbol{0}$ 成立，在此可以得到

$$
\begin{aligned}
&\dot{V} - \alpha V + e^{\alpha t}\boldsymbol{z}^{T}(t)\,z(t) - \gamma^{2}e^{\alpha t}\boldsymbol{\omega}^{T}(t)\,\boldsymbol{\omega}(t) - \gamma^{2}e^{\alpha t}\,\frac{1}{T}\boldsymbol{x}^{\mathrm{T}}(0)\,\boldsymbol{S}\boldsymbol{x}(0)\\
&< \dot{V} - \alpha V + e^{\alpha t}\boldsymbol{z}^{\mathrm{T}}(t)\,z(t) - \gamma^{2}e^{\alpha t}\boldsymbol{\omega}^{\mathrm{T}}(t)\,\boldsymbol{\omega}(t)\\
&\quad - \gamma^{2}e^{\alpha t}\,\frac{1}{T}\boldsymbol{x}^{\mathrm{T}}(0)\,\boldsymbol{S}\boldsymbol{x}(0) + e^{\alpha t}\,\frac{1}{T}\boldsymbol{x}^{\mathrm{T}}(0)\,\boldsymbol{P}_{11}\boldsymbol{x}(0)\\
&< \dot{V} - \alpha V + e^{\alpha t}\boldsymbol{z}^{\mathrm{T}}(t)\,z(t) - \gamma^{2}e^{\alpha t}\boldsymbol{\omega}^{\mathrm{T}}(t)\,\boldsymbol{\omega}(t)\\
&\quad + e^{\alpha t}\,\frac{1}{T}\boldsymbol{x}^{\mathrm{T}}(0)\,(\boldsymbol{P}_{11} - \gamma^{2}\boldsymbol{S})\,\boldsymbol{x}(0) < 0
\end{aligned}
\tag{3-69}
$$

对不等式(3-69)的左边从 $0\sim T$ 进行积分运算可以得到

$$
\begin{aligned}
&\int_{0}^{T}\boldsymbol{z}^{\mathrm{T}}(s)\,z(s)\,\mathrm{d}s - \int_{0}^{T}\gamma^{2}\boldsymbol{\omega}^{\mathrm{T}}(s)\,\boldsymbol{\omega}(s)\,\mathrm{d}s - \gamma^{2}\boldsymbol{x}^{\mathrm{T}}(0)\,\boldsymbol{S}\boldsymbol{x}(0)\\
&< -\int_{0}^{T}(e^{-\alpha t}\dot{V} - \alpha e^{-\alpha t}V)\,\mathrm{d}s < 0
\end{aligned}
\tag{3-70}
$$

根据定义 3.4 可知,动力定位船控制系统式(3-31)和式(3-32)在非零初始状态条件下是关于参数(c_1 c_2 d γ T τ R)暂态 H_∞ 有限时间状态有界的。

综上所述,条件式(3-57)~式(3-61)能够保证动力定位船在包含初始时刻的预设作业时间内定位于定位点附近,并且船舶状态始终保持在预设范围内,此外,动力定位船满足所需要的暂态 H_∞ 鲁棒性能。定理得证。

需要注意的是,传统 H_∞ 控制方法是一种经典鲁棒控制方法,该方法在初始条件为零的假设条件下,通过引入一个控制输出与外部干扰比值的指标,保证了控制对象在外部干扰下满足所需要的鲁棒性能,该方法已经被成功用于动力定位船的控制策略设计当中[25]。但是这样设计的鲁棒控制器保守性较高,影响了动力定位船的控制性能,这种保守性在有限时间状态有界控制中尤为明显。一方面,有限时间状态有界控制是在初始状态有界的条件下进行设计的,并不存在初始条件为零的情况;另一方面,有限时间状态有界控制研究的是控制系统一段时间内的暂态性能,需要在预设的时间内得到较好的控制性能,而传统 H_∞ 控制是以降低控制性能为代价的鲁棒控制方法,这有悖于有限时间状态有界控制设计的初衷。此外,相对于零初始状态假设下的传统 H_∞ 性能分析,在非零初始状态的条件下,暂态 H_∞ 性能的分析更为复杂,想要得到二次型矩阵不等式形式的难度也更高。由于初始状态不为 0，也就是 $V(0)\neq 0$，此时如果直接对于式(3-66)进行积分，将无法得到 $\int_0^T z^{\mathrm{T}}(s)\,z(s)\,\mathrm{d}s$ 与 $\int_0^T \gamma^2\boldsymbol{\omega}^{\mathrm{T}}(s)\,\boldsymbol{\omega}(s)\,\mathrm{d}s$ 之间的不等式关系，也就无法得到动力定位船输出状态与干扰函数之间的比例关系。本章在设计过程中，引入了一个半正定的权值矩阵 $\boldsymbol{S}$，基于该矩阵的不等式条件得到了关于动力定位船输出状态、外部干扰和初始状态的一个不等式关系，从而得到了二次型矩阵不等式形式的暂态 H_∞ 性能条件。

3.3.2.3　基于线性矩阵不等式的动力定位船有限时间暂态 H_∞ 控制器设计

本章的定理 3.3 给出了非零初始状态条件下动力定位船的暂态 H_∞ 性能分析结果，但该结果仍然包括了非线性项，不能作为标准的线性矩阵不等式进行求解，本小节中将会对于上一小节定理 3.3 中的非线性项进行线性化处理，在此给出线性矩阵不等式组形式的控制器设计条件，实现 3.3.1 小节所设定的动力定位船控制目标。

定理 3.4　考虑动力定位船控制系统式(3-31)和式(3-32)，给定正定矩阵 $\boldsymbol{R}>\boldsymbol{0}$、半正定矩阵 $\boldsymbol{S}\geqslant 0$，以及正标量 α、c_1、c_2、T、γ，如果存在维数合适的矩阵 $\overline{\boldsymbol{P}}_{11}>0$、$\overline{\boldsymbol{P}}_{22}>\boldsymbol{0}$、$\overline{\boldsymbol{W}}>0$、$\overline{\boldsymbol{Q}}_i>0\ (i=1,2)$、$\overline{\boldsymbol{U}}_j>0(j=1,2)$、$\boldsymbol{Y}$、$\overline{\boldsymbol{Z}}_1$、$\overline{\boldsymbol{Z}}_2$ 以及正参数 $\theta_l(l=1,2,\cdots,8)$，满足以下的线性矩阵不等式条件：

$$\widetilde{\boldsymbol{\Pi}} < 0 \tag{3-71}$$

$$\widetilde{\boldsymbol{\Sigma}} < 0 \tag{3-72}$$

$$\begin{pmatrix} \overline{\boldsymbol{W}} & \overline{\boldsymbol{Z}}_1 \\ * & \overline{\boldsymbol{W}} \end{pmatrix} > 0 \tag{3-73}$$

$$\begin{pmatrix} 3\overline{\boldsymbol{W}} & \overline{\boldsymbol{Z}}_2 \\ * & 3\overline{\boldsymbol{W}} \end{pmatrix} > 0 \tag{3-74}$$

$$\boldsymbol{I}-\gamma^2\boldsymbol{S}\overline{\boldsymbol{P}}_{11} < 0 \tag{3-75}$$

$0<\boldsymbol{H}_1<\overline{\boldsymbol{P}}_{11}<\boldsymbol{H}_2$，$0<\overline{\boldsymbol{P}}_{22}<\boldsymbol{H}_3$，$0<\overline{\boldsymbol{Q}}_1<\boldsymbol{H}_4$，$0<\overline{\boldsymbol{Q}}_2<\boldsymbol{H}_5$，$0<\overline{\boldsymbol{W}}<\boldsymbol{H}_6$，$0<\overline{\boldsymbol{U}}_1<\boldsymbol{H}_7$，$0<\overline{\boldsymbol{U}}_2<\boldsymbol{H}_8$。

其中，矩阵 $\widetilde{\boldsymbol{\Pi}}$ 是 12×12 的矩阵，$\widetilde{\boldsymbol{\Pi}}_{11}=\overline{\boldsymbol{P}}_{11}\boldsymbol{A}^{\mathrm{T}}+\boldsymbol{A}\overline{\boldsymbol{P}}_{11}-\alpha\overline{\boldsymbol{P}}_{11}+\overline{\boldsymbol{Q}}_1+\overline{\boldsymbol{Q}}_2-4\rho\overline{\boldsymbol{W}}-3\rho\overline{\boldsymbol{U}}_1-9\rho\overline{\boldsymbol{U}}_2$，$\widetilde{\boldsymbol{\Pi}}_{22}=-\rho\overline{\boldsymbol{Q}}_2-4\rho\overline{\boldsymbol{W}}-6\rho\overline{\boldsymbol{U}}_2$，$\widetilde{\boldsymbol{\Pi}}_{33}=-8\rho\overline{\boldsymbol{W}}+\rho\overline{\boldsymbol{Z}}_1^{\mathrm{T}}+\rho\overline{\boldsymbol{Z}}_1-\rho\overline{\boldsymbol{Z}}_2^{\mathrm{T}}-\rho\overline{\boldsymbol{Z}}_2-(1-\mu)\overline{\boldsymbol{Q}}_2$，$\widetilde{\boldsymbol{\Pi}}_{44}=-\gamma^2 I$，$\widetilde{\boldsymbol{\Pi}}_{55}=\alpha h^2\overline{\boldsymbol{P}}_{22}-18\rho\overline{\boldsymbol{U}}_2-6\rho\overline{\boldsymbol{U}}_1$，$\widetilde{\boldsymbol{\Pi}}_{66}=-12\rho\overline{\boldsymbol{W}}$，$\widetilde{\boldsymbol{\Pi}}_{77}=-12\rho\overline{\boldsymbol{W}}$，$\widetilde{\boldsymbol{\Pi}}_{88}=-36\rho\overline{\boldsymbol{U}}_1-36\rho\overline{\boldsymbol{U}}_2$，$\widetilde{\boldsymbol{\Pi}}_{12}=\rho\overline{\boldsymbol{Z}}_1-\rho\overline{\boldsymbol{Z}}_2+6\rho\overline{\boldsymbol{U}}_2$，$\widetilde{\boldsymbol{\Pi}}_{13}=\boldsymbol{B}_1\boldsymbol{Y}-2\rho\overline{\boldsymbol{W}}-\rho\overline{\boldsymbol{Z}}_1-\rho\overline{\boldsymbol{Z}}_2$，$\widetilde{\boldsymbol{\Pi}}_{14}=\boldsymbol{B}_2$，$\widetilde{\boldsymbol{\Pi}}_{15}=h\overline{\boldsymbol{P}}_{22}+12\rho\overline{\boldsymbol{U}}_2$，$\widetilde{\boldsymbol{\Pi}}_{16}=6\rho\overline{\boldsymbol{W}}$，$\widetilde{\boldsymbol{\Pi}}_{17}=2\rho\overline{\boldsymbol{Z}}_2$，$\widetilde{\boldsymbol{\Pi}}_{18}=-18\rho\overline{\boldsymbol{U}}_2+6\rho\overline{\boldsymbol{U}}_1$，$\widetilde{\boldsymbol{\Pi}}_{23}=-\rho\overline{\boldsymbol{Z}}_1^{\mathrm{T}}-\rho\overline{\boldsymbol{Z}}_2^{\mathrm{T}}-2\rho\overline{\boldsymbol{W}}$，$\widetilde{\boldsymbol{\Pi}}_{25}=-h\overline{\boldsymbol{P}}_{22}-6\rho\overline{\boldsymbol{U}}_2$，$\widetilde{\boldsymbol{\Pi}}_{26}=2\rho\overline{\boldsymbol{Z}}_2^{\mathrm{T}}$，$\widetilde{\boldsymbol{\Pi}}_{27}=6\rho\overline{\boldsymbol{W}}$，$\widetilde{\boldsymbol{\Pi}}_{28}=12\rho\overline{\boldsymbol{U}}_2$，$\widetilde{\boldsymbol{\Pi}}_{36}=6\rho\overline{\boldsymbol{W}}+2\rho\overline{\boldsymbol{Z}}_2^{\mathrm{T}}$，$\widetilde{\boldsymbol{\Pi}}_{37}=6\rho\overline{\boldsymbol{W}}+2\rho\overline{\boldsymbol{Z}}_2$，$\widetilde{\boldsymbol{\Pi}}_{58}=12\rho\overline{\boldsymbol{U}}_1+24\rho\overline{\boldsymbol{U}}_2$，$\widetilde{\boldsymbol{\Pi}}_{67}=-4\rho\overline{\boldsymbol{Z}}_2$，$\widetilde{\boldsymbol{\Pi}}_{19}=\frac{1}{2}h\overline{\boldsymbol{P}}_{11}\boldsymbol{A}^{\mathrm{T}}$，$\widetilde{\boldsymbol{\Pi}}_{39}=\frac{1}{2}h\boldsymbol{Y}^{\mathrm{T}}\boldsymbol{B}_1^{\mathrm{T}}$，$\widetilde{\boldsymbol{\Pi}}_{49}=\frac{1}{2}h\boldsymbol{B}_2^{\mathrm{T}}$，$\widetilde{\boldsymbol{\Pi}}_{1,10}=\frac{1}{2}h\overline{\boldsymbol{P}}_{11}\boldsymbol{A}^{\mathrm{T}}$，$\widetilde{\boldsymbol{\Pi}}_{3,10}=\frac{1}{2}h\boldsymbol{Y}^{\mathrm{T}}\boldsymbol{B}_1^{\mathrm{T}}$，$\widetilde{\boldsymbol{\Pi}}_{4,10}=\frac{1}{2}h\boldsymbol{B}_2^{\mathrm{T}}$，$\widetilde{\boldsymbol{\Pi}}_{1,11}=h\overline{\boldsymbol{P}}_{11}\boldsymbol{A}^{\mathrm{T}}$，$\widetilde{\boldsymbol{\Pi}}_{3,11}=h\boldsymbol{Y}^{\mathrm{T}}\boldsymbol{B}_1^{\mathrm{T}}$，$\widetilde{\boldsymbol{\Pi}}_{4,11}=h\boldsymbol{B}_2^{\mathrm{T}}$，$\widetilde{\boldsymbol{\Pi}}_{1,12}=\overline{\boldsymbol{P}}_{11}\boldsymbol{C}^{\mathrm{T}}$，$\widetilde{\boldsymbol{\Pi}}_{3,12}=\boldsymbol{Y}^{\mathrm{T}}\boldsymbol{D}^{\mathrm{T}}$，$\widetilde{\boldsymbol{\Pi}}_{99}=\frac{1}{2}\overline{\boldsymbol{U}}_1-\overline{\boldsymbol{P}}_{11}$，$\widetilde{\boldsymbol{\Pi}}_{10,10}=\frac{1}{2}\overline{\boldsymbol{U}}_2-\overline{\boldsymbol{P}}_{11}$，$\widetilde{\boldsymbol{\Pi}}_{11,11}=\overline{\boldsymbol{W}}-2\overline{\boldsymbol{P}}_{11}$，$\widetilde{\boldsymbol{\Pi}}_{12,12}=-e^{-\alpha\mathrm{T}}\boldsymbol{I}$，矩阵中的其他元素均为 0，即满足 $\widetilde{\boldsymbol{\Pi}}_{ij}=0$，此外，矩阵 $\widetilde{\boldsymbol{\Sigma}}$ 是 9×9 矩阵，$\widetilde{\boldsymbol{\Sigma}}_{11}=-e^{-\alpha T}c_2\boldsymbol{H}_1$，$\widetilde{\boldsymbol{\Sigma}}_{22}=-\boldsymbol{H}_2$，$\widetilde{\boldsymbol{\Sigma}}_{33}=-\boldsymbol{H}_3$，$\widetilde{\boldsymbol{\Sigma}}_{44}=-\boldsymbol{H}_4$，$\widetilde{\boldsymbol{\Sigma}}_{55}=-\boldsymbol{H}_5$，$\widetilde{\boldsymbol{\Sigma}}_{66}=-\boldsymbol{H}_6$，$\widetilde{\boldsymbol{\Sigma}}_{77}=-\boldsymbol{H}_7$，$\widetilde{\boldsymbol{\Sigma}}_{88}=-\boldsymbol{H}_8$，$\widetilde{\boldsymbol{\Sigma}}_{99}=-\gamma^2 d$，$\widetilde{\boldsymbol{\Sigma}}_{12}=\sqrt{c_1}\boldsymbol{H}_2$，$\widetilde{\boldsymbol{\Sigma}}_{13}=\sqrt{h^2c_1}\boldsymbol{H}_3$，$\widetilde{\boldsymbol{\Sigma}}_{14}=\sqrt{\rho hc_1}\boldsymbol{H}_4$，$\widetilde{\boldsymbol{\Sigma}}_{15}=\sqrt{\rho hc_1}\boldsymbol{H}_5$，$\widetilde{\boldsymbol{\Sigma}}_{16}=\sqrt{\frac{1}{2}\rho h^3c_1}\boldsymbol{H}_6$，$\widetilde{\boldsymbol{\Sigma}}_{17}=\sqrt{\frac{1}{6}\rho h^3c_1}\boldsymbol{H}_7$，$\widetilde{\boldsymbol{\Sigma}}_{18}=\sqrt{\frac{1}{3}\rho h^3c_1}\boldsymbol{H}_8$，$\widetilde{\boldsymbol{\Sigma}}_{19}=\overline{\boldsymbol{P}}_{11}$，矩阵 $\widetilde{\boldsymbol{\Sigma}}$ 中的其余元素均满足 $\widetilde{\boldsymbol{\Sigma}}_{ij}=0$。

那么，存在一个式(3-35)形式的全状态反馈控制器满足以下控制目标：

1)动力定位船控制器式(3-35)能够保证式(3-31)和式(3-32)在包含初始时刻的预设作业时间 $[0,T]$ 内定位于定位点附近，并且船舶状态始终保持在预设范围内；

2)在考虑动力定位船初始状态不为零的条件下，动力定位船控制系统式(3-31)和式(3-32)能够在有限时间区间 $t\in[0,T]$ 内满足以下性能指标：

$$J=\int_0^T \boldsymbol{z}^{\mathrm{T}}(s)\boldsymbol{z}(s)-\gamma^2\boldsymbol{\omega}^{\mathrm{T}}(s)\boldsymbol{\omega}(s)-\gamma^2\frac{1}{T}\boldsymbol{x}^{\mathrm{T}}(0)\boldsymbol{S}\boldsymbol{x}(0)\,\mathrm{d}s<0$$

其中,控制器增益可以通过 $\boldsymbol{K}=\boldsymbol{Y}\overline{\boldsymbol{P}}_{11}^{-1}$ 计算得到。

证明　考虑定理 3.3 中的不等式(3-61),首先对其左乘非奇异矩阵式(3-76),然后对其右乘非奇异矩阵(3-76)的转置。

$$\mathrm{diag}\{\boldsymbol{P}_{11}^{-1},\boldsymbol{P}_{11}^{-1},\boldsymbol{P}_{11}^{-1},\boldsymbol{I},\boldsymbol{P}_{11}^{-1},\boldsymbol{P}_{11}^{-1},\boldsymbol{P}_{11}^{-1},\boldsymbol{P}_{11}^{-1},\boldsymbol{U}_1^{-1},\boldsymbol{U}_2^{-1},\boldsymbol{W}^{-1},\boldsymbol{I}\} \tag{3-76}$$

为了方便描述,在此做如下设定:

$\overline{\boldsymbol{P}}_{11}=\boldsymbol{P}_{11}^{-1}$, $\overline{\boldsymbol{Q}}_1=\boldsymbol{P}_{11}^{-1}\boldsymbol{Q}_1\boldsymbol{P}_{11}^{-1}$, $\overline{\boldsymbol{Q}}_2=\boldsymbol{P}_{11}^{-1}\boldsymbol{Q}_2\boldsymbol{P}_{11}^{-1}$, $\overline{\boldsymbol{W}}=\boldsymbol{P}_{11}^{-1}\boldsymbol{W}\boldsymbol{P}_{11}^{-1}$, $\overline{\boldsymbol{U}}_1=\boldsymbol{P}_{11}^{-1}\boldsymbol{U}_1\boldsymbol{P}_{11}^{-1}$, $\overline{\boldsymbol{U}}_2=\boldsymbol{P}_{11}^{-1}\boldsymbol{U}_2\boldsymbol{P}_{11}^{-1}$, $\overline{\boldsymbol{P}}_{22}=\boldsymbol{P}_{11}^{-1}\boldsymbol{P}_{22}\boldsymbol{P}_{11}^{-1}$, $\overline{\boldsymbol{Z}}_1=\boldsymbol{P}_{11}^{-1}\boldsymbol{Z}_1\boldsymbol{P}_{11}^{-1}$, $\overline{\boldsymbol{Z}}_2=\boldsymbol{P}_{11}^{-1}\boldsymbol{Z}_2\boldsymbol{P}_{11}^{-1}$, $\boldsymbol{Y}=\boldsymbol{K}\boldsymbol{P}_{11}^{-1}$。

那么式(3-61)中的不等式条件 $\boldsymbol{\Pi}<\boldsymbol{0}$ 可以等价为 $\overline{\boldsymbol{\Pi}}<0$,其中 $\overline{\boldsymbol{\Pi}}_{99}=-\frac{1}{2}\overline{\boldsymbol{P}}_{11}\overline{\boldsymbol{U}}_1^{-1}\overline{\boldsymbol{P}}_{11}$, $\overline{\boldsymbol{\Pi}}_{10,10}=-\frac{1}{2}\overline{\boldsymbol{P}}_{11}\overline{\boldsymbol{U}}_2^{-1}\overline{\boldsymbol{P}}_{11}$, $\overline{\boldsymbol{\Pi}}_{11,11}=-\overline{\boldsymbol{P}}_{11}\overline{\boldsymbol{W}}^{-1}\overline{\boldsymbol{P}}_{11}$,矩阵的其余项均满足 $\overline{\boldsymbol{\Pi}}_{ij}=\boldsymbol{\Pi}_{ij}$。

需要注意的是 $\overline{\boldsymbol{\Pi}}$ 中 $-\frac{1}{2}\overline{\boldsymbol{P}}_{11}\overline{\boldsymbol{U}}_1^{-1}\overline{\boldsymbol{P}}_{11}$、$-\frac{1}{2}\overline{\boldsymbol{P}}_{11}\overline{\boldsymbol{U}}_2^{-1}\overline{\boldsymbol{P}}_{11}$ 和 $-\overline{\boldsymbol{P}}_{11}\overline{\boldsymbol{W}}^{-1}\overline{\boldsymbol{P}}_{11}$,这三项仍然包含了未知矩阵 $\overline{\boldsymbol{U}}_1$、$\overline{\boldsymbol{U}}_2$、$\overline{\boldsymbol{W}}$ 和 $\overline{\boldsymbol{P}}_{11}$ 的耦合项,为此考虑如下不等式:

$$-\frac{1}{2}\overline{\boldsymbol{P}}_{11}\overline{\boldsymbol{U}}_1^{-1}\overline{\boldsymbol{P}}_{11}\leqslant\frac{1}{2}\overline{\boldsymbol{U}}_1-\overline{\boldsymbol{P}}_{11},\ -\frac{1}{2}\overline{\boldsymbol{P}}_{11}\overline{\boldsymbol{U}}_2^{-1}\overline{\boldsymbol{P}}_{11}\leqslant\frac{1}{2}\overline{\boldsymbol{U}}_2-\overline{\boldsymbol{P}}_{11},\ -\overline{\boldsymbol{P}}_{11}\overline{\boldsymbol{W}}^{-1}\overline{\boldsymbol{P}}_{11}\leqslant\overline{\boldsymbol{W}}-2\overline{\boldsymbol{P}}_{11}$$

因此可以将式(3-61)转化为线性矩阵不等式形式的条件式(3-71)。

接下来,本小节将考察定理 3.3 中的不等式条件式(3-60),根据 Schur 补引理,不等式(3-60)可以等价为不等式条件 $\boldsymbol{\Sigma}<0$。

其中,$\boldsymbol{\Sigma}_{11}=-e^{-\alpha T}c_2\theta_1$, $\boldsymbol{\Sigma}_{22}=-\theta_2$, $\boldsymbol{\Sigma}_{33}=-\theta_3$, $\boldsymbol{\Sigma}_{44}=-\theta_4$, $\boldsymbol{\Sigma}_{55}=-\theta_5$, $\boldsymbol{\Sigma}_{66}=-\theta_6$, $\boldsymbol{\Sigma}_{77}=-\theta_7$, $\boldsymbol{\Sigma}_{88}=-\theta_8$, $\boldsymbol{\Sigma}_{99}=-\gamma^2 d$, $\boldsymbol{\Sigma}_{12}=\sqrt{c_1}\,\theta_2$, $\boldsymbol{\Sigma}_{13}=\sqrt{h^2c_1}\,\theta_3$, $\boldsymbol{\Sigma}_{14}=\sqrt{\rho hc_1}\,\theta_4$, $\boldsymbol{\Sigma}_{15}=\sqrt{\rho hc_1}\,\theta_5$, $\boldsymbol{\Sigma}_{16}=\sqrt{\frac{1}{2}\rho h^3c_1}\,\theta_6$, $\boldsymbol{\Sigma}_{17}=\sqrt{\frac{1}{6}\rho h^3c_1}\,\theta_7$, $\boldsymbol{\Sigma}_{18}=\sqrt{\frac{1}{3}\rho h^3c_1}\,\theta_8$, $\boldsymbol{\Sigma}_{19}=\boldsymbol{I}$,其余各项满足 $\boldsymbol{\Sigma}_{ij}=0$。

对于矩阵 $\boldsymbol{\Sigma}$ 先左乘非奇异矩阵(3-77),再右乘非奇异矩阵(3-77)的转置:

$$\mathrm{diag}\{\boldsymbol{P}_{11}^{-1},\boldsymbol{P}_{11}^{-1},\boldsymbol{P}_{11}^{-1},\boldsymbol{P}_{11}^{-1},\boldsymbol{P}_{11}^{-1},\boldsymbol{P}_{11}^{-1},\boldsymbol{P}_{11}^{-1},\boldsymbol{P}_{11}^{-1},\boldsymbol{I}\} \tag{3-77}$$

在此定义矩阵 $\boldsymbol{H}_i=\boldsymbol{P}_{11}^{-1}\theta_i\boldsymbol{P}_{11}^{-1}\ (i=1,2,\cdots,8)$,则可以得到线性矩阵不等式(3-72)。

综合定理 3.2 和定理 3.3,根据线性矩阵不等式组式(3-71)~式(3-75)所设计的控制器能够保证动力定位船实现所设定的控制目标。定理得证。

此外,需要指出的是,本章通过不等式关系对于矩阵不等式中的耦合项进行了线性化,这将会带来一定的保守性。文献[121]中给出了一种锥补线性化方法处理此问题,但是该方法引入了一些新的矩阵变量,虽然降低了不等式线性化所带来的保守性,但是增加了计算负担,在此作为一种备选方法。

至此,针对包含时变输入时滞动力定位船的定位作业问题,本节通过定理3.2、定理3.3和定理3.4的分析和设计,以定理的形式给出了满足控制目标的有限时间暂态 H_∞ 控制方法。

3.4 时滞约束下动力定位船有限时间暂态 H_∞ 控制仿真验证

为了说明所设计有限时间暂态 H_∞ 控制器的有效性,本节将根据第2章中所给出的动力定位模型 CyberShip Ⅱ[88]进行数值仿真。

在此,假设动力定位船控制输入中包含了最大时长为 $h=3$ s,变化率为 $\mu=0.5$ 的时滞约束,根据文献[12]中给出的海洋环境时变外界干扰,设计外界干扰为

$$\tau_d=\begin{pmatrix}9\sin(0.1\pi t-\pi/5)\\6\sin(0.3\pi t+\pi/6)\\3\sin(0.2\pi t+\pi/3)\end{pmatrix}$$

为了考察本章所设计暂态 H_∞ 控制方法的控制性能,动力定位船的初始运动状态被设定为 $\boldsymbol{\eta}(0)=(1\ \text{m},1\ \text{m},0.1°)$ 以及 $\boldsymbol{v}(0)=(0.8\ \text{m/s},0.6\ \text{m/s},0.1°/\text{m})$。

在该仿真环境下,拟进行如下两个仿真:①仿真案例。定理3.4所设计的暂态 H_∞ 控制器仿真。②对比案例。传统有限时间 H_∞ 控制仿真。以下两个小节是具体的仿真结果。

3.4.1 有限时间有界暂态 H_∞ 控制仿真案例

本仿真案例将对于定理3.4的结果进行仿真验证。根据上述的仿真条件,在此选取暂态 H_∞ 性能指标 $\gamma=1.3$,为了考察从初始时刻开始预设时间内控制方法的有效性,在此设定考察时间 $T=10$ s,初始状态相关权值矩阵 $\boldsymbol{S}=0.3\times I$,初始时刻开始之后作业时间内动力定位船运动状态范数平方的预设范围为 $c_2=10$,参数 $\alpha=0.001$,动力定位船初始状态范数的平方可以通过计算得到为 $c_1=3.02$。根据定理3.4所给出的控制增益设计条件,通过 MATLAB 中的 LMI 工具包可以得到控制器增

益如下：

$$
\boldsymbol{K}=\begin{pmatrix} -3.2743 & 0 & 0 & -31.3907 & 0 & 0 \\ 0 & -4.2784 & -0.1572 & 0 & -41.2136 & -1.2982 \\ 0 & -0.1389 & -0.3497 & 0 & -1.3362 & -3.3091 \end{pmatrix}
$$

图 3.2~图 3.5 说明了定理 3.4 所设计控制器的有效性。其中图 3.2 说明了所设计控制器能够在初始状态给定的条件下，从初始时刻开始，在预设的作业时间内保持动力定位船定位于定位点附近，并且远远低于预设的状态范围。图 3.3 和图 3.4 描述了动力定位船各个状态的响应曲线，其中图 3.3 给出了动力定位船位置和艏向角的时间响应曲线。从图中可以看出，动力定位船位置和艏向角并没有完全收敛于零，这是由于有限时间状态有界的定义所决定的，但是从初始时刻开始，动力定位船的位置和艏向角始终处于一个较小的变化范围内，保证了动力定位船的运动状态不超出一个预设区间内，这样能够实现动力定位船在包含初始时刻的预设时间内运动状态的定量分析。此外，可以看出艏向角的变化范围较小，这样保证了 3.3.1 小节中假设 3.1 的合理性。图 3.4 则给出了三个自由度上的速度响应曲线，从初始时刻开始，动力定位船的速度和艏向角速度始终处于一个小的变化范围内，由于在包括控制输入和速度的回路中始终存在时变的干扰，因此在动力定位船位置和姿态保持的过程中，速度和角速度会存在变化，这也造成动力定位船的位置和姿态存在变化，但是都能够满足预设的状态要求，不会影响预设状态下动力定位船的定位作业，动力定位船可以在预设的作业时间内进行所需要的对接、打捞、救援等作业任务。图 3.5 则给出了动力定位船实现有限时间状态有界所需要的控制力和控制力矩，由于存在持续时变的外界干扰，因此始终需要动力定位船的推进系统输出推力和力矩，但是通过与后续章节中的控制输入比较将会知道，本章所设计的有限时间控制器所需要的控制力较小，能够有效地降低动力定位船的能耗。综上，可以说定理 3.4 所设计的有限时间暂态 H_∞ 控制器实现了本章所设定的控制目标，并且具有良好的控制性能。

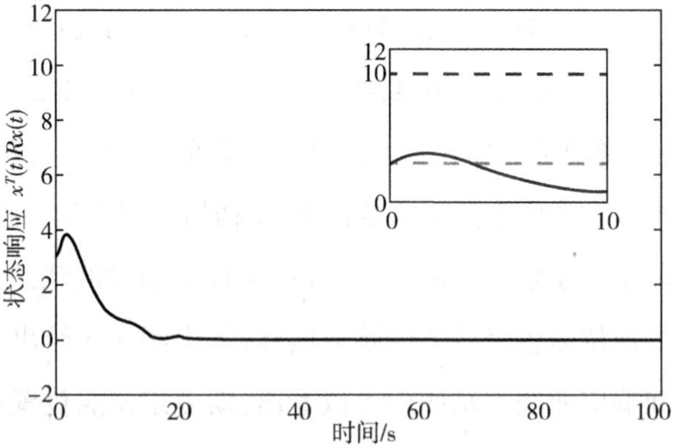

图 3.2　动力定位船运动状态响应曲线

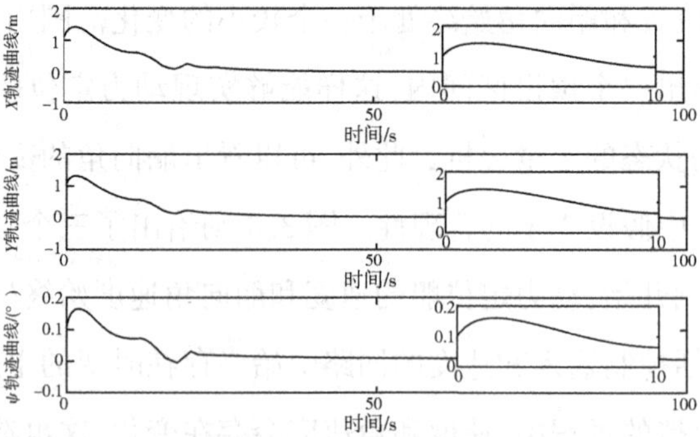

图 3.3　动力定位船位置和姿态响应曲线

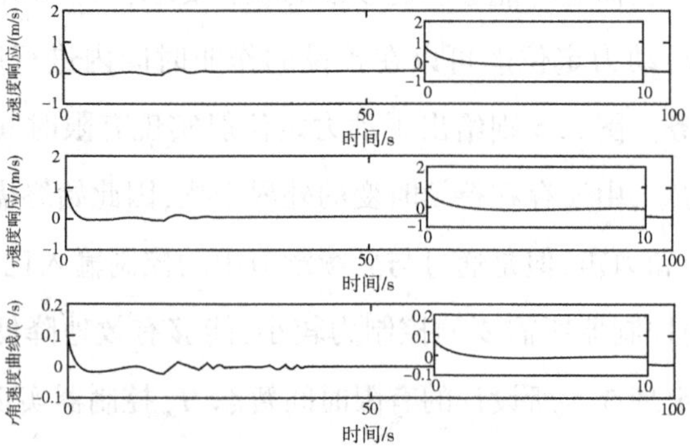

图 3.4　动力定位船速度响应曲线

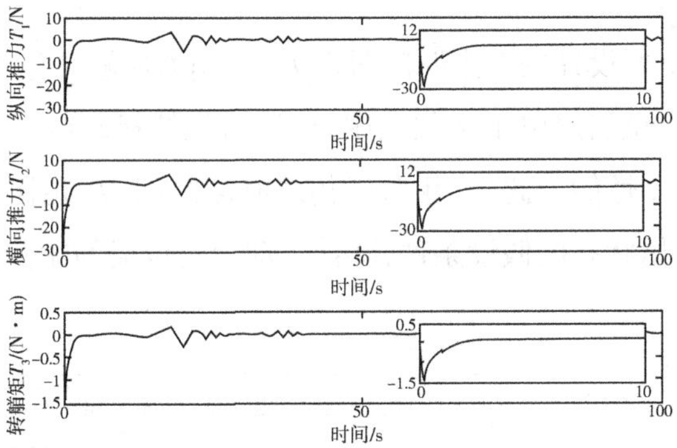

图 3.5　控制输入

3.4.2　传统有限时间 H_∞ 控制对比仿真案例

为了说明本章所设计的暂态 H_∞ 控制方法相对于传统 H_∞ 控制方法具有更好的控制性能,在此为动力定位船设计零初始状态假设条件下的 H_∞ 控制器作为对比案例,本书设计相同的类 Lyapunov-Krasovskii 函数,并采用文献[122]的处理方法对该函数进行处理,根据上述仿真条件得到如下的控制增益:

$$\boldsymbol{K}=\begin{pmatrix} -3.9021 & 0 & 0 & -39.2366 & 0 & 0 \\ 0 & -5.1028 & -0.1717 & 0 & -51.4697 & -1.6006 \\ 0 & -0.1629 & -0.4243 & 0 & -1.6649 & -4.1611 \end{pmatrix}$$

图 3.6 和图 3.7 是本章所设计控制器与传统有限时间 H_∞ 控制器的仿真效果对比图,图 3.6 中给出了对比案例和本章控制器的状态响应对比曲线,从图中可以看出,传统有限时间 H_∞ 控制方法虽然能够保证动力定位船的运动状态在初始时刻之后的预设时间内保持在预设区域内,但是具有更大的振荡幅度,纵向与横向的最大位置振荡接近 2 m,而本章所设计控制器保证动力定位船在位置上的振荡最大不超过 0.5 m。这是由于传统 H_∞ 控制方法在零初始状态的假设下,以牺牲部分控制性能为代价获得对干扰的鲁棒性,本章所设计的有限时间暂态 H_∞ 控制消除了该假设条件,因此本章所设计的控制器相对于传统有限时间 H_∞ 控制器,能够降低动力定位船在作业时间内的振荡幅度,具有更低的保守性。图 3.7 说明了位置和姿态的响应对比曲线,可以看出本章所设计的控制器在保证动力定位船的运动状态处于预设范围内的前提下,具有更低的超调和更小的振荡幅度,因此,相对于传统有限时间 H_∞ 控制方法,本章所设计的有限时间暂态 H_∞ 控制器具有更低的保守性

和更好的控制性能。

综上可知,本章所设计的有限时间暂态 H_∞ 控制器能够在包含初始时刻的预设时间内,保证动力定位船定位于定位点附近,同时保持运动状态处于预设范围内,并且具有良好的控制性能。此外,相对于传统有限时间 H_∞ 控制器,本章所设计的控制器消除了零初始状态的假设条件,降低了动力定位船的振荡幅度,具有更低的保守性。

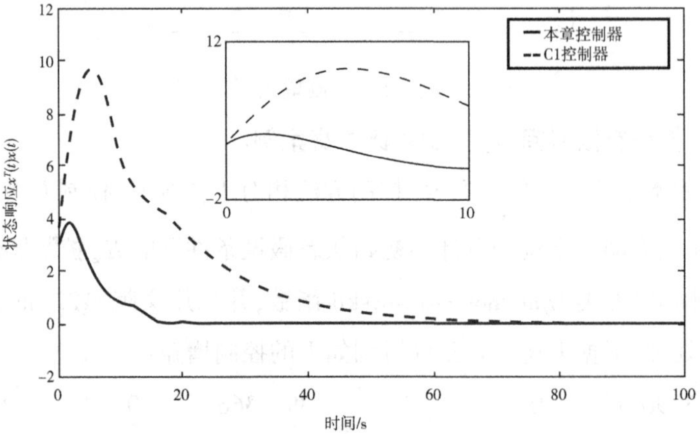

图 3.6 定理 3.4 与对比案例状态 $x^T(t)Rx(t)$ 响应对比

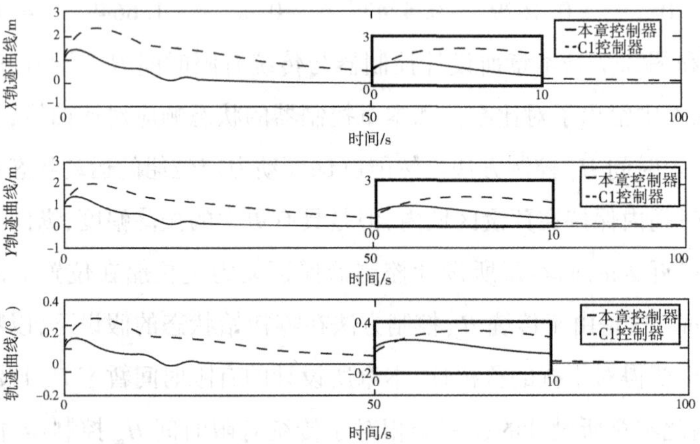

图 3.7 定理 3.4 和对比案例位置和姿态响应对比

第 4 章　输入饱和约束下动力定位船鲁棒自适应抗饱和控制

4.1　引言

第 3 章以线性化的动力定位船运动模型为对象，本章将进一步考虑非线性动力定位船运动模型，针对推进系统所提供推力有限造成的输入饱和约束问题，在此基础上考虑了复合控制方法计算负担的性能约束问题，对于包含输入饱和约束以及非匹配干扰的动力定位船控制方法的设计问题进行研究。

在海洋作业中，除了定点控位作业，研究人员通常还需要动力定位船能够沿着预设航迹进行跟踪操作，从而实现铺管、巡逻等海洋作业任务。为了实现高精度的航迹跟踪控制，通常需要推进系统提供足够的推力以及力矩来补偿海洋环境干扰对船舶运动性能的影响，尤其是在动力定位船跟踪运动的初始阶段，由于初始运动状态与航迹跟踪的运动状态相差较大，为了改变动力定位船的运动状态，使得动力定位船从航停状态改变为行进状态，实现对于航迹的快速准确跟踪，往往需要较大的推力以及力矩。但是根据第 2 章对于动力定位船推进系统的分析可知，受到推进系统中电动机所能提供最大扭矩以及舵角幅值的限制，推进系统并不能提供任意大小的推力或者力矩[3]。由于初始误差较大，动力定位船控制系统根据跟踪误差计算得到的推力可能会超出推进系统所能提供的最大推力，这就会触发输入饱和约束的问题。现有对于动力定位船航迹跟踪控制器的设计大都忽略了这一问题，当饱和约束被触发的时候，控制系统输出的控制信号增大，推进系统所提供的推力却并没有增加，这就使得动力定位船并没有按照所设计的控制方法进行工作，导致动力定位船的超调量增大、跟踪速度降低等现象的出现，在复杂的海洋环境中，甚至会造成触礁、碰撞等灾难事故。一些研究人员在进行控制器设计的时候考虑饱和约束情况，通过对饱和函数的光滑化，保证所设计动力定位船控制器不会产生超出推进器所能提供最大推力的控制指令[59]。但是在动力定位船航迹跟踪控制中,饱和约束问题具有时间短的特点,而上述方法在整个跟踪作业的过程中均考虑输入饱和约束问题,限制了未触发饱和约束时动力定位船的性能,会造成动力定位船跟踪性能不足。为了解决该问题,以抗饱和控制为代表的两步法被应用于动力定位船航迹跟踪作业控制器的设计中,在抗饱和航迹跟踪控制器的设计中,首先不考虑输入饱和约束问题,为动力定位船设计标称控制器,充分发挥动力定位船的跟踪性能,当动力定位船所需要推力超出饱和约束值的时候,会触发一个补偿器,产生补偿信号对动力定位船的控制信号进行调节,降低动力定位船所需要的推力,保证饱和约束下动力定位船的跟踪能力,因此抗饱和控制方法不仅能够补偿推进系统饱和约束对动力定位船跟踪性能的影响,还能够保证无饱和约束下动力定位船对预设航迹的高精度跟踪性能。在抗饱和控制理论中,研究人员提出了滞后抗饱和控制方法[123]、超前抗饱和控制方法[124]以及多回路抗饱和控制方法[125]等来进一步提高传统抗饱和控制方法的性能,但是以上的各类方法仅仅能应用于线性系统中,在动力定位船航迹跟踪控制方法的研究中,艏向角会发生明显变化,因此将不再适用第3章中的模型线性化方法,这也导致对于动力定位船抗饱和控制方法研究成果的不足,大多数成果仍然采用传统抗饱和控制方法,难以改善动力定位船在饱和约束下的跟踪性能。

此外,动力定位船在跟踪航迹的时候,所装备的推进系统仅适用于对海平面三个自由度运动状态的控制。但是实际工程中,动力定位船是运动于三维空间中的,船舶的横摇、纵摇、升沉运动是始终存在的,根据动力定位船六自由度运动模型[5]可以知道,横摇、纵摇、升沉运动与船舶海平面三自由度运动模型中的运动状态是相互耦合的,无法完全解耦。因此,本章分析六自由度动力定位船运动模型化简为三自由度运动模型的过程,如果考虑到横摇、纵摇与升沉对动力定位船水平面运动影响,船舶三自由度运动学模型中的船体位置和速度之间的转换关系将会存在一个扰动,由于该扰动并不存在于动力定位船控制回路中,可以将其作为一种非匹配干扰。在动力定位船航迹跟踪控制中,控制器通过控制船舶速度和角速度实现对于期望航迹的跟踪,因此运动学模型中的非匹配干扰会直接影响到动力定位船的跟踪性能,虽然目前已有部分文献考虑了动力定位船控制中的非匹配干扰问题[126,127],但是本质上仍然考虑的是动力定位船中动力学模型中的干扰,对于状态耦合造成的运动学模型中的非匹配干扰问题,目前尚无文献成果对其进行研究,这将影响动力定位船的抗干扰能力,使得控制方法难以取得期望的跟踪性能。

根据上述的讨论,本章将对具有非匹配干扰以及输入饱和约束的动力定位船进行抗饱和控制器设计的研究,结合干扰观测器技术和动态面控制技术,为动力定位船设计了一种基于干扰观测器的鲁棒自适应双回路超前抗饱和控制方法。本章所设计的控制方法包括一个干扰观测器、一个鲁棒自适应控制器和两个抗饱和补偿器,首先,设计一个干扰观测器来估计动力定位船运动中所受到的非匹配干扰,在控制器的设计中补偿这一部分干扰;然后,设计了标称鲁棒自适应动态面控制器,这样避免了传统基于干扰观测器的反步法中对于虚拟控制律偏导数的运算,减轻了计算负担,并通过自适应律对外界干扰进行估计和补偿;接下来,将超前抗饱和控制应用于非线性动力定位船控制器设计中,通过集成两种不同性能的抗饱和补偿器,提出了一种双回路超前抗饱和控制方法,以此来解决输入饱和约束问题,进一步改善传统抗饱和控制方法的控制性能;同时,采用动态面技术降低了由于抗饱和补偿信号与非匹配干扰估计信号所带来的虚拟控制律求偏导数的计算负担;最后,通过仿真案例和对比案例说明了本章所设计动力定位船航迹跟踪控制器的有效性。

本章首先结合非匹配干扰问题,介绍了本章所采用控制方法的基本原理,为控制器的设计提供了理论基础;然后对动力定位船模型所受到的非匹配干扰进行了分析,建立了具有非匹配干扰和输入饱和约束的动力定位船运动模型;再次,设计了基于干扰观测器的鲁棒自适应双回路抗饱和控制方法,并根据 Lyapunov 稳定性理论证明了闭环控制系统的稳定性;最后通过数值仿真说明了所设计动力定位船航迹跟踪控制方法的有效性,并且通过三个对比案例说明了本章所设计的控制方法的优越性。

4.2　具有非匹配干扰的非线性系统反步控制描述

非匹配干扰是不在控制回路中的干扰,为了处理这一干扰对控制系统带来的影响,文献[128]中首先提出了一种反步递推(Backstepping)设计方法,简称反步法。反步法不仅能够解决非匹配非线性系统的控制器设计问题,也为非线性系统提供了一种系统构造控制器的方案。但是反步法也存在“计算膨胀”等问题,为了解决该问题,研究人员又提出了动态面控制技术(dynamic surface control, DSC)。

本节将基于一个包含非匹配干扰的非线性系统模型,简单给出反步法和动态面控制技术的设计方法,为本章的控制器设计提供理论基础。

4.2.1 反步法理论

反步法又被称为反演法、反推法或者后推法,该方法于 1995 年由 Kokotovie、Kristic 等学者提出,并在随后的二十多年中得到了快速的发展和广泛的应用。对于严格反馈形式的非线性系统或者能够转化为严格反馈形式的非线性系统,反步法是一种非常高效且系统的控制器设计方法,研究人员将这类系统分解为多个低阶的子系统,然后从第一个子系统开始,递归地为各个子系统构造跟踪误差变量,并且基于跟踪误差变量为子系统设计 Lyapunov 函数;再次,通过子系统的 Lyapunov 函数和下一个子系统的误差跟踪变量,设计虚拟控制律来镇定该子系统,而后,层层递归,逐步后推,最终根据之前每一步所设计的虚拟控制律,为非线性系统设计出能够镇定整个系统的实际控制器。在设计的过程中,研究人员还能够通过调节反步法中的设计参数来调节系统的控制性能,为非线性系统的控制器设计提供了一种高效规范的设计方式。

接下来,本节先通过以下包含非匹配干扰的严格反馈非线性系统为例,简单阐述反步法的设计思路。

$$\begin{cases} \dot{x}_j = g_j(\bar{x}_j)\,x_{j+1} + f_j(\bar{x}_j) + d_j(t)\,,1 \leqslant j \leqslant n-1 \\ \dot{x}_n = g_n(x)\,u + f_n(x) + d_n(t) \\ y = x_1 \end{cases} \tag{4-1}$$

其中,$\boldsymbol{x}_j=(x_1,x_2,\cdots,x_j)^{\mathrm{T}}$ 为控制系统的控制状态,g_j 和 f_j 表示与控制状态相关的连续函数,且 $g_j \neq 0$,$d_i(t)$ 表示系统所受到的干扰。通过系统模型可以看出,$d_1(t)$,$d_2(t)$,$\cdots$,$d_{n-1}(t)$ 并不存在于控制器 u 的控制回路中,这些干扰被称作非匹配干扰,$d_n(t)$ 为匹配性干扰。本节的控制目标是设计合适的控制器 u,使得系统的输出 y 能够稳定跟踪期望输出轨迹 y_d。

根据反步法的设计思路,研究人员需要依次为各个子系统设计虚拟控制律 $x_{(i+1)d}=f(x_i,z_i)$,其中 z_i 为研究人员所构造的误差变量,有些文献也将其看作为一种坐标变换,$x_{(i+1)d}$ 的设计标准是能够保证非线性系统前面的 i 个状态均满足渐近稳定,最后一步设计最终的控制器 u,使得整个系统渐近稳定,具体的设计步骤如下。

第一步，首先定义跟踪误差变量如下：

$$z_1 = x_1 - y_d \tag{4-2}$$

$$z_2 = x_2 - x_{2d} \tag{4-3}$$

然后定义一个 Lyapunov 函数：

$$V_1 = \frac{1}{2}z_1^2 \tag{4-4}$$

其中 x_{2d} 为待设计的虚拟控制律，对跟踪误差变量 z_1 求导可得

$$\begin{aligned}\dot{z}_1 &= \dot{x}_1 - \dot{y}_d \\ &= g_1(x_1)x_2 + f_1(x_1) + d_1(t) - \dot{y}_d \\ &= g_1(x_1)(z_2 + x_{2d}) + f_1(x_1) + d_1(t) - \dot{y}_d\end{aligned} \tag{4-5}$$

然后对 Lyapunov 函数 V_1 求导可得

$$\begin{aligned}\dot{V}_1 &= z_1\dot{z}_1 \\ &= z_1(g_1(x_1)(z_2 + x_{2d}) + f_1(x_1) + d_1(t) - \dot{y}_d)\end{aligned} \tag{4-6}$$

在此设计如下形式的虚拟控制律：

$$x_{2d} = g_1^{-1}(\bar{x}_1)(-k_1z_1 - f_1 - d_1(t) + \dot{y}_d) \tag{4-7}$$

则 V_1 的微分可以重新写为

$$\dot{V}_1 = -k_1z_1^2 + z_1g_1(x_1)z_2 \tag{4-8}$$

因此，若式(4-8)中的 $z_2=0$，则跟踪误差 z_1 是渐近稳定的，故接下来需要镇定第二个子系统，使得误差变量 z_2 渐近稳定。

第二步，继续定义跟踪误差变量和 Lyapunov 函数如下：

$$z_3 = x_3 - x_{3d} \tag{4-9}$$

$$V_2 = V_1 + \frac{1}{2}z_2^2 \tag{4-10}$$

其中，x_{3d} 为待设计的虚拟控制律，对跟踪误差 z_2 求导可得

$$\begin{aligned}\dot{z}_2 &= \dot{x}_2 - \dot{x}_{2d} \\ &= g_2(\bar{x}_2)x_3 + f_2(\bar{x}_2) + d_2(t) - \frac{\partial x_{2d}}{\partial z_1}\dot{z}_1 \\ &= g_2(\bar{x}_2)(z_3 + x_{3d}) + f_2(\bar{x}_2) + d_2(t) - \frac{\partial x_{2d}}{\partial z_1}\dot{z}_1\end{aligned} \tag{4-11}$$

然后对 Lyapunov 函数 V_2 求导可得

$$\begin{aligned}\dot{V}_2 &= \dot{V}_1 + \dot{z}_2 z_2 \\ &= -k_1 z_1^2 + z_1 g_1(\bar{x}_1) z_2 \\ &\quad + z_2\left(g_2(\bar{x}_2)(z_3 + x_{3d}) + f_2(\bar{x}_2) + d_2(t) - \frac{\partial x_{2d}}{\partial z_1}\dot{z}_1\right)\end{aligned} \tag{4-12}$$

在此设计如下形式的虚拟控制律：

$$x_{3d} = g_2^{-1}(\bar{x}_2)\left(-k_2 z_2 - f_2(x_1, x_2) - d_2(t) + \frac{\partial x_{2d}}{\partial z_1}\dot{z}_1 - g_1(\bar{x}_1) z_1\right) \tag{4-13}$$

则 Lyapunov 函数 V_2 的微分可以写成：

$$\dot{V}_2 = -k_1 z_1^2 - k_2 z_2^2 + z_2 g_2(\bar{x}_2) z_3 \tag{4-14}$$

从此可以看出，第二步中的设计方式与第一步类似，根据反步法的设计思路，在每一步中都需要设计能够镇定该子系统的虚拟控制律，也就是使得跟踪误差变量 $z_3 = 0$。

第 i 步（$2<i<n$），类似第二步，定义跟踪误差变量和 Lyapunov 函数如下：

$$z_{i+1} = x_{i+1} - x_{(i+1)d} \tag{4-15}$$

$$V_i = \sum_{j=1}^{i-1} V_j + z_i^2 \tag{4-16}$$

其中，$x_{(i+1)d}$ 为待设计的虚拟控制律，对跟踪误差变量 z_i 求导可得

$$\begin{aligned}\dot{z}_i &= g_i(\bar{x}_i)x_{i+1} + f_i(\bar{x}_i) + d_i(t) - \sum_{j=1}^{i-1}\frac{\partial x_{(j+1)d}}{\partial z_j}\dot{z}_j \\ &= g_i(\bar{x}_i)(z_{i+1} + x_{(i+1)d}) + f_i(\bar{x}_i) + d_i(t) - \sum_{j=1}^{i-1}\frac{\partial x_{(j+1)d}}{\partial z_j}\dot{z}_j\end{aligned} \tag{4-17}$$

然后对 Lyapunov 函数 V_i 求导可得

$$\dot{V}_i = \sum_{j=1}^{i-1} \dot{V}_j + z_i \left(g_i(\bar{x}_i)(z_{i+1} + x_{(i+1)d}) + f_i(\bar{x}_i) + d_i(t) - \sum_{j=1}^{i-1} \frac{\partial x_{(j+1)d}}{\partial z_j} \dot{z}_j \right) \tag{4-18}$$

在此设计如下形式的虚拟控制律：

$$x_{(i+1)d} = g_i^{-1}(\bar{x}_i) \left(- g_{i-1}(\bar{x}_{i-1}) z_{i-1} - k_i z_i - f_i(\bar{x}_i) - d_i(t) + \sum_{j=1}^{i-1} \frac{\partial x_{(j+1)d}}{\partial z_j} \dot{z}_j \right) \tag{4-19}$$

则 Lyapunov 函数 V_i 的微分可以写成：

$$\dot{V}_i = -(k_1^2 z_1^2 + \cdots + k_i^2 z_i^2) + z_i g_i(\bar{x}_i) z_{i+1} \tag{4-20}$$

根据前边的分析可知，只要镇定误差变量 $z_{i+1}=0$，就可以保证该子系统的稳定性，在 $2<i<n-1$ 的时候，依次重复本步骤。

第 n 步，构造 Lyapunov 函数如下：

$$V_n = V_1 + V_2 + \cdots + V_{n-1} + \frac{1}{2} z_n^2 \tag{4-21}$$

对跟踪误差变量 z_n 求导可得

$$\begin{aligned} \dot{z}_n &= \dot{x}_n - \dot{x}_{nd} \\ &= g_n(x) u + f_n(x) + d_n(t) - \sum_{j=1}^{n} \frac{\partial x_{nd}}{\partial z_j} \dot{z}_j \end{aligned} \tag{4-22}$$

然后对 Lyapunov 函数求导可得

$$\begin{aligned} \dot{V}_n &= \dot{V}_1 + \dot{V}_2 + \cdots + \dot{V}_{n-1} + z_n \dot{z}_n \\ &= -(k_1^2 z_1^2 + \cdots + k_{n-1}^2 z_{n-1}^2) + z_{n-1} z_n \\ &\quad + z_n \left(g_n(x) u + f_n(x) + d_n(t) - \sum_{j=1}^{n} \frac{\partial x_{nd}}{\partial z_j} \dot{z}_j \right) \end{aligned} \tag{4-23}$$

根据 Lyapunov 理论，为了镇定整个非线性系统，在此设计如下形式的最终控制器 u 为

$$u = g_n^{-1}(x) \left(- g_{n-1}(\bar{x}_{n-1}) z_{n-1} - k_n z_n - f_n(x_n) - d_n(t) + \sum_{j=1}^{n} \frac{\partial x_{nd}}{\partial z_j} \dot{z}_j \right) \tag{4-24}$$

因此,包含非匹配干扰的非线性控制系统 Lyapunov 函数 V_n 的微分可以写成:

$$\dot{V}_n = -(k_1^2 z_1^2 + \cdots + k_n^2 z_n^2) \leqslant 0 \tag{4-25}$$

因此,所设计的控制器能够保证整个控制系统的输出 y 跟踪到期望输出 y_d。

至此,本节给出了采用反步法处理包含非匹配干扰的非线性系统的基本步骤。从设计过程中可以看出,反步法为包含非匹配干扰的严格反馈系统提供了一种非常规范的设计方法,一定程度上解决了如何构造 Lyapunov 函数的问题,并且可以通过反步法的设计方式,进行自适应控制、神经网络等控制器的设计。对于包含非匹配扰动的非线性系统,只需要得到非匹配干扰的信息,不需要借助其他手段就可以进行控制器设计,在实际控制器中补偿不在控制回路中的非匹配干扰。但是,该方法仍然有很多问题,其中"计算爆炸"问题是制约其工程应用的重要问题之一。从设计步骤中可以看出,反步法的每一步都需要对上一步设计的虚拟控制律进行偏导数计算,随着非线性系统阶数的不断增加,这种计算负担也会迅速增长。同时,在实际工程中对于控制信号微分的实现是非常复杂的,因此即使对于低阶非线性系统,反步法中对于虚拟控制律的微分也是难以实现的。为了解决该问题,研究人员提出了很多技术对反步法进行了修正和改进,动态面控制技术就是其中的一种经典方法。

4.2.2 动态面控制技术

动态面控制技术是由 Swaroop 等学者在 2000 年[129]首先提出的。动态面控制技术的核心思路是通过估计虚拟控制律的导数来避免对于虚拟控制律微分或者偏导计算,具体方式一般是在反步法中的每一步中引入一个一阶滤波器,通过该滤波器估计出虚拟控制律的导数,从而解决了虚拟控制律微分产生的"计算膨胀"问题,简化了控制器的形式。接下来,本节仍以严格反馈非线性系统式(4-1)为例,给出动态面控制的一般方法。

第一步,考虑 4.2.1 中反步法的第二步,为了避免对虚拟控制律 x_{2d} 的微分计算,在此引入如下形式的一阶滤波器:

$$\tau_2 \dot{\bar{x}}_{2d} + \bar{x}_{2d} = x_{2d} \quad \bar{x}_{2d}(0) = x_{2d}(0) \tag{4-26}$$

其中,x_{2d} 为滤波器输入,τ_2 为滤波器常数,由上式可知:

$$\dot{\bar{x}}_{2d} = \frac{x_{2d} - \bar{x}_{2d}}{\tau_2} \tag{4-27}$$

通过 $\dot{\bar{x}}_{2d}$ 来对 $\dot{x}_{2d}$ 进行估计，则虚拟控制律 x_{3d} 可以写成：

$$x_{3d}=g_2^{-1}(\bar{x}_2)\left(-k_2z_2-f_2(x_1,x_2)-d_2(t)+\frac{x_{2d}-\bar{x}_{2d}}{\tau_2}-g_1(\bar{x}_1)z_1\right) \tag{4-28}$$

第 $i-1(2<i<n-1)$ 步，同理，对应反步法中的第 i 步，引入一阶滤波器：

$$\tau_i\dot{\bar{x}}_{id}+\bar{x}_{id}=x_{id}\quad \bar{x}_{id}(0)=x_{id}(0) \tag{4-29}$$

其中，x_{id} 为滤波器输入，τ_i 为滤波器常数，由上式可知：

$$\dot{\bar{x}}_{id}=\frac{x_{id}-\bar{x}_{id}}{\tau_i} \tag{4-30}$$

通过 $\dot{\bar{x}}_{id}$ 来对 $\dot{x}_{id}$ 进行估计，则虚拟控制律 $x_{(i+1)d}$ 可以写成：

$$x_{(i+1)d}=g_i^{-1}(\bar{x}_i)\left(-g_{i-1}(\bar{x}_{i-1})z_{i-1}-k_iz_i-f_i(\bar{x}_i)-d_i(t)+\frac{x_{id}-\bar{x}_{id}}{\tau_i}\right) \tag{4-31}$$

第 $n-1$ 步，对应反步法的第 n 步，引入一阶滤波器：

$$\tau_n\dot{\bar{x}}_{nd}+\bar{x}_{nd}=x_{nd}\quad \bar{x}_{nd}(0)=x_{nd}(0) \tag{4-32}$$

其中，x_{nd} 为滤波器输入，τ_n 为滤波器常数，由上式可知：

$$\dot{\bar{x}}_{nd}=\frac{x_{nd}-\bar{x}_{nd}}{\tau_n} \tag{4-33}$$

通过 $\dot{\bar{x}}_{nd}$ 来对 $\dot{x}_{nd}$ 进行估计，因此，最终控制器可以写成：

$$u=g_n^{-1}(x)\left(-g_{n-1}(\bar{x}_{n-1})z_{n-1}-k_nz_n-f_n(x_n)-d_n(t)+\frac{x_{nd}-\bar{x}_{nd}}{\tau_n}\right) \tag{4-34}$$

至此，基于动态面控制技术，本小节为非线性系统式(4-1)设计了非线性动态面控制器。通过与 4.2.1 中反步法的比较可以看出，动态面控制在设计过程中避免了对虚拟控制律的反复求导，不仅减轻了计算负担，还使得最终控制器的形式更为简单。此外，可以通过 Lyapunov 理论来证明一阶滤波器估计误差的收敛性，这就保证了闭环系统的稳定性，在本章的动力定位船控制器设计中将会对该问题进行详细分析，在此不再赘述。

本节给出了反步法和动态面技术处理包含非匹配干扰的非线性系统的一般步骤，从上述方法的描述中可以知道，如果能够估计出非匹配干扰，就能够在反步法中对这一干扰进行补偿。本章将以动态面控制技术为基础，为动力定位船设计基于干扰观测器的鲁棒自适应双回路超前抗饱和控制器。

4.3 鲁棒自适应抗饱和控制设计

4.3.1 具有输入饱和约束和非匹配干扰的动力定位船运动模型

结合第 2 章给出的动力定位船运动模型，考虑运动学模型方程所包含的非匹配干扰问题，本章将动力定位船运动模型描述为下列形式：

$$\dot{\boldsymbol{\eta}} = \boldsymbol{J}(\psi)\boldsymbol{v} + \Delta f_1 \tag{4-35}$$

$$\boldsymbol{M}\dot{\boldsymbol{v}} + \boldsymbol{D}\boldsymbol{v} = \mathbf{sat}(\boldsymbol{\tau}) + \tau_d \tag{4-36}$$

其中，Δf_1 是作用在动力定位船上的非匹配干扰，τ_d 表示动力定位船所受到匹配性干扰，也就是未知时变外界干扰，$\mathbf{sat}(\boldsymbol{\tau}) = [\operatorname{sat}(\tau_1), \operatorname{sat}(\tau_2), \operatorname{sat}(\tau_3)]^{\mathrm{T}}$ 表示包含推进系统输出幅值限制的控制输入向量，这一受限控制向量可以描述为

$$\mathbf{sat}(\boldsymbol{\tau}_i) = \operatorname{sgn}\tau_i \min\{\tau_{\max i}, |\tau_{ci}|\} \quad i = 1,2,3 \tag{4-37}$$

其中，$\tau_{\max i}$ 分别表示了各个自由度上推进系统所能提供最大的控制力或者控制力矩，$\tau_{ci}(i=1,2,3)$ 是动力定位船控制方法计算得到的指令控制信号。

为了方便接下来的分析和设计，本节首先通过一个坐标变换将动力定位船控制系统式(4-35)和式(4-36)转化成一种严格反馈形式的非线性系统。为此，重新定义变量 $x_1 = \boldsymbol{\eta}, x_2 = \boldsymbol{J}(\psi)\boldsymbol{v}$，则原系统可以写成如下形式：

$$\dot{x}_1 = x_2 + D_1(t) \tag{4-38}$$

$$\dot{x}_2 = F(x_1, x_2) + \boldsymbol{J}\boldsymbol{M}^{-1}\mathbf{sat}(\boldsymbol{\tau}) + D_2(t) \tag{4-39}$$

其中，$F(x_1, x_2) = (\boldsymbol{S}(r) - \boldsymbol{J}\boldsymbol{M}^{-1}\boldsymbol{D}\boldsymbol{J}^{\mathrm{T}})x_2, \Delta f_1 = D_1(t), \boldsymbol{J}\boldsymbol{M}^{-1}\tau_d = D_2(t), \boldsymbol{J} = \boldsymbol{J}(\psi)$，设定 $\dot{\boldsymbol{J}}(\psi) = \boldsymbol{J}(\psi)\boldsymbol{S}(r)$，则可得：$\boldsymbol{S}(r) = \begin{pmatrix} 0 & -r & 0 \\ r & 0 & 0 \\ 0 & 0 & 0 \end{pmatrix}$。

这样就将包含非匹配干扰的动力定位船运动模型转化成了如 4.2 节中的严格

反馈非线性系统,对于模型中的匹配干扰和非匹配干扰,这里将给出如下的合理假设。

假设 4.1　作用在动力定位船的未知时变外界干扰和非匹配干扰是有界的并且边界是未知的,并且两种干扰的变化率也是有界的,为了接下来的描述方便,作如下定义:

$$\| \dot{D}_1(t) \| \leqslant d_1 < \infty \tag{4-40}$$

$$\| D_2(t) \| \leqslant d_2 < \infty \tag{4-41}$$

其中,d_1、d_2 为未知的有界常数。

动力定位船运动于三维空间中,因此横摇、升沉等运动始终存在。当研究人员在考虑动力定位船运动控制的时候,控制系统只能控制纵荡、横荡与艏摇三个自由度上动力定位船的运动,由于动力定位船的控制目标仅限于位置和艏向角,对升沉、横摇和纵摇三个自由度上的位置和姿态没有要求,可以假设船舶的横摇、纵摇以及升沉为零。研究人员虽然只考虑了水平面三个自由度上动力定位船的运动,但是根据动力定位船运动六自由度模型[5]可以知道,被忽略的三个自由度上的运动与纵荡、横荡和艏摇三个自由度上的运动是相互耦合的,无法完全解耦。因而在实际工程中,三自由度的动力定位船运动模型包含了耦合状态简化后所造成的干扰,这不仅给动力学模型带来了未知的干扰,也影响到运动学模型中船体位置和速度之间的转换关系。在动力学方程中,这部分干扰可以和外部干扰一起作为合成干扰,通过干扰观测器、自适应律等技术手段在控制回路中进行补偿,但是在运动学模型中,这部分干扰所带来的干扰无法通过控制输入直接进行补偿,这将会影响所设计的动力定位船控制器在实际工程中的控制性能,本章将通过运动学模型解释动力定位船控制器设计中所包含的非匹配干扰。

在运动学模型中,横摇、纵摇以及升沉与动力定位船控制所考虑的横荡、纵荡与艏摇三个自由度有如下关系:

$$\begin{cases}\dot{x} = u\cos\psi\cos\theta + v(\cos\psi\sin\theta\sin\phi - \sin\psi\cos\phi) \\ \quad + w(\sin\psi\sin\phi + \cos\psi\cos\phi\sin\theta) \\ \dot{y} = u\sin\psi\cos\theta + v(\cos\psi\cos\phi + \sin\phi\sin\theta\sin\psi) \\ \quad + w(\sin\theta\sin\psi\cos\phi - \cos\psi\sin\phi) \\ \dot{\psi} = q\dfrac{\sin\phi}{\cos\theta} + r\dfrac{\cos\phi}{\cos\theta}\end{cases} \tag{4-42}$$

从上式可以看出，被忽略的三个自由度上的运动与海平面上三个自由度上的运动之间相互耦合在一起，因此船舶在海平面运动时，被忽略的三个自由度方向上的运动会因为这种耦合关系影响动力定位船在海平面上的运动状态，因此忽略另外三个自由度的运动会使得动力定位船运动学模型存在干扰。首先以动力定位船运动中的艏摇运动为例，在横摇角 ϕ、纵摇角 θ 以及纵摇角速度 q 均不为零的情况下，运动学方程中的艏摇角 ψ 和艏摇角速度 r 之间的关系可以描述如下：

$$\dot{\psi} = q\frac{\sin\phi}{\cos\theta} + r\frac{\cos\phi}{\cos\theta} \tag{4-43}$$

经过变形可得

$$\dot{\psi} = r + q\frac{\sin\phi}{\cos\theta} + r\left(\frac{\cos\phi}{\cos\theta} - 1\right) \tag{4-44}$$

当假设横摇角 ϕ、纵摇角 θ 以及纵摇角速度 q 为 0 时，则上式中会存在恒等关系 $q\dfrac{\sin\phi}{\cos\theta}+r\left(\dfrac{\cos\varphi}{\cos\theta}-1\right)=0$，此时可以得到动力定位船运动中艏摇角 ψ 和艏摇角速度 r 之间的关系为

$$\dot{\psi} = r \tag{4-45}$$

从上式可以看出，在动力定位船控制中，实际的艏摇角与艏摇角速度之间的微分关系存在一个 $q\dfrac{\sin\phi}{\cos\theta}+r\left(\dfrac{\cos\phi}{\cos\theta}-1\right)$ 的偏差，因此实际工程与三自由度船舶运动模型在艏向角的微分方程中存在耦合状态化简带来的干扰。

接下来，同时考虑运动学模型中的横荡、纵荡与艏摇三个自由度，根据第 2 章中所给出的三自由度动力定位船运动模型，将方程(4-42)作如下变形：

$$\begin{pmatrix} \dot{x} \\ \dot{y} \\ \dot{\psi} \end{pmatrix} = \begin{pmatrix} \cos\psi & -\sin\psi & 0 \\ \sin\psi & \cos\psi & 0 \\ 0 & 0 & 1 \end{pmatrix} \begin{pmatrix} u \\ v \\ r \end{pmatrix}$$

$$+\begin{pmatrix} u\cos\psi\cos\theta + v(\cos\psi\sin\theta\sin\phi - \sin\psi\cos\phi) + w(\sin\psi\sin\phi + \cos\psi\cos\phi\sin\theta) - u\cos\psi + v\sin\psi \\ u\sin\psi\cos\theta + v(\cos\psi\cos\phi + \sin\varphi\sin\theta\sin\psi) + w(\sin\theta\sin\psi\cos\phi - \cos\psi\sin\varphi) - u\sin\psi - v\cos\psi \\ q\dfrac{\sin\phi}{\cos\theta} + r\dfrac{\cos\varphi}{\cos\theta} - r \end{pmatrix} \tag{4-46}$$

在此定义：

$$\Delta f_1 = \begin{pmatrix} u\cos\psi\cos\theta + v(\cos\psi\sin\theta\sin\phi - \sin\psi\cos\phi) + w(\sin\psi\sin\phi + \cos\psi\cos\phi\sin\theta) - u\cos\psi + v\sin\psi \\ u\sin\psi\cos\theta + v(\cos\psi\cos\phi + \sin\phi\sin\theta\sin\psi) + w(\sin\theta\sin\psi\cos\phi - \cos\psi\sin\phi) - u\sin\psi - v\cos\psi \\ q\dfrac{\sin\phi}{\cos\theta} + r\dfrac{\cos\phi}{\cos\theta} - r \end{pmatrix} \tag{4-47}$$

则动力定位船的运动学模型可以写成：

$$\dot{\eta} = \boldsymbol{J}(\psi)\boldsymbol{v} + \Delta f_1 \tag{4-48}$$

这样就可以得到包含非匹配干扰的三自由度动力定位船运动学模型。

从式(4-35)和式(4-36)可以清楚地看到，非匹配干扰项 Δf_1 对于船舶运动状态 $\boldsymbol{\eta}$ 和 $\boldsymbol{v}$ 具有直接的影响，这就会影响控制方法的跟踪精度。但是这一部分干扰并不存在于控制器回路中，传统动力定位船控制方法也不能直接对这一部分干扰进行处理。在不考虑这部分干扰的时候，运动学模型将会始终存在一个偏差量，这样就造成动力定位船难以取得精确的跟踪性能。目前尚没有文献对这一部分的干扰进行分析和处理，这就使得现有方法在实际工程中难以取得预期效果，因此，研究具有非匹配干扰的动力定位船控制问题是非常重要的。

此外,由于海洋环境会持续发生变化,并且具有有限的能量,因此海洋环境干扰是一种未知时变有界的信号,且其变化率也是有界的。此外,由于横摇、纵摇和升沉运动耦合所引起的非匹配干扰也与外界干扰相关,也是一种未知时变连续变化的干扰,因此假设 4.1 是合理的。同时,由于横摇、纵摇和升沉的运动总是存在的,这就使得动力定位船所受到的非匹配干扰并不会因为海平面上航迹跟踪控制的稳定而消散,因此这一部分干扰是一种非耗散干扰,在此假设为一个与时间相关的信号是合理的。

最后给出本章的控制目标:在假设 4.1 的条件下,考虑动力定位船所受到的控制输入饱和、未知时变匹配干扰和非匹配干扰,为其设计鲁棒非线性控制器 τ_c,使得动力定位船能够以任意小的误差跟踪到期望航迹。

4.3.2 基于干扰观测器的鲁棒自适应双回路抗饱和控制设计

为了在动力定位船包含非匹配干扰以及控制输入饱和约束的情况下实现 4.3.1 节所提出的控制目标,本节将会基于动态面控制技术和超前抗饱和控制方法,为动力定位船设计一种基于干扰观测器的复合控制方法。本章所提出的控制方法结构如图 4.1 所示,从图中可以看到所提的控制方法包含了一个干扰观测器、一个鲁棒自适应控制器和两个抗饱和补偿器(在此命名为 AW1 和 AW2)。本章将所提出的控制方法设计分为三个部分:非匹配干扰观测器的设计、标称鲁棒自适应动态面控制器的设计以及双回路超前抗饱和控制器的设计,其中干扰观测器用来估计动力定位船所受到的非匹配干扰,鲁棒自适应动态面控制器用来处理非输入饱和状态下动力定位船的跟踪控制问题,双回路超前抗饱和控制器被用来处理输入饱和约束对动力定位船跟踪控制性能的影响,接下来将按步骤给出详细的控制方法设计过程。

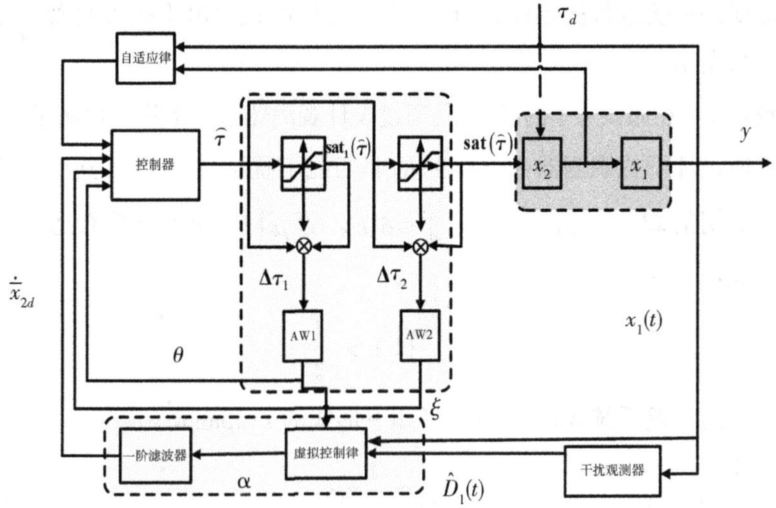

图 4.1 鲁棒双回路超前抗饱和控制方框图

4.3.2.1 非匹配干扰观测器设计

通过 4.2 中反步法和动态面控制技术的一般步骤可知，如果能够得到非匹配干扰的信息，就能够在反步法的设计过程中进行补偿，从而抵消非匹配干扰对动力定位船控制带来的影响。为了得到非匹配干扰的信息，本节受干扰观测器的启发[130,131]，为动力定位船设计如下形式的干扰观测器，对动力定位船所受到的非匹配干扰进行估计：

$$\begin{cases}\hat{\boldsymbol{D}}_1(t)=\boldsymbol{l}_1(x_1-\boldsymbol{p}_1)\\ \dot{\boldsymbol{p}}_1(t)=x_2+\hat{D}_1(t)\end{cases} \tag{4-49}$$

其中，$\hat{\boldsymbol{D}}_1(t)\in\mathbb{R}^3$ 是非匹配干扰 $\boldsymbol{D}_1(t)$ 的估计值，$\boldsymbol{p}_1(t)$ 是干扰观测器中的辅助状态向量，$\boldsymbol{l}_1=\boldsymbol{l}_1^{\mathrm{T}}\in\mathbb{R}^{3\times3}$ 作为观测器参数，是一个待设计的正定矩阵。在此，定义该观测器的估计误差向量 $\boldsymbol{e}_1(t)\in\mathbb{R}^3$，可以描述为如下形式：

$$\boldsymbol{e}_1(t)=\boldsymbol{D}_1(t)-\hat{\boldsymbol{D}}_1(t) \tag{4-50}$$

结合式(4-38)可以得到干扰观测器的估计误差系统为

$$\begin{aligned}\dot{\boldsymbol{e}}_1(t)&=\dot{\boldsymbol{D}}_1(t)-\dot{\hat{\boldsymbol{D}}}_1(t)\\&=-\boldsymbol{l}_1\boldsymbol{e}_1(t)+\dot{\boldsymbol{D}}_1(t)\end{aligned} \tag{4-51}$$

至此，本节得到了干扰观测器的误差动态方程，可以通过 Lyapunov 理论对干扰观测器误差系统进行稳定性分析，在此以引理形式给出干扰观测器误差系统的稳定性分析结果。

引理 4.1 在假设 4.1 的条件下，通过设计观测器增益矩阵 $\boldsymbol{l}_1$ 以满足式(4-52)，可以使得所设计干扰观测器式(4-49)的非匹配干扰估计误差 $\boldsymbol{e}_1$ 达到并且保持在一个有界的闭集 $\boldsymbol{\Omega}_{e_1}=\{\boldsymbol{e}_1\in\mathbb{R}^3 \mid \|\boldsymbol{e}_1\|\leqslant\delta,\delta>\sqrt{C/\mu}\}$ 中，并且选取合适的 $\boldsymbol{l}_1$ 可以使该闭集任意小。

$$\lambda_{\min}(\boldsymbol{l}_1) > \frac{1}{2} \tag{4-52}$$

证明 对误差系统式(4-51)选择如下形式的 Lyapunov 函数：

$$V_{e_1} = \frac{1}{2}\boldsymbol{e}_1^{\mathrm{T}}\boldsymbol{e}_1 \tag{4-53}$$

对上式微分可得

$$\begin{aligned}\dot{V}_{e_1} &= \boldsymbol{e}_1^{\mathrm{T}}\dot{\boldsymbol{e}}_1 \\ &= -\boldsymbol{e}_1^{\mathrm{T}}\boldsymbol{l}_1\boldsymbol{e}_1 + \boldsymbol{e}_1^{\mathrm{T}}\dot{\boldsymbol{D}}_1(t) \\ &\leqslant -\left(\lambda_{\min}(\boldsymbol{l}_1) - \frac{1}{2}\right)\boldsymbol{e}_1^{\mathrm{T}}\boldsymbol{e}_1 + \frac{1}{2}d_1^2 \\ &= -2\mu V_{e_1} + C_1\end{aligned} \tag{4-54}$$

其中，$\mu=\lambda_{\min}(\boldsymbol{l}_1)-\frac{1}{2}$，$\lambda_{\min}(\cdot)$表示矩阵的最小特征值，$C_1=\frac{1}{2}{d_1}^2$ 为未知常数。对上式积分可得

$$0 \leqslant V_{e_1}(t) \leqslant \frac{C_1}{2\mu} + \left(V_{e_1}(0) - \frac{C_1}{2\mu}\right)e^{-2\mu t} \tag{4-55}$$

因此，$V_{e_1}(t)$是全局一致最终有界的，根据上式可以得到估计误差满足：

$$\|\boldsymbol{e}_1\| \leqslant \sqrt{\frac{C_1}{\mu} + 2\left(V_{e_1}(0) - \frac{C_1}{2\mu}\right)e^{-2\mu t}} \tag{4-56}$$

故而干扰观测器的估计误差 $\boldsymbol{e}_1$ 是全局一致最终有界的。对于任意正常数 $\delta_1>\sqrt{C_1/\mu}$，存在一个时间常数 $t_1>0$，使得 $t>t_1$ 的时候满足 $\|\boldsymbol{e}_1\|\leqslant\delta_1$，因此，估计误差 $\boldsymbol{e}_1$ 达到并保持在紧集 $\boldsymbol{\Omega}_{e_1}=\{\boldsymbol{e}_1\in\mathbb{R}^3 \mid \|\boldsymbol{e}_1\|\leqslant\delta_1\}$ 中，又因为 $C_1/\mu=\frac{1}{2}{d_1}^2\Big/\left[\lambda_{\min}(\boldsymbol{l}_1)-\frac{1}{2}\right]$，因

此通过选择合适的 $\boldsymbol{l}_1$，能够使得闭集 $\boldsymbol{\Omega}_{e_1}$ 任意小。

通过干扰观测器的设计形式可以看到，所设计观测器仅仅与动力定位船的运动状态相关，它是根据运动状态之间的微分关系进行设计的，而与动力定位船的输入信号没有关系。因此，观测器可以与控制器的设计过程分离，进行独立的设计，动力定位船跟踪控制器的设计并不会影响到所设计干扰观测器的估计精度。

4.3.2.2　标称鲁棒自适应动态面控制器设计

动力定位船抗饱和控制的基本思想：在动力定位船所需推力超出推进系统所能提供的最大推力的时候，引入一个修正信号来消除输入饱和约束对其跟踪性能的影响。本章基于文献[124]中的超前抗饱和控制思想，根据动力定位船控制系统输入饱和的实际饱和值，首先设计一个低于该饱和值的预设值，具体方法可以描述为：设计一个正数 $g>1$，取 $\tau_{\max i}/g$ 为预设值。这样在所需控制量 $|\tau_i|<\tau_{\max i}/g$ 时，动力定位船控制系统并没有触发饱和，此时是非饱和状态下的动力定位船控制系统。在此，结合引理 4.1，本节首先设计出一种基于干扰观测器的鲁棒自适应动态面控制器作为动力定位船的标称控制器。具体步骤分为以下四步：

第一步，设定位置跟踪误差向量 $z_1\in\mathbb{R}^3$ 以及速度跟踪误差向量 $z_2\in\mathbb{R}^3$ 分别为

$$z_1 = x_1 - x_{1d}, z_2 = x_2 - \alpha \tag{4-57}$$

其中，$\alpha\in\mathbb{R}^3$ 是一个待设计的虚拟控制律，然后，对位置跟踪误差向量 z_1 进行微分可得

$$\dot{z}_1 = \dot{x}_1 - \dot{\eta}_d = x_2 + \boldsymbol{D}_1(t) - \dot{\eta}_d = z_2 + \alpha + \boldsymbol{D}_1(t) - \dot{\eta}_d \tag{4-58}$$

在此设计如下形式的虚拟控制律：

$$\alpha = -k_1 z_1 - \hat{\boldsymbol{D}}_1(t) + \dot{\eta}_d \tag{4-59}$$

第二步，以虚拟控制律 α 为输入，引入一个多输入多输出的一阶滤波器对虚拟控制律进行估计：

$$\varepsilon\dot{\boldsymbol{x}}_{2d} + \boldsymbol{x}_{2d} = \alpha, \boldsymbol{x}_{2d}(0) = \alpha(0) \tag{4-60}$$

其中，$\boldsymbol{x}_{2d}\in\mathbb{R}^3$ 是一阶滤波器中的状态向量，$\varepsilon>0$ 是待设计的滤波器参数，根据本章 4.2.2 节中给出的动态面控制理论，可以通过 $\dot{\boldsymbol{x}}_{2d}$ 近似估计虚拟控制律的微分 $\dot{\alpha}$，由上式可得

$$\dot{\boldsymbol{x}}_{2d} = \frac{\alpha - \boldsymbol{x}_{2d}}{\varepsilon} \tag{4-61}$$

第三步,除了补偿动力定位船所受到的非匹配干扰,在实际控制器的设计中还需要补偿动力定位船所受到的匹配性干扰,在这一步中,将会设计一个鲁棒自适应补偿项来处理匹配性干扰部分。

考虑假设 4.1,设计如下的自适应律:

$$\dot{\hat{d}}_2 = k_{d_2}(-\varepsilon_{d_2}\hat{d}_2 + \| z_2 \|) \tag{4-62}$$

其中,k_d、ε_d 是待设计参数,$\hat{d}_2$ 是 d_2 的估计值。

第四步,这一步中将会为动力定位船设计实际的标称鲁棒自适应控制器,对速度跟踪误差向量 z_2 微分可得

$$\dot{z}_2 = \dot{x}_2 - \dot{\alpha} = \boldsymbol{J}\boldsymbol{M}^{-1}\tau + D_2(t) + F(x_1, x_2) - \dot{\alpha} \tag{4-63}$$

根据 4.2.2 中所给出的动态面控制方法,在此为动力定位船和设计如下形式的鲁棒自适应动态面航迹跟踪控制器:

$$\tau_c = \boldsymbol{M}\boldsymbol{J}^{\mathrm{T}}\left(-k_2 z_2 - F(x_1, x_2) - \frac{z_2}{\| z_2 \|}\hat{d}_2 + \frac{\alpha - \boldsymbol{x}_{2d}}{\varepsilon}\right) \tag{4-64}$$

至此,本节在所需推力未超出饱和预设值的情况下,为动力定位船设计了标称鲁棒自适应动态面航迹跟踪控制器。

通过虚拟控制律的设计可以看出,本节对于虚拟控制律的微分包括了复杂的偏导数求解运算,相对于文献[130]、[131]中包含非匹配干扰的控制器设计方法,本节通过 $\dot{\boldsymbol{x}}_{2d} = (\alpha - \boldsymbol{x}_{2d})/\varepsilon$ 来代替 $\dot{\alpha}$ 运算,这样就用简单的代数运算代替了烦琐复杂的微分计算,因此本章所设计的控制器形式更为简单,计算量更小,易于在工程中实现,在后边的证明过程中将给出动态面控制中估计误差的稳定性分析。

4.3.2.3　双回路超前抗饱和控制方法设计

受文献[132]~[134]的启发,本节设计了一种双回路超前抗饱和控制,处理输入饱和约束造成的动力定位船性能下降问题。本节所设计的双回路超前抗饱和控制结构如图 4.1 所示,其工作方式可以进行如下描述:当动力定位船所需的推力低于饱和预设值的时候,也就是 $|\tau_i| < \tau_{\max i}/g$ 时,动力定位船控制系统处于正常状态,没有触发输入饱和约束,这种情况下不会触发抗饱和补偿器,此时 4.3.2.2 中设计

的标称鲁棒自适应动态面控制器式(4-64)处于工作状态;当动力定位船所需的推力超过饱和预设值,并且低于实际饱和值的时候,也就是 $\tau_{\max i}/g \leqslant |\tau_i| \leqslant \tau_{\max i}$,此时,一个命名为 AW1 的补偿器将会被触发,所产生的信号将对跟踪误差变量 z_2 进行修正,保证动力定位船控制系统性能,该工作状态下的控制器命名为受限航迹跟踪控制器;当动力定位船所需的推力超出实际饱和值的时候,也就是 $|\tau_i| > \tau_{\max i}$,此时命名为 AW1 和 AW2 的补偿器将会同时被触发,得到本章设计的双回路超前抗饱和航迹跟踪控制器,其中 AW2 能够使得动力定位船所需的推力迅速下降至无饱和区域,这样不仅能发挥出提前触发补偿器对动力定位船系统性能的改善,还能够在真实饱和发生的时候快速降低所需控制量,进一步提升输入饱和约束下动力定位船的控制性能。

接下来将会给出双回路抗饱和控制器的具体设计过程,由于 4. 3. 2. 2 已经设计了标称鲁棒自适应控制器,本小节将对另外两种情况下的航迹跟踪控制器进行设计,具体分为以下两部分:

第一部分　当动力定位船所需的控制输入超过饱和预设值,并且低于实际饱和值的时候,此时所需的控制输入满足 $\tau_{\max i}/g \leqslant |\tau_i| \leqslant u_{\max i}$,抗饱和补偿器 AW1 将被触发,这一部分控制器的设计可以分为以下五个步骤。

第一步　由于抗饱和补偿器 AW1 被触发,该补偿器将会产生一个补偿信号 θ,对速度跟踪误差向量进行如下修正:

$$\bar{z}_2 = x_2 - \bar{\alpha} - \theta \tag{4-65}$$

$$\dot{\theta} = -k_3\theta + \boldsymbol{J}\boldsymbol{M}^{-1}\Delta\tau_1 \tag{4-66}$$

其中,式(4-65)为所设计的补偿器 AW1,该补偿器将会产生一个误差修正信号 θ 对速度跟踪误差向量进行修改,产生如式((4-66)的速度跟踪误差信号,此时,4. 3. 2. 2 所设计的位置跟踪误差发生变化,将式(4-65)代入式(4-58)可以得到新的跟踪误差变量微分 $\dot{z}_1$ 如下:

$$\dot{z}_1 = \dot{x}_1 - \dot{\eta}_d = x_2 + \boldsymbol{D}_1(t) - \dot{\eta}_d = \bar{z}_2 + \bar{\alpha} + \theta + \boldsymbol{D}_1(t) - \dot{\eta}_d \tag{4-67}$$

根据上式,在此设计新的虚拟控制律如下:

$$\bar{\alpha} = -k_1 z_1 - \hat{D}_1(t) - \theta + \dot{\eta}_d \tag{4-68}$$

第二步　此时将虚拟控制律 $\bar{\alpha}$ 通过一阶滤波器,将会满足如下关系:

$$\varepsilon\dot{\bar{x}}_{2d}+\bar{\boldsymbol{x}}_{2d}=\bar{\alpha},\bar{\boldsymbol{x}}_{2d}(0)=\bar{\alpha}(0) \tag{4-69}$$

因此,虚拟控制律的微分估计可以描述为如下形式:

$$\dot{\bar{\boldsymbol{x}}}_{2d}=\frac{\bar{\alpha}-\bar{\boldsymbol{x}}_{2d}}{\varepsilon} \tag{4-70}$$

第三步 对速度跟踪误差 $\bar{z}_2$ 求导可得

$$\dot{\bar{z}}_2=\dot{x}_2-\dot{\bar{\alpha}}-\dot{\theta}=F(x_1,x_2)+\boldsymbol{JM}^{-1}\tau+\boldsymbol{D}_2(t)-\dot{\bar{\alpha}}+k_3\theta \tag{4-71}$$

其中,$D_3=D_2-\boldsymbol{JM}^{-1}\Delta\tau$。

第四步 这一步中对于合成的匹配性干扰进行估计,在动力定位船控制系统中,推力和力矩的能量是有界的,因此,本节结合假设 4.1 首先做出如下假设。

假设 4.2 匹配性合成干扰 D_3 是未知有界的,即满足:

$$\|\boldsymbol{D}_3(t)\|\leqslant d_3<\infty \tag{4-72}$$

其中,d_3 为未知的有界常数。

然后,为了补偿合成匹配干扰,设计如下的自适应律来估计合成干扰上界 d_3。

$$\dot{\hat{d}}_3=k_{d_3}(-\varepsilon_{d_3}\hat{d}_3+\|\bar{z}_2\|) \tag{4-73}$$

其中,ε_{d_3}、k_{d_3} 为待设计的参数,$\hat{d}_3$ 为 d_3 的估计值。

第五步 至此,综合以上步骤和 Lyapunov 理论,在此将给出期望推力大于饱和预设值并且小于实际饱和值时的受限航迹跟踪控制器,即 τ_i 满足 $\tau_{\max i}/g\leqslant|\tau_i|\leqslant u_{\max i}$ 的时候:

$$\bar{\tau}_c=\boldsymbol{MJ}^{\mathrm{T}}\left(-k_2\bar{z}_2-F(x_1,x_2)-\frac{\bar{z}_2}{\|\bar{z}_2\|}\hat{d}_3+\frac{\bar{\alpha}-\bar{x}_{2d}}{\varepsilon}-k_3\theta\right) \tag{4-74}$$

第二部分 当动力定位船所需要的推力超出实际饱和值的时候,抗饱和补偿器 AW1 和 AW2 都会被触发,在这一部分将设计出双回路超前抗饱和航迹跟踪控制器。

当动力定位船所需推力超出实际饱和值的时候,研究人员希望能够快速降低所需推力,为了实现以上功能,本节引入了如下抗饱和补偿器 AW2。

$$\begin{cases}\dot{\zeta}=\mathrm{sat}_{-c^-,c^+}(k_4(\mathrm{sat}_{0,m}(k_4|\Delta\tau_2|)-\zeta))\\ \xi=\mathrm{sat}_{0,1}(\zeta)\end{cases} \tag{4-75}$$

在此抗饱和补偿器中，当动力定位船所需的推力超出实际饱和值的时候，补偿器 AW2 中的输出信号 ξ 将会迅速上升至 1，此时该补偿信号能够调节动力定位船所需的推力迅速退出饱和区；当动力定位船所需的推力足够小的时候，该补偿器的输出信号 ξ 将会缓慢变为 0，这样就保持了未触发饱和时候动力定位船闭环系统的控制性能[133-135]。

根据前述所设计的受限航迹跟踪控制器 $\bar{\tau}_c$ 和标称鲁棒自适应控制器 τ_c，在此，设计能够同时满足以上三种情况的控制器和自适应律如下：

$$\hat{\tau}_c = \boldsymbol{M}\boldsymbol{J}^{\mathrm{T}}\left(-(k_2 - k_5\xi)\hat{z}_2 - F(x_1,x_2) - \frac{\hat{z}_2}{\|\hat{z}_2\|}\hat{d}_3 + \frac{\bar{\alpha} - \bar{x}_{2d}}{} - k_3\theta\right) \tag{4-76}$$

$$\dot{\hat{d}}_3 = k_d(-\varepsilon_d\hat{d}_3(t) + \|\hat{z}_2\|) \tag{4-77}$$

至此，本节为动力定位船设计了鲁棒自适应双回路超前抗饱和控制方法。

考虑双回路超前抗饱和航迹跟踪控制器 $\hat{\tau}_c$，当动力定位船所需的推力 τ_i 满足 $\tau_{\max i}/g \leqslant |\tau_i| \leqslant u_{\max i}$ 的时候，如图 4.1 中所示，这种情况下动力定位船所需推力并没有超出实际饱和值，因此偏差信号 $\Delta\tau_2 = 0$，此时抗饱和补偿器 AW2 的输出信号 $\xi = 0$，因此控制器 $\hat{\tau}_c$ 将会等价于仅仅触发 AW1 时的受限航迹跟踪控制器 $\bar{\tau}_c$。同样的道理，当动力定位船所需的推力 τ_i 满足 $|\tau_i| < \tau_{\max\, i}/g$ 的时候，这种情况下存在偏差信号 $\Delta\tau_1 = 0$ 并且 $\Delta\tau_2 = 0$，此时匹配干扰改变为 $\boldsymbol{D}_2(t) = D_3(t)$，抗饱和补偿器 AW2 和 AW1 的输出信号信号均为 0，即 $\theta = 0$ 且 $\xi = 0$，因此动力定位船的控制器就等价于 4.3.2.3 中所设计的标称鲁棒自适应动态面控制器 τ_c。由此可知，本小节所设计的双回路超前抗饱和航迹跟踪控制器 $\hat{\tau}_c$ 式(4-76)和式(4-77)自适应律能够同时处理上述的三种情况，因此本章所设计的最终控制器为 $\hat{\tau}_c$。

此外，从本节的控制器设计过程中可以看到，在考虑动力定位船输入饱和约束的时候，辅助信号的产生将会修改跟踪误差变量，这样就使得虚拟控制律信号十分复杂。此外，干扰观测器的输出信号使得虚拟控制信号更为复杂，因此对虚拟控制律的微分在工程上也更难以实现，这就说明在基于干扰观测器的抗饱和控制器设计中采用动态面技术估计虚拟控制律的微分将会大幅度减少计算负担，降低动力定位船控制器在工程中的实现难度。

4.3.3 稳定性分析

4.3.2 小节基于动态面技术与抗饱和控制,为动力定位船设计了一种基于干扰观测器的鲁棒自适应双回路超前抗饱和控制器,该方法能够同时处理动力定位船包含非匹配干扰、未知时变干扰与控制输入饱和约束的问题。本小节将基于 Lyapunov 稳定性理论,结合引理 4.1,给出上一小节所设计控制方法的稳定性分析和参数设计条件。

定理 4.1 在假设 4.1、假设 4.2 的条件下,考虑包含非匹配干扰、未知时变外界干扰与输入饱和约束的动力定位船控制系统式(4-35)和式(4-36),设计干扰观测器式(4-49)、一阶滤波器式(4-69)、跟踪误差变量式(4-57)和式(4-65)、抗饱和补偿器式(4-60)和式(4-75)、自适应律式(4-77)以及控制器式(4-76),根据图 4.1 所示集成为一个基于干扰观测器的复合鲁棒双回路超前抗饱和控制器,通过选取合适的参数 ε 和设计合适的矩阵 $\boldsymbol{l}_1$、$\boldsymbol{\varepsilon}_d$、$\boldsymbol{k}_1$、$\boldsymbol{k}_2$、$\boldsymbol{k}_3$、$\boldsymbol{k}_5$,且满足式(4-78)~式(4-83),可以使动力定位船以任意小的误差跟踪到期望航迹,并且能够保证动力定位船闭环控制系统的所有信号是一致最终有界的。

$$\lambda_{\min}(\boldsymbol{l}_1) > \frac{3}{2} \tag{4-78}$$

$$\lambda_{\min}(\boldsymbol{\varepsilon}_d) > 2 \tag{4-79}$$

$$\lambda_{\min}(\boldsymbol{k}_1) > 1 \tag{4-80}$$

$$\lambda_{\min}(\boldsymbol{k}_3) > \frac{1}{2} \tag{4-81}$$

$$\lambda_{\min}(\boldsymbol{k}_2 - \boldsymbol{k}_5) > 2 \tag{4-82}$$

$$\frac{1}{\varepsilon} \geqslant \max\left\{\frac{1}{2} + \frac{B_M{}^2}{2} + \beta, \frac{1}{\varepsilon} \geqslant \frac{1}{2} + \frac{\bar{B}_M{}^2}{2} + \bar{\beta}\right\} \tag{4-83}$$

证明 根据 4.3.2 中动力定位船复合控制器设计的过程,对控制方法稳定性的证明将分为四部分:首先,在动力定位船所需推力未超过饱和预设值的情况下,证明标称鲁棒自适应动态面控制器 τ_c 的稳定性;其次,在动力定位船推力超过饱和预设值并且低于实际饱和值的情况下,证明受限航迹跟踪控制器 $\bar{\tau}_c$ 的稳定性;再次,考虑动力定位船控制输入超出实际饱和值的情况,证明双回路超前抗饱和控制器 $\hat{\tau}_c$ 的稳定性;最后,结合这三个控制方法和引理 4.1,证明整个动力定位船闭环控制系统的稳定性。

第一步　在动力定位船所需的推力低于饱和预设值的时候，即 $|\tau_i|<\tau_{\max i}/g$，此时两个抗饱和补偿器不被触发，因此，可以设计 Lyapunov 函数如下：

$$V_1 = \frac{1}{2}\boldsymbol{z}_1^{\mathrm{T}}\boldsymbol{z}_1 + \frac{1}{2}\boldsymbol{z}_2^{\mathrm{T}}\boldsymbol{z}_2 + \frac{1}{2}\boldsymbol{Y}^{\mathrm{T}}\boldsymbol{Y} + \frac{1}{2k_{d_2}}\boldsymbol{e}_2^{\mathrm{T}}\boldsymbol{e}_2 + V_{e_1} \tag{4-84}$$

其中，$\boldsymbol{Y}=\boldsymbol{x}_{2d}-\alpha$ 表示一阶滤波器的估计误差，$\boldsymbol{e}_2=\hat{d}_2-d_2$ 表示自适应律的估计误差，对 V_1 微分可得

$$\dot{V}_1 = \boldsymbol{z}_1^{\mathrm{T}}\dot{\boldsymbol{z}}_1 + \boldsymbol{z}_2^{\mathrm{T}}\dot{\boldsymbol{z}}_2 + \boldsymbol{Y}^{\mathrm{T}}\dot{\boldsymbol{Y}} + \frac{1}{k_{d_2}}\boldsymbol{e}_2^{\mathrm{T}}\dot{\boldsymbol{e}}_2 + \dot{V}_{e_1} \tag{4-85}$$

在此，首先研究自适应律估计误差的收敛性：

$$\begin{aligned}\frac{1}{k_{d_2}}\boldsymbol{e}_2\dot{\boldsymbol{e}}_2 &= \frac{1}{k_{d_2}}\boldsymbol{e}_2\dot{\hat{d}}_2\\ &= e_2(-\varepsilon_{d_2}\hat{d}_2 + \|\boldsymbol{z}_2\|)\\ &= -\varepsilon_{d_2}(d_2+e_2)\boldsymbol{e}_2 + \|\boldsymbol{z}_2\|\boldsymbol{e}_2\end{aligned} \tag{4-86}$$

根据 Young 不等式可得

$$-\varepsilon_{d_2}d_2\boldsymbol{e}_2 \leqslant \frac{1}{2}\varepsilon_{d_2}d_2^2 + \frac{1}{2}\varepsilon_{d_2}\boldsymbol{e}_2^2 \tag{4-87}$$

$$\|\boldsymbol{z}_2\|\boldsymbol{e}_2 \leqslant \frac{1}{2}\|\boldsymbol{z}_2\|^2 + \frac{1}{2}\boldsymbol{e}_2^2 \tag{4-88}$$

结合式(4-86)~式(4-88)可得

$$\frac{1}{k_{d_2}}\boldsymbol{e}_2\dot{\boldsymbol{e}}_2 \leqslant -\varepsilon_{d_2}\boldsymbol{e}_2^2 + \frac{1}{2}\varepsilon_{d_2}d_2^2 + \frac{1}{2}\varepsilon_{d_2}\boldsymbol{e}_2^2 + \frac{1}{2}\|\boldsymbol{z}_2\|^2 + \frac{1}{2}\boldsymbol{e}_2^2 \tag{4-89}$$

根据式(4-58)、式(4-59)、式(4-61)、式(4-63)、式(4-64)和 Young 不等式可得

$$\begin{aligned}\boldsymbol{z}^{\mathrm{T}}\boldsymbol{z}_1 &= \boldsymbol{z}_1^{\mathrm{T}}(\boldsymbol{z}_2 + \boldsymbol{x}_{2d} + D_1(t) - \dot{\eta}_d)\\ &= \boldsymbol{z}_1^{\mathrm{T}}(\boldsymbol{z}_2 + \boldsymbol{Y} + \alpha + D_1(t) - \dot{\eta}_d)\\ &= \boldsymbol{z}_1^{\mathrm{T}}(\boldsymbol{z}_2 + \boldsymbol{Y} - k_1\boldsymbol{z}_1 - \hat{D}_1(t) + D_1(t) - \dot{\eta}_d + \dot{\eta}_d)\\ &\leqslant \boldsymbol{z}_1^{\mathrm{T}}\boldsymbol{z}_1 + \boldsymbol{z}_2^{\mathrm{T}}\boldsymbol{z}_2 + \frac{1}{2}\boldsymbol{Y}^{\mathrm{T}}\boldsymbol{Y} + \boldsymbol{e}_1^{\mathrm{T}}\boldsymbol{e}_1 - \boldsymbol{z}_1^{\mathrm{T}}k_1\boldsymbol{z}_1\end{aligned} \tag{4-90}$$

$$
\begin{aligned}
z_2^{\mathrm{T}}\dot{z}_2 &= z_2^{\mathrm{T}}\left(\boldsymbol{J}\boldsymbol{M}^{-1}\boldsymbol{\tau} + D_2(t) + F(x_1, x_2) - \frac{\alpha - \boldsymbol{x}_{2d}}{\varepsilon}\right) \\
&\leqslant z_2^{\mathrm{T}}\left(-\boldsymbol{k}_2 z_2 + d_2 - \frac{z_2}{\|z_2\|}\hat{d}_2\right) \\
&\leqslant -z_2^{\mathrm{T}}\boldsymbol{k}_2 z_2 - \|z_2\|\boldsymbol{e}_2 \\
&\leqslant -z_2^{\mathrm{T}}\boldsymbol{k}_2 z_2 + \frac{1}{2}z_2^{\mathrm{T}}z_2 + \frac{1}{2}\boldsymbol{e}_2^{\mathrm{T}}\boldsymbol{e}_2
\end{aligned} \tag{4-91}
$$

考虑虚拟控制律式(4-59)和一阶滤波器式(4-60),可以得到一阶滤波器误差满足如下形式:

$$
\begin{aligned}
\boldsymbol{Y}^{\mathrm{T}}\dot{Y} &= \boldsymbol{Y}^{\mathrm{T}}\left(-\frac{\boldsymbol{Y}}{\varepsilon} + k_1\dot{z}_1 + \dot{\hat{D}}_1(t) - \ddot{\eta}_d\right) \\
&= \boldsymbol{Y}^{\mathrm{T}}\left(-\frac{\boldsymbol{Y}}{\varepsilon} + k_1(z_2 + \boldsymbol{Y} - k_1 z_1 - e_1) + l_1(\dot{x}_1 - \dot{p}_1) - \ddot{\eta}_d\right) \\
&= -\frac{\boldsymbol{Y}^{\mathrm{T}}\boldsymbol{Y}}{\varepsilon} + \boldsymbol{Y}^{\mathrm{T}}B(z_1 \quad z_2 \quad \boldsymbol{Y} \quad \boldsymbol{e}_1) \\
&\leqslant -\frac{\boldsymbol{Y}^{\mathrm{T}}\boldsymbol{Y}}{\varepsilon} + \frac{1}{2}\|\boldsymbol{Y}\|^2\|B(z_1 \quad z_2 \quad \boldsymbol{Y} \quad \boldsymbol{e}_1)\|^2 + \frac{1}{2}
\end{aligned} \tag{4-92}
$$

其中,$B(z_1 \quad z_2 \quad Y \quad e_1)$是一个连续向量函数,给定有界闭集$\Pi=\{(z_1,z_2,Y,e_1,e_2): V_1<B_0,\forall B_0>0\}\in\mathbb{R}^{15}$,则向量函数$B(z_1 \quad z_2 \quad Y \quad e_1)$的2-范数$\|B(z_1 \quad z_2 \quad Y \quad e_1)\|$在闭集$\Pi$上存在一个最大值$B_M$。选择$\frac{1}{\varepsilon}\geqslant\frac{1}{2}+\frac{B_M^2}{2}+\beta$,其中$\beta$为一个正常数,则有

$$
\begin{aligned}
\boldsymbol{Y}^{\mathrm{T}}\dot{\boldsymbol{Y}} &\leqslant -\left(\frac{1}{2} + \frac{B_M^2}{2} + \beta\right)\boldsymbol{Y}^{\mathrm{T}}\boldsymbol{Y} + \frac{1}{2}\|\boldsymbol{Y}\|^2\|B(z_1 \quad z_2 \quad \boldsymbol{Y} \quad e_1)\|^2 + \frac{1}{2} \\
&\leqslant -\left(\frac{1}{2} + \beta\right)\boldsymbol{Y}^{\mathrm{T}}\boldsymbol{Y} + \frac{1}{2}
\end{aligned} \tag{4-93}
$$

将式(4-54)、式(4-89)~式(4-91)和式(4-93)代入式(4-85)可得

$$\begin{aligned}\dot{V}_1 \leqslant & -\left(\lambda_{\min}(\boldsymbol{l}_1)-\frac{3}{2}\right)\boldsymbol{e}_1^{\mathrm{T}}\boldsymbol{e}_1-\beta\boldsymbol{Y}^{\mathrm{T}}\boldsymbol{Y}-\left(\frac{1}{2}\varepsilon_{d_2}-1\right)e_2^2\\ & -(\lambda_{\min}(\boldsymbol{k}_1)-1)z_1^{\mathrm{T}}z_1-(\lambda_{\min}(\boldsymbol{k}_2)-2)z_2^{\mathrm{T}}z_2\\ & +\frac{1}{2}+\frac{1}{2}d_1{}^2+\frac{1}{2}\varepsilon_{d_2}d_2^2\\ = & -2\gamma_1 V_1+\sigma_1\end{aligned} \tag{4-94}$$

其中,参数 σ_1 和 γ_1 分别可以为描述以下形式:$\sigma_1=\frac{1}{2}+\frac{1}{2}d_1{}^2+\frac{1}{2}\varepsilon_{d_2}d_2^2$、$\gamma_1=\min\left\{\lambda_{\min}(\boldsymbol{l}_1)-\frac{3}{2},\frac{1}{2}\varepsilon_{d_2}-1,\lambda_{\min}(\boldsymbol{k}_1)-1,\lambda_{\min}(\boldsymbol{k}_2)-2,\beta\right\}$。

第二步　当动力定位船所需的推力超过饱和预设值并且低于实际饱和值的时候,即 $\tau_{\max i}/g\leqslant|\tau_i|\leqslant\tau_{\max i}$,此时抗饱和补偿器 AW1 被触发,因此选择 Lyapunov 函数如下:

$$V_2=\frac{1}{2}z_1^{\mathrm{T}}z_1+\frac{1}{2}\bar{z}_2^{\mathrm{T}}\bar{z}_2+\frac{1}{2}\bar{\boldsymbol{Y}}^{\mathrm{T}}\bar{\boldsymbol{Y}}+\frac{1}{2}\boldsymbol{\theta}^{\mathrm{T}}\boldsymbol{\theta}+\frac{1}{2\varepsilon_{d_3}}e_3^2+V_{e_1} \tag{4-95}$$

其中,$\bar{Y}=\bar{\boldsymbol{x}}_{2d}-\bar{\alpha}$ 表示一阶滤波器的估计误差,$e_3=d_3-\hat{d}_3$ 表示自适应律的估计误差,对 V_2 微分可得

$$\dot{V}_2=z_1^{\mathrm{T}}\dot{z}_1+\bar{z}_2^{\mathrm{T}}\dot{\bar{z}}_2+\bar{\boldsymbol{Y}}^{\mathrm{T}}\dot{\bar{\boldsymbol{Y}}}+\boldsymbol{\theta}^{\mathrm{T}}\dot{\boldsymbol{\theta}}+\frac{1}{\varepsilon_{d_3}}\boldsymbol{e}_3^{\mathrm{T}}\dot{\boldsymbol{e}}_3+\dot{V}_{e_1} \tag{4-96}$$

类似于证明过程中的第一步,对于自适应律估计误差收敛性的证明可得如下不等式:

$$\frac{1}{k_{d_3}}\boldsymbol{e}_3^{\mathrm{T}}\dot{\boldsymbol{e}}_3\leqslant-\left(\frac{1}{2}\varepsilon_{d_3}-\frac{1}{2}\right)\boldsymbol{e}_3^2+\frac{1}{2}\varepsilon_{d_3}\boldsymbol{e}_3^2+\frac{1}{2}\|\bar{z}_2\|^2 \tag{4-97}$$

考虑式(4-65)、式(4-67)、式(4-70)、式(4-71)、式(4-74)以及 Young 不等式可得

$$\begin{aligned}z_1^{\mathrm{T}}\dot{z}_1 & =z_1^{\mathrm{T}}(\bar{z}_2+\bar{\boldsymbol{x}}_{2d}+\theta+D_1(t)-\dot{\eta}_d)\\ & =z_1^{\mathrm{T}}(\bar{z}_2+\bar{\boldsymbol{Y}}+\bar{\alpha}+\theta+D_1(t)-\dot{\eta}_d)\\ & =z_1^{\mathrm{T}}(\bar{z}_2+\bar{\boldsymbol{Y}}-\boldsymbol{k}_1z_1-\hat{D}_1(t)+\boldsymbol{D}_1(t)-\dot{\eta}_d+\dot{\eta}_d)\\ & \leqslant z_1^{\mathrm{T}}z_1-z_1^{\mathrm{T}}k_1z_1+\bar{z}_2^{\mathrm{T}}\bar{z}_2+\frac{1}{2}\bar{\boldsymbol{Y}}^{\mathrm{T}}\bar{\boldsymbol{Y}}+\boldsymbol{e}_1^{\mathrm{T}}\boldsymbol{e}_1\end{aligned} \tag{4-98}$$

$$\bar{z}_2^{\mathrm{T}}\dot{\bar{z}}_2 = \bar{z}_2^{\mathrm{T}}\left(\boldsymbol{J}\boldsymbol{M}^{-1}\boldsymbol{\tau} + \boldsymbol{D}_3(t) + F(x_1, x_2) - \frac{\alpha - \boldsymbol{x}_{2d}}{\varepsilon} - \boldsymbol{k}_3\boldsymbol{\theta}\right)$$
$$\leqslant -\bar{z}_2^{\mathrm{T}}\boldsymbol{k}_2\bar{z}_2 + \frac{1}{2}\bar{z}_2^{\mathrm{T}}\bar{z}_2 + \frac{1}{2}e_3^2 \tag{4-99}$$

$$\boldsymbol{\theta}^{\mathrm{T}}\dot{\boldsymbol{\theta}} = \boldsymbol{\theta}^{\mathrm{T}}(-\boldsymbol{k}_3\boldsymbol{\theta} + \boldsymbol{J}\boldsymbol{M}^{-1}\Delta\boldsymbol{\tau}_1)$$
$$\leqslant -\boldsymbol{\theta}^{\mathrm{T}}\boldsymbol{k}_3\boldsymbol{\theta} + \frac{1}{2}\boldsymbol{\theta}^{\mathrm{T}}\boldsymbol{\theta} + \frac{1}{2}\Delta\boldsymbol{\tau}_1^{\mathrm{T}}\boldsymbol{M}^{-\mathrm{T}}\boldsymbol{M}^{-1}\Delta\tau_1 \tag{4-100}$$

$$\bar{\boldsymbol{Y}}^{\mathrm{T}}\dot{\bar{\boldsymbol{Y}}} = \bar{\boldsymbol{Y}}^{\mathrm{T}}\left(-\frac{\bar{\boldsymbol{Y}}}{\varepsilon} - \dot{\bar{\alpha}}\right)$$
$$= \bar{\boldsymbol{Y}}^{\mathrm{T}}\left(-\frac{\bar{\boldsymbol{Y}}}{\varepsilon} + \boldsymbol{k}_1\dot{z}_1 + \dot{\hat{D}}_1(t) + \dot{\boldsymbol{\theta}} - \ddot{\eta}_d\right)$$
$$= \bar{\boldsymbol{Y}}^{\mathrm{T}}\left(-\frac{\bar{\boldsymbol{Y}}}{\varepsilon} + \boldsymbol{k}_1(\bar{z}_2 + \bar{\boldsymbol{Y}} + \bar{\alpha} + \boldsymbol{\theta} + D_1(t))\right.$$
$$\left. + \boldsymbol{l}_1(\dot{x}_1 - \dot{p}_1) - \boldsymbol{k}_3\theta + \boldsymbol{J}\boldsymbol{M}^{-1}\Delta\boldsymbol{\tau}_1 - \ddot{\eta}_d\right)$$
$$= \bar{Y}^{\mathrm{T}}\left(-\frac{\bar{\boldsymbol{Y}}}{\varepsilon} + \boldsymbol{k}_1(\bar{z}_2 + \bar{\boldsymbol{Y}} - \boldsymbol{k}_1 z_1 + e_1)\right. \tag{4-101}$$
$$\left. + \boldsymbol{l}_1 e_1 + \boldsymbol{k}_3\theta - \boldsymbol{J}\boldsymbol{M}^{-1}\Delta\tau_1 - \ddot{\eta}_d\right)$$
$$= -\frac{\bar{\boldsymbol{Y}}^{\mathrm{T}}\bar{\boldsymbol{Y}}}{\varepsilon} + \bar{B}\left(z_1 \quad \bar{z}_2 \quad \bar{\boldsymbol{Y}} \quad e_1 \quad \boldsymbol{\theta} \quad \Delta\boldsymbol{\tau}_1\right)$$
$$\leqslant -\frac{\bar{\boldsymbol{Y}}^{\mathrm{T}}\bar{\boldsymbol{Y}}}{\varepsilon} + \frac{1}{2}\|\bar{\boldsymbol{Y}}\|^2\left\|\bar{B}\left(z_1 \quad \bar{z}_2 \quad \bar{\boldsymbol{Y}} \quad e_1 \quad \boldsymbol{\theta} \quad \Delta\boldsymbol{\tau}_1\right)\right\|^2 + \frac{1}{2}$$

其中，$\bar{B}\left(z_1 \quad \bar{z}_2 \quad \bar{\boldsymbol{Y}} \quad e_1 \quad \boldsymbol{\theta} \quad \Delta\boldsymbol{\tau}_1\right)$是一个连续向量函数，给定一个 $\mathbb{R}^{21}$ 上的有界闭集 $\bar{\Pi} = \left\{\left(z_1 \quad \bar{z}_2 \quad \bar{\boldsymbol{Y}} \quad e_1 \quad e_3 \quad \boldsymbol{\theta} \quad \Delta\tau_1\right): V_2 < \bar{B}_0, \forall \bar{B}_0 > 0\right\} \in \mathbb{R}^{21}$，则向量函数 $\bar{B}\left(z_1 \quad \bar{z}_2 \quad \bar{\boldsymbol{Y}} \quad e_1 \quad \boldsymbol{\theta} \quad \Delta\boldsymbol{\tau}_1\right)$的 2-范数 $\left\|\bar{B}\left(z_1 \quad \bar{z}_2 \quad \bar{\boldsymbol{Y}} \quad e_1 \quad \boldsymbol{\theta} \quad \Delta\boldsymbol{\tau}_1\right)\right\|$在闭集 $\bar{\Pi}$ 上存在一个最大值 $\bar{B}_M$，选择$\frac{1}{\varepsilon} \geqslant \frac{1}{2} + \frac{\bar{B}_M^2}{2} + \bar{\beta}$，其中 $\bar{\beta}$ 为一个正常数，则上式可以写成：

$$
\begin{aligned}
\bar{Y}^{\mathrm{T}}\dot{\bar{Y}} \leqslant & -\left(\frac{1}{2}+\frac{\bar{B}_M^2}{2}+\bar{\beta}\right)\bar{Y}^{\mathrm{T}}\bar{Y}+\frac{1}{2}\|\bar{Y}\|^2 \\
& \cdot\|\bar{B}(z_1\quad \bar{z}_2\quad \bar{Y}\quad e_1\quad \boldsymbol{\theta}\quad \Delta\boldsymbol{\tau}_1)\|^2+\frac{1}{2} \\
= & -\left(\frac{1}{2}+\bar{\beta}\right)\bar{Y}^{\mathrm{T}}\bar{Y}+\frac{1}{2}\left(\frac{\|\bar{B}(z_1\quad \bar{z}_2\quad \bar{Y}\quad e_1\quad \theta\quad \Delta\boldsymbol{\tau}_1)\|^2}{\bar{B}_M^2}\right. \\
& \left.-1\right)\bar{B}_M^2\|\bar{Y}\|^2+\frac{1}{2} \\
\leqslant & -\left(\frac{1}{2}+\bar{\beta}\right)\bar{Y}^{\mathrm{T}}\bar{Y}+\frac{1}{2}
\end{aligned}
\tag{4-102}
$$

将式(4-54)、式(4-97)~式(4-100)以及式(4-102)代入式(4-96)可得

$$
\begin{aligned}
\dot{V}_2 \leqslant & -\left(\lambda_{\min}(\boldsymbol{l}_1)-\frac{3}{2}\right)\boldsymbol{e}_1^{\mathrm{T}}\boldsymbol{e}_1-\left(\frac{1}{2}\varepsilon_{d_3}-1\right)e_3{}^2 \\
& -(\lambda_{\min}(\boldsymbol{k}_1)-1)z_1^{\mathrm{T}}z_1-(\lambda_{\min}(\boldsymbol{k}_2)-2)\bar{z}_2^{\mathrm{T}}\bar{z}_2 \\
& -\beta\bar{Y}^{\mathrm{T}}\bar{Y}-\left(\lambda_{\min}(\boldsymbol{k}_3)-\frac{1}{2}\right)\boldsymbol{\theta}^{\mathrm{T}}\boldsymbol{\theta}+\sigma_2 \\
= & -2\gamma_2 V_2+\sigma_2
\end{aligned}
\tag{4-103}
$$

其中，参数 σ_2 和 γ_2 可以描述为以下形式：$\sigma_2=\frac{1}{2}d_1{}^2+\frac{1}{2}\varepsilon_{d_3}d_3{}^2+\Delta\boldsymbol{\tau}_1{}^{\mathrm{T}}\boldsymbol{M}^{-T}\boldsymbol{M}^{-1}\Delta\boldsymbol{\tau}_1+\frac{1}{2}$，$\gamma_2=\min\left\{\lambda_{\min}(\boldsymbol{l}_1)-\frac{3}{2},\lambda_{\min}(\boldsymbol{l}_3)-1,\lambda_{\min}(\boldsymbol{k}_1)-1,\lambda_{\min}(\boldsymbol{k}_2)-\frac{3}{2},\bar{\beta},\lambda_{\min}(\boldsymbol{k}_3)-\frac{1}{2}\right\}$。

第三步　在动力定位船所需的推力超出实际饱和值的情况下，即 $|\tau_i|>\tau_{\max i}$，此时抗饱和补偿器 AW1 和 AW2 同时被触发，因此选择 Lyapunov 函数如下：

$$
V_3=\frac{1}{2}z_1^{\mathrm{T}}z_1+\frac{1}{2}\hat{z}_2^{\mathrm{T}}\hat{z}_2+\frac{1}{2}\bar{Y}^{\mathrm{T}}\bar{Y}+\frac{1}{2}\boldsymbol{\theta}^{\mathrm{T}}\boldsymbol{\theta}+\frac{1}{2\varepsilon_d}\boldsymbol{e}_3^2+V_{e_1}
\tag{4-104}
$$

其中，$\hat{z}_2$ 是基于控制器 $\hat{\tau}_c$ 的速度跟踪误差变量，对 V_3 微分可得

$$
\dot{V}_3=z_1^{\mathrm{T}}\dot{z}_1+\hat{z}_2^{\mathrm{T}}\dot{\hat{z}}_2+\bar{Y}^{\mathrm{T}}\dot{\bar{Y}}+\boldsymbol{\theta}^{\mathrm{T}}\dot{\boldsymbol{\theta}}+\frac{1}{\varepsilon_d}\boldsymbol{e}_3^{\mathrm{T}}\dot{\boldsymbol{e}}_3+\dot{V}_{e_1}
\tag{4-105}
$$

根据式(4-71)、式(4-75)和式(4-76)可得

$$
\begin{aligned}
\hat{z}_2^{\mathrm{T}}\dot{\hat{z}}_2 &= \hat{z}_2^{\mathrm{T}}\left(\boldsymbol{J}\boldsymbol{M}^{-1}\hat{\tau}_c + D_3(t) + F(x_1,x_2) - \frac{\bar{\alpha} - \bar{x}_{2d}}{\bar{\varepsilon}}\right) \\
&\leqslant \hat{z}_2^{\mathrm{T}}\left(-(\boldsymbol{k}_2 - \boldsymbol{k}_5)\hat{z}_2 + d_3 - \frac{\hat{z}_2}{\|\hat{z}_2\|}\hat{d}_3\right) \\
&\leqslant -\hat{z}_2^{\mathrm{T}}(\boldsymbol{k}_2 - \boldsymbol{k}_5)\hat{z}_2 + \frac{1}{2}\|\hat{z}_2\| + \frac{1}{2}e_3^2
\end{aligned}
\tag{4-106}
$$

将式(4-54)、式(4-97)~式(4-100)、式(4-102)以及式(4-106)代入式(4-105)可得

$$
\begin{aligned}
\dot{V}_3 &\leqslant -\left(\lambda_{\min}(\boldsymbol{l}_1) - \frac{3}{2}\right)\boldsymbol{e}_1^{\mathrm{T}}\boldsymbol{e}_1 - \left(\frac{1}{2}\boldsymbol{\varepsilon}_d - 1\right)e_3^2 \\
&\quad -(\lambda_{\min}(\boldsymbol{k}_1) - 1)\boldsymbol{z}_1^{\mathrm{T}}\boldsymbol{z}_1 - (\lambda_{\min}(\boldsymbol{k}_2 - \boldsymbol{k}_5) - 2) \\
&\quad \cdot \hat{z}_2^{\mathrm{T}}\hat{z}_2 - \bar{\beta}\bar{\boldsymbol{Y}}^{\mathrm{T}}\bar{\boldsymbol{Y}} - \left(\lambda_{\min}(\boldsymbol{k}_3) - \frac{1}{2}\right)\boldsymbol{\theta}^{\mathrm{T}}\boldsymbol{\theta} + \sigma_3 \\
&= -2\gamma_3 V_3 + \sigma_3
\end{aligned}
\tag{4-107}
$$

其中,参数 σ_3 和 γ_3 可以描述如下:$\sigma_3 = \frac{1}{2}d_1^2 + \frac{1}{2}\varepsilon_d d_3^2 + \Delta\boldsymbol{\tau}_1^{\mathrm{T}}\boldsymbol{M}^{-\mathrm{T}}\boldsymbol{J}^{\mathrm{T}}\boldsymbol{J}\boldsymbol{M}^{-1}\Delta\boldsymbol{\tau}_1 + \frac{1}{2}$,$\gamma_3 = \min\left\{\lambda_{\min}(\boldsymbol{l}_1) - \frac{3}{2}, \lambda_{\min}(\boldsymbol{l}_3) - 1, \lambda_{\min}(\boldsymbol{k}_1) - 1, \lambda_{\min}(\boldsymbol{k}_2 - \boldsymbol{k}_5) - \frac{3}{2}, \bar{\beta}, \lambda_{\min}(\boldsymbol{k}_3) - \frac{1}{2}\right\}$。

第四步 结合前三步中 Lyapunov 函数微分的结果和引理 4.1 可得,当选择参数和矩阵满足条件式(4-78)~式(4-83)的时候,可以得到 $\dot{V}_i \leqslant -2\gamma_i V_i + \sigma_i (i=1,2,3)$,对上式积分可得

$$
0 \leqslant V_i(t) \leqslant \frac{\sigma_i}{2\gamma_i} + \left(V_i(0) - \frac{\sigma_i}{2\gamma_i}\right)e^{-2\gamma_i t}
\tag{4-108}
$$

因此 $V_i(t)$ 是全局一致最终有界的,然后可得

$$
\|z_1\| \leqslant \sqrt{\frac{\sigma_i}{\gamma_i} + 2\left(V_i(0) - \frac{\sigma_i}{2\gamma_i}\right)e^{-2\gamma_i t}}
\tag{4-109}
$$

至此可以得到动力定位船控制系统的位置跟踪误差 z_1 是全局一致最终有界的。对任意给定的常数 $\bar{\delta}_i > \sqrt{\sigma_i/\gamma_i}$,总是存在一个时间常数 $t_i > 0 (i=1,2,3)$,使得当 $t > t_i$ 的时候,满足 $\|z_1\| \leqslant \bar{\delta}_i$,因此,跟踪误差 z_1 达到并保持于闭集 $\boldsymbol{\Omega}_{z_1} =$

$\{z_1 \in \mathbb{R}^3 \mid \|z_1\| \leqslant \bar{\delta}_i\}$，通过选择满足式(4-78)～式(4-83)的参数和矩阵 $\boldsymbol{l}_1, \boldsymbol{l}_3, \boldsymbol{k}_1, \boldsymbol{k}_2, \boldsymbol{k}_3, \boldsymbol{k}_5$ 和 ε，可以使得有界闭集 $\boldsymbol{\Omega}_{z_1}$ 任意小，也就能够使得动力定位船以任意小的误差跟踪到期望航迹。定理得证。

4.4　输入饱和约束下动力定位船抗饱和控制仿真验证

为了说明本章所设计动力定位船航迹跟踪控制方法的有效性，本小节将在 MATLAB/Simulink 的环境下对控制方法进行数字仿真。所考虑的动力定位船模型为挪威科技大学所设计的一种 1∶70 的动力定位模型 CyberShip Ⅱ，具体参数可参考第 2 章中船舶运动控制系统建模中参数。此外，在此假设推进系统所能提供最大推力和力矩数值为 $|\tau_{i\max}| = 50$。

在此，设计时变的非匹配干扰外界干扰：

$$\Delta f_1(t) = (0.5\sin(0.1t) + 0.5\cos(0.1t), 0.5\sin(0.1t) - 0.5\cos(0.1t), 0.5)^{\mathrm{T}}$$

根据文献[12]，设计未知外界时变干扰为如下形式：

$$\boldsymbol{\tau}_d = (9\sin(0.1\pi t - \pi/5), 6\sin(0.3\pi t + \pi/6), 3)^{\mathrm{T}}$$

设动力定位船的初始状态为 $\boldsymbol{\eta}(0) = (20\ \mathrm{m}\quad 20\ \mathrm{m}\quad 0.5\ \mathrm{rad})^{\mathrm{T}}$，并且给定动力定位船期望跟踪的航迹为

$$\begin{cases} x_d = 0.2t + 20 \\ y_d = 10\sin(0.1t) + 20 \end{cases}$$

在该仿真环境下，拟进行如下四个仿真：①仿真案例，定理 4.1 所设计的鲁棒自适应抗饱和控制器仿真；②对比案例 1(C1)，不考虑非匹配干扰的鲁棒自适应抗饱和控制器仿真；③对比案例 2(C2)，输入饱和无补偿的基于干扰观测器鲁棒自适应控制器仿真；④对比案例 3(C3)，传统鲁棒自适应抗饱和控制器仿真。以下四个小节是具体的仿真结果。

4.4.1　基于干扰观测器的鲁棒自适应抗饱和跟踪控制仿真案例

首先验证本章定理 4.1 所设计控制方法的有效性，根据上述仿真条件，本章所设计动力定位船控制器式(4-76)和式(4-77)的主要控制参数选择如下：$\varepsilon = 0.01$，$\boldsymbol{l}_1 = \mathrm{diag}\{20,20,20\}$，$k_d = 10$，$\varepsilon_d = 50$，$m = 2$，$c^- = 0.1$，$c^+ = 100$，$\boldsymbol{k}_1 = \mathrm{diag}\{7,5,3\}$，$\boldsymbol{k}_2 = \mathrm{diag}\{15,15,17\}$，$\boldsymbol{k}_3 = \mathrm{diag}\{1.2,1.2,1.2\}$，$\boldsymbol{k}_4 = \mathrm{diag}\{10,10,10\}$，$\boldsymbol{k}_5 = \mathrm{diag}\{1,1,1\}$。图 4.2～图 4.11 给出了本章定理 4.1 中所设计控制器的控制效果。图 4.2 给出了

动力定位船对期望航迹的跟踪效果,其中虚线为期望航迹,实线为动力定位船实际的跟踪航迹,从图中可以看出,动力定位船在整体上能够完全跟踪到期望航迹,为了进一步说明动力定位船的跟踪效果,特别给出了动力定位船跟踪运动中的几部分局部放大图。首先是初始航行时局部放大的跟踪效果图,对应横坐标为[20,21]部分,从局部放大图可以看出,本章所设计的控制方法能够使得动力定位船运动在航迹跟踪的初始阶段不出现较大的波动,保证动力定位船的超调量较小,非常平稳地跟踪到期望航迹,这就能够满足动力定位船在各种复杂海域内的跟踪作业要求。然后是接近直航运动的部分,对应横坐标为[38,39]部分,这一区间内期望航迹的导数达到最大值,而本章所设计的控制器仍然能够保证动力定位船很好地跟踪至期望航迹。最后,给出了跟踪航迹波峰处和波谷处的跟踪效果,对应横坐标为[46,50]和[54,55]这两部分,这两个区间中期望航迹的导数符号发生了变化,可以看出动力定位船仅存在极小的波动,并且能够迅速重新跟踪到期望航迹。综合全局跟踪效果图和局部效果图的分析可以知道,本章所设计的控制器能够保证动力定位船在输入饱和约束、非匹配干扰以及未知外界干扰的影响下保持良好的航迹跟踪性能,并且具有较小的超调。图 4.3 给出了位置和艏向角的跟踪误差图,位置 x 与 y 的跟踪误差在初始阶段存在一个较小的超调,但是这一部分的误差绝对值不超过 0.1 m,这主要是因为初始跟踪误差较大,并且干扰信号不为零,这就造成了初始阶段动力定位船的超调。但是控制器在得到这一跟踪误差之后迅速计算出控制信号,并且快速跟踪到所期望的航迹。从 10 s 后的局部图可以看到,跟踪误差迅速达到 1×10^{-2} m(rad)的水平,实现了对于期望航迹的高精度跟踪控制。类似地,图 4.4 给出了速度的跟踪误差图,结合局部放大图可以看出,除了在初始阶段的速度跟踪误差超调,所设计的航迹跟踪控制器能够保证动力定位船迅速跟踪至期望的速度和角速度,速度的跟踪误差在 0.05 m/s 的范围内保持有界,角速度的跟踪误差在 0.03 (°/s)以内。

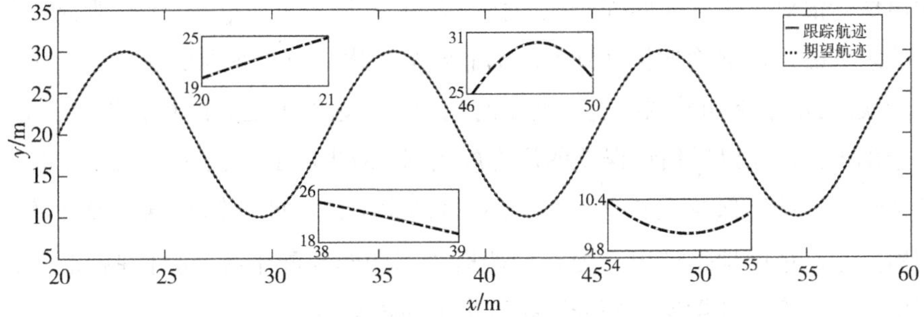

图 4.2　动力定位船期望航迹与实际跟踪航迹

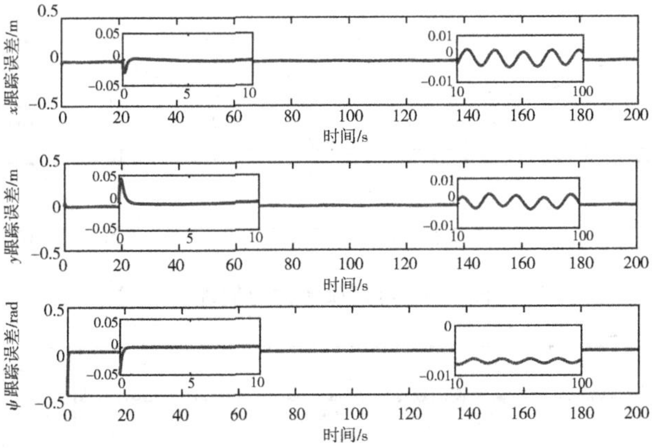

图 4.3　航迹跟踪误差的时间响应

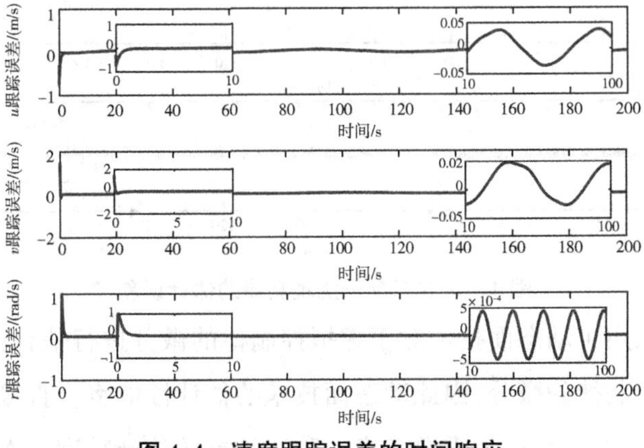

图 4.4　速度跟踪误差的时间响应

图 4. 5 和图 4. 6 说明了本章所设计干扰观测器的有效性,图 4. 5 反映了观测器输出估计值对于实际非匹配干扰的估计效果,从图中可以看出,干扰观测器从零初始状态能够迅速准确地估计到实际的非匹配干扰。图 4. 6 则反映了干扰观测器的估计误差,由于零初始状态造成初始时刻的误差远大于之后的估计误差,因此图 4. 6 还给出了 10 s 以后估计误差的局部放大图,从图中可以看到,所设计干扰观测器的估计误差始终保持在 5×10^{-3} N(N · m) 的水准。由此可知本章所设计的干扰观测器能够高精度地估计出动力定位船所受到的非匹配干扰,这样在控制器设计过程中能够精确地补偿这一部分干扰所带来的跟踪误差。

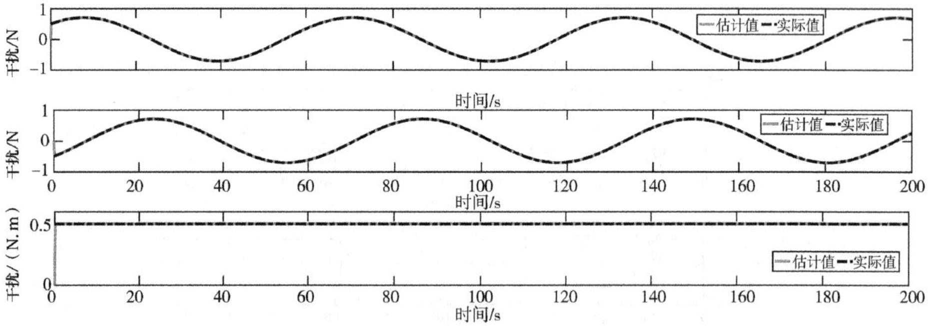

图 4. 5　非匹配干扰与估计值

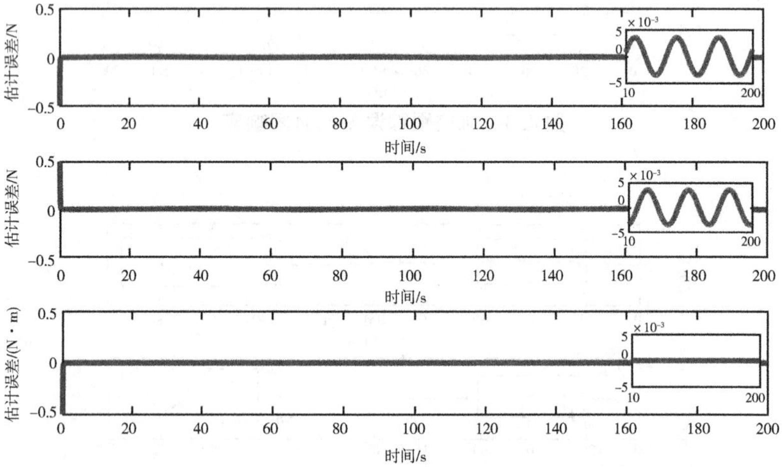

图 4. 6　非匹配干扰观测器的估计误差

由于本章采用了动态面技术对于虚拟控制律的微分进行估计,通过估计值来代替实际虚拟控制律的微分,因此动态面技术的估计性能将会直接影响动力定位船的航迹跟踪控制效果,这就需要考察一阶滤波器的估计精度。本节在此给出了动态面技术对于虚拟控制律的估计误差,如图 4.7 所示。从图中可以看出,除了滤波器初始状态为零所造成的估计误差,本章所给出的一阶滤波器能够在 0.05 s 以内迅速估计出实际虚拟控制器,从时间区间 [10,50] 的局部放大图可以看到,估计误差能够保持在 5×10^{-3} 的水准,说明在本章所设计的控制器中,一阶滤波器的估计值能够完全补偿虚拟控制律微分所得到的信号。

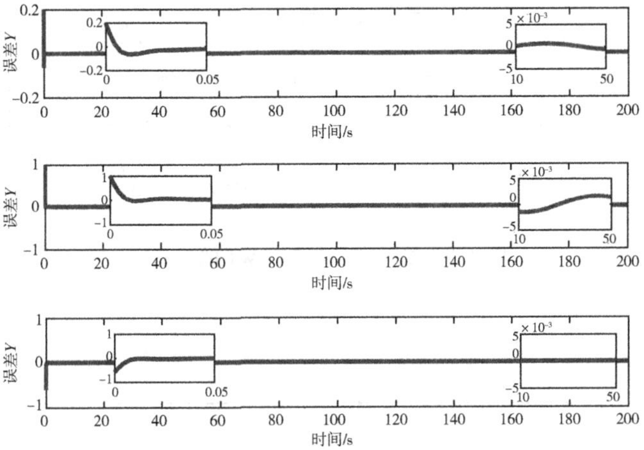

图 4.7　一阶滤波器的估计误差

图 4.8~图 4.11 给出了辅助系统、控制器输入信号以及控制器期望推力的时间响应图。其中图 4.8 和图 4.9 是两个辅助系统 AW1 和 AW2 的输出信号,图 4.10 是推进系统为动力定位船所提供的推力和力矩,图 4.11 是控制器根据反馈误差信号所得到的动力定位船期望推力和力矩。从图中可以看出,由于动力定位船在航迹跟踪初始阶段跟踪误差较大,同时干扰较大,此时所需较大的推力和力矩,当期望推力和力矩超出饱和值的时候,抗饱和补偿器产生信号修正控制信号,使得所需推力和力矩快速下降,并且保证动力定位船的跟踪控制性能。当期望的控制输入下降至实际饱和值及饱和预设值以下的时候,辅助系统信号渐渐变为零,此时标称鲁棒自适应动态面航迹控制器能够保证动力定位船获得较好的航迹跟踪性能。

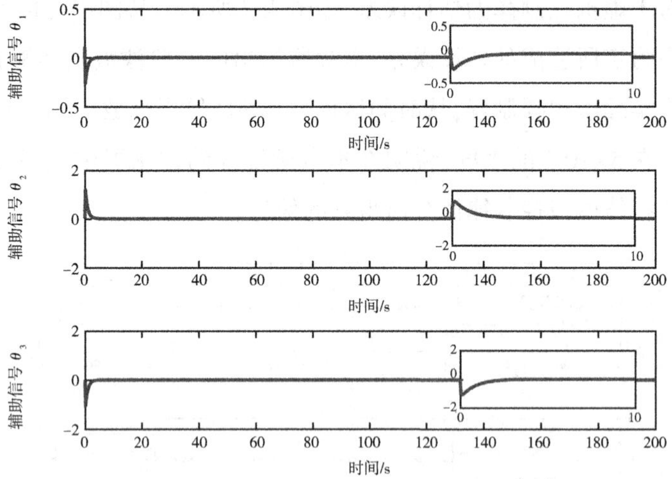

图 4. 8　抗饱和补偿器 AW1 的信号

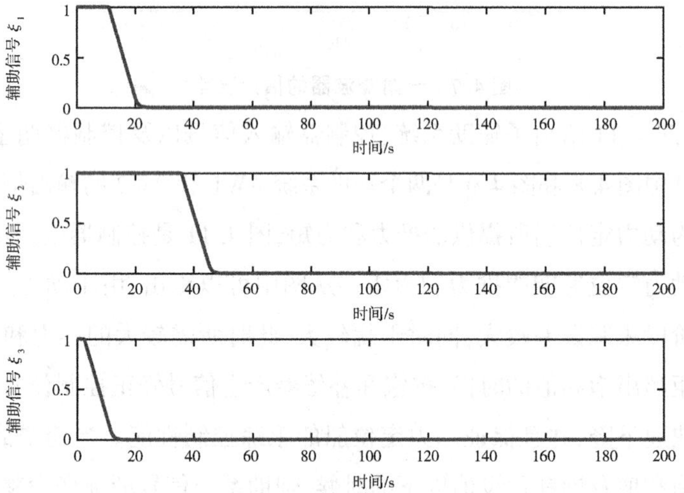

图 4. 9　抗饱和补偿器 AW2 的信号

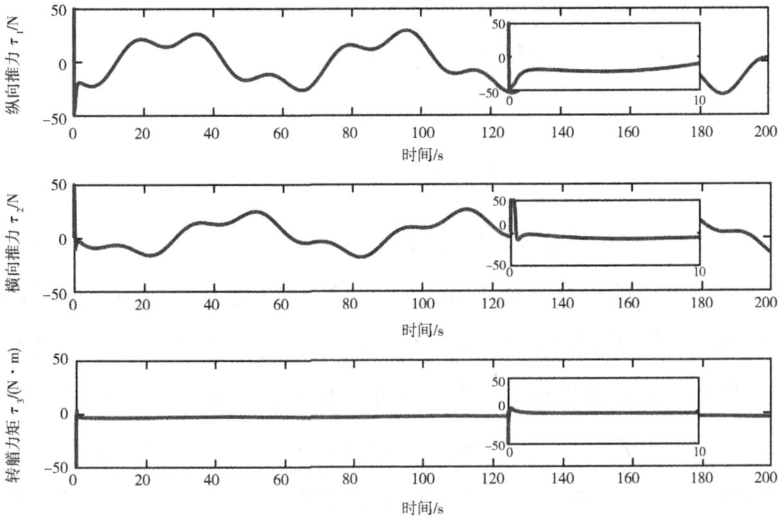

图 4.10　控制输入信号

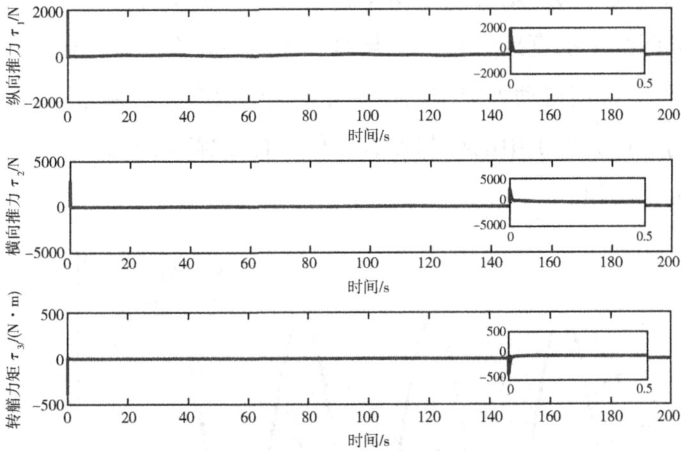

图 4.11　期望控制输入信号

4.4.2　不考虑非匹配干扰的跟踪控制对比仿真案例

现有成果并没有考虑动力定位船受到的非匹配干扰的影响，为了说明考虑非匹配干扰的必要性，本节将对不考虑非匹配干扰的动力定位船航迹跟踪控制器进行仿真，也就是移除非匹配干扰观测器，在控制器的设计中忽略非匹配干扰的估计信号 $\hat{\boldsymbol{D}}_1(t)$，此时，虚拟控制律设计为

$$\alpha_{C1} = -k_1 z_1 - \theta + \dot{\eta}_d \tag{4-110}$$

航迹跟踪控制器设计为

$$\tau_{C1} = \boldsymbol{M}\boldsymbol{J}^{T}\left(-(\boldsymbol{k}_2 - \boldsymbol{k}_5\xi)\hat{z}_2 - F(x_1, x_2) - \frac{\hat{z}_2}{\|\hat{z}_2\|}\hat{d}_3 + \frac{\alpha_{C1} - \bar{x}_{2_d}}{\bar{\varepsilon}} - \boldsymbol{k}_3\theta\right) \tag{4-111}$$

$$\dot{\hat{d}}_3 = k_d(-\varepsilon_d\hat{d}_3(t) + \|\hat{z}_2\|) \tag{4-112}$$

在4.4中所给出的仿真环境下，图4.12～图4.15是本章所设计航迹跟踪控制器与对比案例1中所设计航迹跟踪控制器的对比仿真，图4.12给出了对比案例1情况下动力定位船的航迹跟踪效果，从图中可以看出动力定位船实际航迹始终与期望航迹存在一定的偏差。图4.13和图4.14分别表述了各个自由度方向上位置和速度的跟踪误差，由于非匹配干扰不存在于控制回路中，无法通过跟踪误差在控制回路中进行反馈调节，即使自适应律收敛也无法消除这一部分干扰，因此本章所设计的控制器能够提升动力定位船对期望航迹的跟踪精度，提高了动力定位船的抗干扰能力。非匹配干扰直接影响位置与速度之间的转换关系，通过与图4.5的对比可知，非匹配干扰使得动力定位船在位置跟踪中始终存在偏差。图4.15表明了本章控制器与对比案例1中的控制器有相似的控制输入，考虑非匹配干扰并不会造成额外的能耗负担。

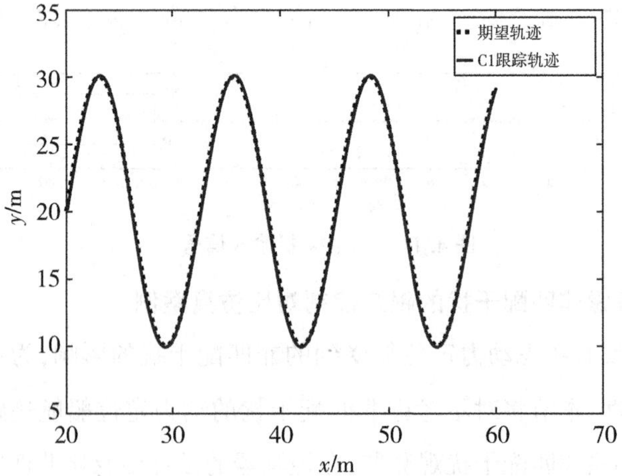

图4.12　对比案例1条件下的期望航迹与实际跟踪航迹

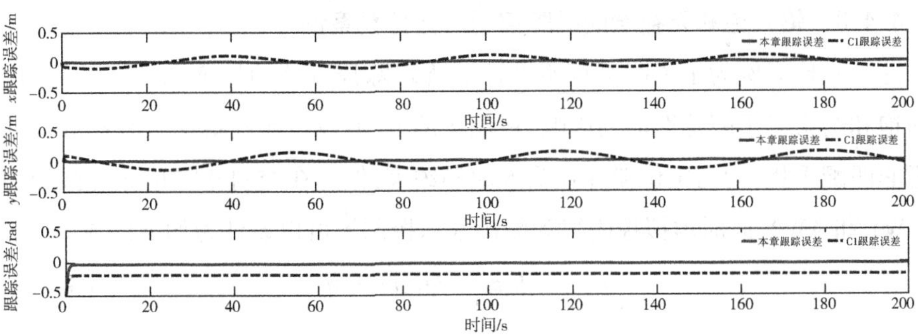

图 4.13　航迹误差对比

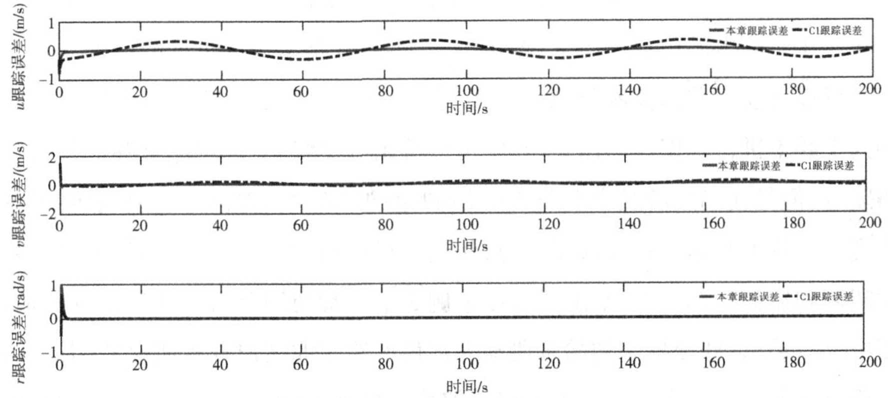

图 4.14　速度误差对比

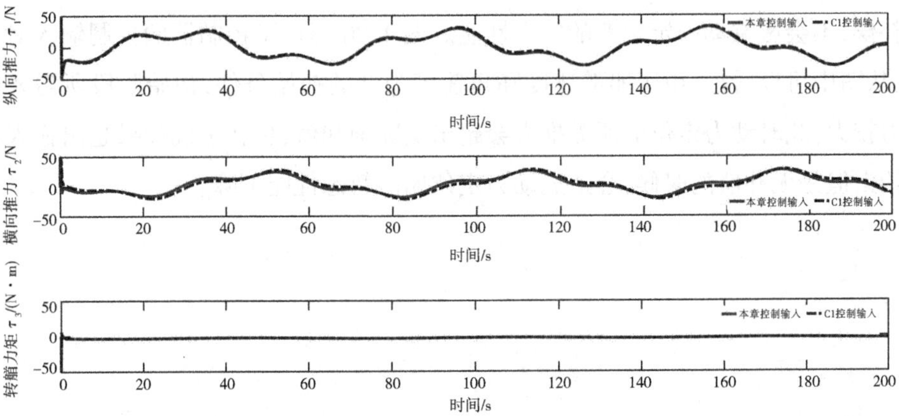

图 4.15　控制输入对比

4.4.3 输入饱和无补偿的跟踪控制对比仿真案例

这一对比案例为了说明本章所设计航迹跟踪控制器的抗饱和性能，并且说明输入饱和约束对于跟踪性能的影响，在此案例下，假设在航迹跟踪控制器的设计中考虑非匹配干扰，动力定位船存在输入饱和约束，但是在控制器中移除抗饱和补偿器 AW1 和 AW2，此时虚拟控制律和航迹跟踪控制器可以设计为如下形式：

$$\alpha_{C2} = -\boldsymbol{k}_1 z_1 - \hat{\boldsymbol{D}}_1(t) + \dot{\eta}_d \tag{4-113}$$

$$\tau_{C2} = \boldsymbol{M}\boldsymbol{J}^{\mathrm{T}}\left(-\boldsymbol{k}_2 z_2 - F(x_1, x_2) - \frac{z_2}{\| z_2 \|}\hat{d}_3 + \frac{\alpha_{C2} - \bar{x}_{2d}}{} - \boldsymbol{k}_3\theta\right) \tag{4-114}$$

$$\dot{\hat{d}}_3 = \boldsymbol{k}_d(-\varepsilon_d \hat{d}_3(t) + \| \widehat{z}_2 \|) \tag{4-115}$$

在 4.4 所给出的仿真环境下，图 4.16~图 4.20 是本章所设计控制器与对比案例 2 中所设计控制器的控制效果对比图，其中对比案例 2 对动力定位船中的输入饱和约束并不进行补偿。从图 4.16 中可以看出，虽然动力定位船最终能够跟踪到期望航迹，但是在初始阶段存在非常明显的超调。图 4.17 和图 4.18 说明了各个自由度上的位置和速度跟踪误差响应，从图中可以看到，在各个自由度上也存在这样的超调和振荡。图 4.19 给出了对比案例 2 下干扰观测器对非匹配干扰的估计，从图中可以看出，即使控制初始阶段动力定位船跟踪曲线出现较明显的超调，但是本章所设计的非匹配干扰观测器仍然能够快速估计出动力定位船所受到的非匹配干扰，这是因为本章所设计的干扰观测器与控制器的输入信号无关，因此本章所设计的干扰观测器具有良好的鲁棒性，通过所设计干扰观测器对非匹配干扰进行估计补偿，不会影响动力定位船的暂态性能。图 4.20 提供了控制器的控制输入对比图，从图中可以看出，由于船舶速度和角速度为 0 的初始条件，初始阶段所需要的推力较大，此时动力定位船所需推力会超出实际饱和值，也就是说如果超出输入饱和约束但是无补偿的时候，会造成动力定位船的暂态性能下降。

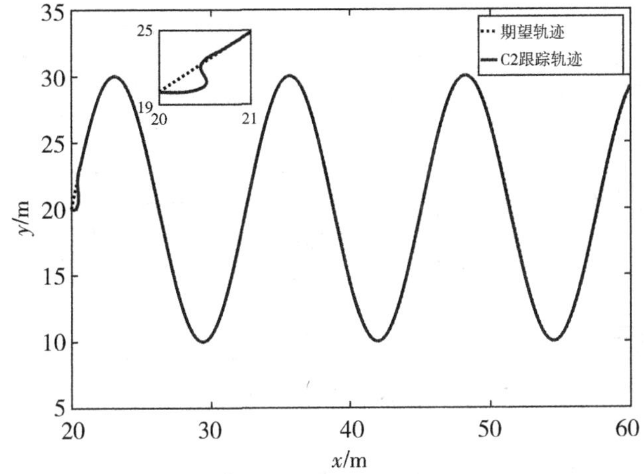

图 4.16　对比案例 2 条件下的期望航迹与实际跟踪航迹

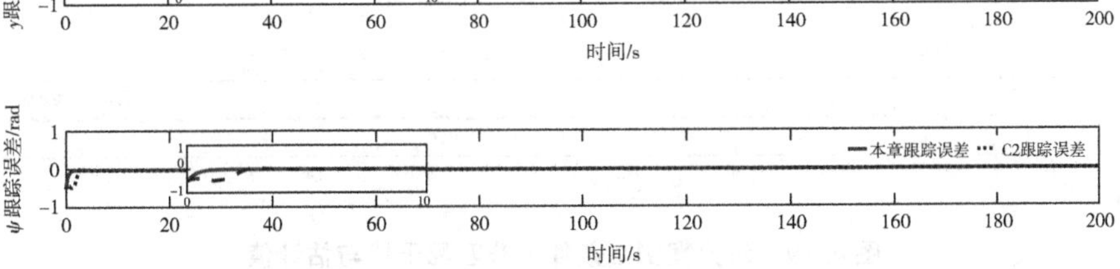

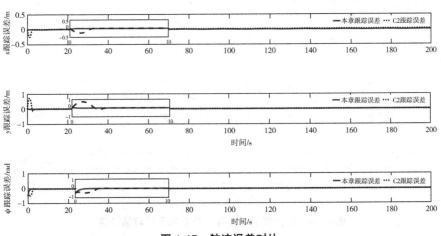

图 4.17　航迹误差对比

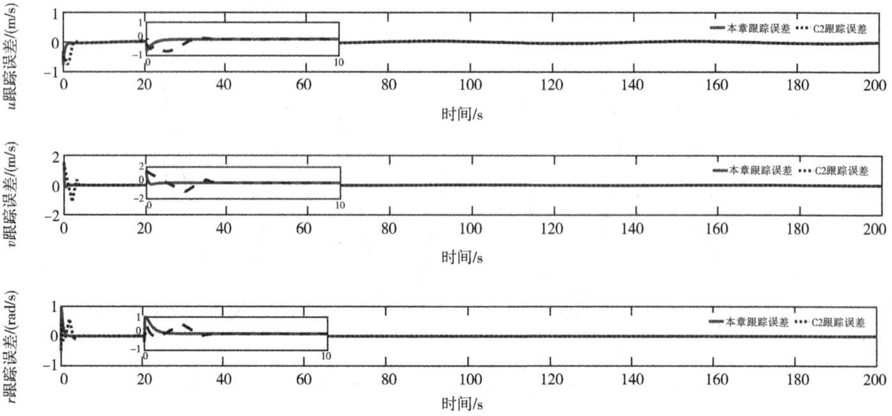

图 4.18　速度误差对比

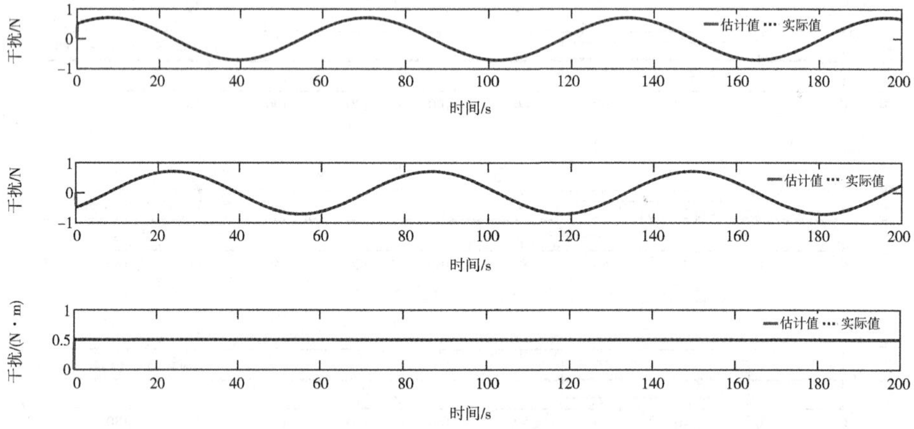

图 4.19　对比案例 2 条件下非匹配干扰与估计值

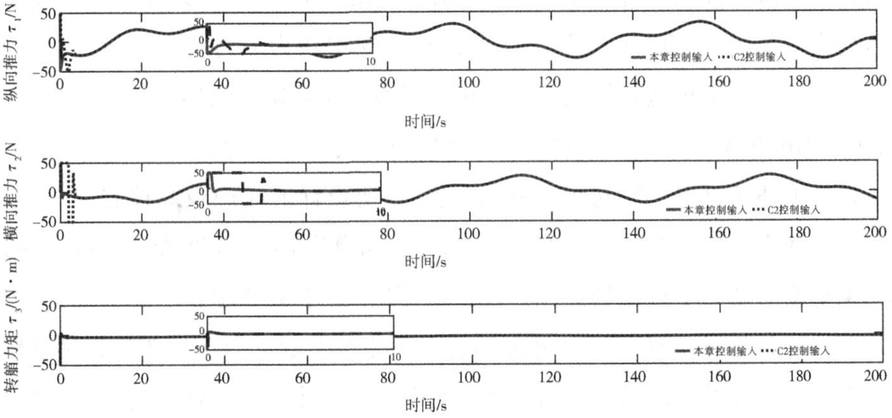

图 4.20　控制输入对比

4.4.4　传统抗饱和跟踪控制对比仿真案例

这一对比案例为了说明本章所设计抗饱和方法相对于传统抗饱和控制方法的优越性，在此案例下，假设在输入饱和约束发生之后立刻触发抗饱和补偿器 AW1[15]，此时为动力定位船设计的虚拟控制律和航迹跟踪控制器如下：

$$\alpha_{C1} = -\boldsymbol{k}_1 z_1 - \theta + \dot{\eta}_d \tag{4-116}$$

$$\begin{aligned}\tau_{C1} = &\, \mathrm{MJ}^{\mathrm{T}}\Big(-k_2\hat{z}_2 - F(x_1, x_2) \\ &- \frac{\hat{z}_2}{\|\hat{z}_2\|}\hat{d}_3 + \frac{\alpha_{C1} - \bar{x}_{2d}}{\bar{\varepsilon}} - \boldsymbol{k}_3\theta\Big)\end{aligned} \tag{4-117}$$

$$\dot{\hat{d}}_3 = k_d(-\varepsilon_d \hat{d}_3(t) + \|\hat{z}_2\|) \tag{4-118}$$

彩图 1(见附录)说明了本章所设计鲁棒自适应双环路超前抗饱和控制器、传统鲁棒自适应抗饱和控制器以及饱和无补偿的鲁棒自适应控制器作用下，动力定位船对期望航迹的跟踪对比效果。由于在输入饱和约束不被触发的情况下，三种仿真案例均是标称鲁棒自适应控制器，因此在该对比案例中保证三种控制器作用下动力定位船稳态跟踪误差相近的情况下，对暂态性能进行对比。从局部放大图中可以看出，对比案例 2 中饱和无补偿的鲁棒自适应控制器造成动力定位船的超调量最大，对比案例 3 中传统鲁棒自适应抗饱和控制器在输入饱和约束被触发的时候通过辅助系统进行性能补偿，因此相对于对比案例 2 的超调量更小，本章所设计的鲁棒自适应双环路超前抗饱和控制器在动力定位船所需推力接近实际饱和值的时候对其跟踪性能进行补偿,在推力超出实际饱和值的时候迅速降低所需推力,使得动力定位船具有更低的超调。因此,可以说本章为动力定位船所设计的鲁棒自适应双回路超前抗饱和控制器不仅相对于饱和无补偿控制器具有更好的暂态性能,所提出的抗饱和补偿方法也提升了传统方法的暂态性能。

综合上述仿真案例和对比案例,通过本章所设计的航迹跟踪控制器与对比案例1、对比案例2、对比案例3的对比仿真可以知道,不考虑非匹配干扰或者输入饱和约束都会对动力定位船的控制性能造成影响,其中不考虑非匹配干扰会造成动力定位船的跟踪误差较大,不考虑输入饱和约束会造成动力定位船的超调量较大,因此本章所研究的问题是十分必要的。此外,本章所提出的双回路超前抗饱和控制方法相对于传统抗饱和控制方法能够进一步降低由于饱和约束造成的超调量过大的问题,具有更好的暂态性能。因此,本章为动力定位船所设计的鲁棒自适应双回路超前抗饱和控制器能够保证动力定位船在控制输入饱和约束以及未知时变干扰的影响下具有良好的稳态性能和暂态性能,并且进一步提升了传统抗饱和控制方法的暂态性能。

第 5 章　速度不可测约束下动力定位船滑模输出反馈控制

5.1　引言

第 4 章虽然考虑了动力定位船运动的非线性模型,但是仍然忽略了科里奥利与向心力矩阵以及非线性阻尼项,仅适用于低速运动状态下的动力定位船的航迹跟踪作业。本章进一步考虑高度非线性的动力定位船运动模型,并针对传感器成本和精度限制造成的速度不可测约束问题,在此基础上考虑了动力定位船的输入饱和约束问题以及收敛速度性能约束问题,开展速度不可测约束下动力定位船输出反馈航迹跟踪控制器设计的研究。

在动力定位船的航迹跟踪控制运动中,需要实时得到船舶运动的所有状态,才能通过反馈调节实现动力定位船对期望航迹的跟踪控制。一般情况下,动力定位船的信息量测系统能够提供所有的船舶运动状态,其中位置参考系统能够提供船舶的位置信息,罗经能够测量船舶运动的艏向角信息,而多普勒计程仪可以测量船舶的速度信息。但是在恶劣的海洋环境中,多普勒计程仪会受到测量噪声的污染,这就会导致测量得到的速度信息不准确,影响到动力定位船的测量精度,此外,多普勒计程仪的故障也会造成全状态反馈的航迹跟踪控制方法失效,此时,研究人员需要考虑的是如何仅仅依赖位置和姿态信息实现动力定位船的航迹跟踪控制[3]。状态观测器可以通过重构动力定位船的运动来估计其中的未知状态,其设计和证明可以独立于控制器,因此基于状态观测器的输出反馈控制方法常被用于解决速度不可测约束下动力定位船航迹跟踪控制器的设计问题。相对于状态反馈控制设计,基于状态观测器的输出反馈控制器设计往往更为复杂,尤其是考虑科里奥利与向心力矩阵以及非线性阻尼项的时候,观测器的误差系统中将会包含与估计状态相关的非线性项,使得对于估计误差系统收敛性的证明非常复杂。文献[136]为船舶设计了鲁棒状态观测器,仅仅采用了位置和艏向角信息,基于观测器设计了航迹跟踪的控制方法,取得了良好的跟踪效果。

需要指出的是,尽管有一些成果在速度不可测的约束下为动力定位船设计了基于状态观测器的输出反馈跟踪控制器,但是大部分成果仅仅能实现动力定位船对期望航迹的渐进跟踪,这样就限制了动力定位船对于紧急作业任务的快速响应能力,难以满足对时间要求较高的作业任务,为此,研究人员设计了有限时间收敛的控制器来实现动力定位船对期望航迹的快速跟踪。文献[12]采用加幂积分法为全驱动水面船舶设计了自适应有限时间航迹跟踪控制器,使得船舶能够快速跟踪到期望航迹,但是并没有考虑输入饱和约束以及速度不可测的情况。此外,目前较为常用的有限时间收敛控制器的设计方法主要为齐次系统理论法、加幂积分法以及终端滑模控制法,其中齐次系统理论法和加幂积分法对外界干扰不具备鲁棒性,而在动力定位船的航迹跟踪作业中,由于海洋环境的复杂性,需要其对外界干扰具备一定的鲁棒性能,因此终端滑模控制法常被用于动力定位船跟踪控制器的设计[137]。

综合上述讨论,本章在考虑科里奥利与向心力矩阵以及非线性阻尼项的前提下,研究了输入饱和约束以及速度不可测约束下动力定位船有限时间收敛航迹跟踪控制器的设计问题,为动力定位船设计了基于有限时间收敛状态观测器的自适应终端滑模输出反馈控制器。首先,为动力定位船设计了有限时间收敛的辅助系统处理输入饱和约束问题;然后,结合辅助系统的输出信号与跟踪误差变量,构造了终端滑模面,并且基于该滑模面为动力定位船设计了自适应滑模状态反馈控制器,其中,通过一个自适应律来估计船舶所受外界干扰的上界,避免了终端滑模控制对干扰上界信息的要求;再次,通过已知的动力定位船运动位置和艏向角信息,设计了连续有限时间收敛的状态观测器,在有限时间内快速估计出船舶运动的速度和角速度信息,解决了抖振问题,并证明了其有限时间收敛的性质;而后,结合本章所设计的自适应滑模状态反馈控制器和有限时间收敛状态观测器,为动力定位船设计了自适应滑模输出反馈航迹跟踪控制器,并证明了闭环系统的有限时间收敛性。最后,通过数值仿真验证了所设计动力定位滑模输出反馈控制器的有效性以及相对于已有成果的优越性。

本章首先介绍了有限时间收敛和终端滑模控制方法的基本理论和步骤;然后,为动力定位船设计了基于有限时间收敛状态观测器的自适应滑模输出反馈航迹跟踪控制器;最后,通过仿真案例和对比案例说明了本章所设计动力定位船控制器的有效性以及优越性。

5.2 非线性系统有限时间收敛控制描述

在衡量一个控制系统性能的时候,收敛速度是一个重要的性能评价指标。所谓有限时间收敛控制是指控制系统能够在有限时间内将控制对象的状态控制到平衡点或者平衡点附近足够小邻域的控制方法。当面对准备时间较短、时间紧迫的作业时,动力定位船实现渐近稳定的航迹跟踪控制通常难以保证作业任务的完成,此时保证动力定位船运动状态在有限时间内跟踪至期望航迹是非常重要的。与渐近稳定的控制方法相比,有限时间收敛的控制方法不仅收敛速度快,而且具有更好的鲁棒性和抗干扰能力。本节首先将给出有限时间收敛的基本概念和判定引理,然后简单介绍本章所采用终端滑模控制的基本思路和方法。

5.2.1 有限时间收敛理论

考虑如下非线性系统:

$$\dot{\boldsymbol{x}}(t)=f(\boldsymbol{x}(t)) \tag{5-1}$$

其中,$f:D\to\mathbb{R}^n$ 是一个定义在开邻域 $D\subseteq\mathbb{R}^n$ 上的连续映射,同时开邻域 D 包含了原点,并且满足 $f(0)=0$。如果非线性系统满足局部 Lipschitz 连续条件,通常可以研究其 Lyapunov 意义下的稳定性;如果非线性系统不满足局部 Lipschitz 连续条件,则可以研究其强稳定性,下边将给出这两种定义:

定义 5.1(渐近稳定)[138]　针对非线性系统式(5-1)的平衡点 $x=0$:

1)如果对于任意的 $\varepsilon>0$,都存在一个与 ε 相关的常数 $\delta=\delta(\varepsilon)$,使得:

$$\|\boldsymbol{x}(0)\|\leqslant\delta\Rightarrow\|\boldsymbol{x}(t)\|\leqslant\varepsilon,\ \forall t\geqslant0$$

则该平衡点是稳定的。

2)若该系统稳定且满足:

$$\|\boldsymbol{x}(0)\|\leqslant\delta\Rightarrow\lim_{t\to\infty}\boldsymbol{x}(t)=0$$

则该平衡点是渐近稳定的,特别的是,若 $D=\mathbb{R}^n$,则非线性系统是全局渐近稳定的。

定义 5.2(强稳定性)[138]　考虑非线性系统式(5-1),若对 $\forall\alpha>0$ 和 $\forall\varepsilon>0$,存在单调递增且满足 $\lim_{s\to0}B(s)=0$ 的函数 $B:(0,+\infty)\to(0,+\infty)$ 和 $T:(0,+\infty)\times$

$(0,+\infty)\to(0,+\infty)$使得系统式(5-1)定义在$[0,t_1)$(其中$0<t_1<\infty$)及$\| x(0)\leqslant\alpha \|$上的每一个解,都存在对应的定义于$[0,\infty)$上的解$z(t)$,满足:

1)$z(t)=\boldsymbol{x}(t)$, $\forall t\in[0,t_1)$

2)$\| z(t)\leqslant B(\alpha)\|$, $\forall t\geqslant 0$

3)$\| z(t)\|\leqslant\varepsilon$, $\forall t\geqslant T(\alpha,\varepsilon)$

则自治非线性系统式(5-1)的平凡解$x=0$为强稳定的,若$D=\mathbb{R}^n$,则系统是全局强稳定的。

从定义可以看出,以上两种稳定性概念都是渐近收敛性定义,不涉及收敛速度的问题,下面给出有限时间收敛的定义。

定义 5.3(有限时间收敛)[139] 考虑非线性系统式(5-1),设函数$f:D\to\mathbb{R}^n$为开区域D上对x连续的函数,并且开区域D包含原点。非线性系统的解$x=0$为有限时间收敛的,当且仅当系统是强稳定的并且在有限时间内收敛。有限时间内收敛是指:对$x_0\in D\subset\mathbb{R}^n$,存在一个连续函数$T(x):D_0\backslash\{0\}\to(0,+\infty)$,使得非线性系统式(5-1)的解$\boldsymbol{x}(t,x_0)$满足以下情况:当$t\in[0,T(x_0))$时,有$x(t,x_0):D_0\backslash\{0\}$和$\lim\limits_{t\to T(x_0)} x(t,x_0)=0$成立;当$t>T(x_0)$时,有$\boldsymbol{x}(t,x_0)=0$成立。若$D=D_0=\mathbb{R}^n$,则非线性系统式(5-1)是全局有限时间收敛的。

为了方便进行控制器设计和分析,在此给出了几种基于 Lyapunov 函数的有限时间收敛的判定引理。

引理 5.1[140] 考虑非线性系统式(5-1),存在连续可微函数$V(x)$满足:

1)$V(x)$为正定函数。

2)存在正实数c和$\alpha\in(0,1)$以及一个包含原点的开邻域$D_0\subset D$,使得以下条件成立:

$$\dot{V}(x)+cV(x)^{\alpha}\leqslant 0, x:D_0\backslash\{0\}$$

则非线性系统式(5-1)是有限时间收敛的,且收敛时间为

$$T\leqslant\frac{V(x_0)^{1-\alpha}}{c(1-\alpha)}$$

引理 5.2[141] 考虑非线性系统式(5-1),存在定义在包含原点的邻域$D\subset\mathbf{R}^n$上的连续可微函数$V(x)$满足:

1)$V(x)$为正定函数。

2)存在正实数 b、c 和 $\alpha\in(0,1)$ 以及一个包含原国点的开邻域 $D_0\subset D$,使得以下条件成立:

$$\dot{V}(x)+bV(x)+cV(x)^{\alpha}\leqslant 0$$

则非线性系统状态能够在有限时间内达到原点,且收敛时间为

$$T\leqslant\frac{1}{b(1-\alpha)}\ln\frac{V(x_0)^{1-\alpha}+c}{c}$$

引理 5.3[142]　考虑非线性系统式(5-1),存在连续可微函数 $V(x)$,满足:

1)$V(x)$ 为正定函数。

2)存在正实数 c、$\alpha\in(0,1)$ 以及 $0<\eta<\infty$,使得以下条件成立:

$$\dot{V}(x)\leqslant -cV(x)^{\alpha}+\eta$$

那么非线性系统式(5-1)的轨迹是实用有限时间收敛的,闭环系统的状态在有限时间收敛于:

$$\lim_{\theta\to\theta_0}x\in\left(V(x)^{\alpha}\leqslant\frac{\eta}{(1-\theta)c}\right)$$

其中,$0<\theta_0<1$,并且收敛时间为

$$T\leqslant\frac{V(x_0)^{1-\alpha}}{c\theta_0(1-\alpha)}$$

引理 5.4[143]　考虑非线性系统式(5-1),假设存在一个 Lyapunov 函数 $V(x)$、正常数 $p_1\in(0,1)$,$p_2<p_1$,$\alpha>0$、$\beta>0$ 以及 $\gamma>0$,定义 V_0 为函数 $V(x)$ 的初始值,如果满足不等式:

$$\dot{V}(x)<-\alpha V(x)^{p_1}+\beta V(x)^{p_2}$$

则有非线性系统式(5-1)的轨迹是有限时间一致最终有界的,也就是说控制系统状态 x 能够在有限时间内收敛于原点附近的区域内,并且收敛时间可以描述为

$$T\leqslant V_0^{1-p_1}/((\alpha-\theta)(1-p_1))$$

其中,$\theta\in(0,\alpha)$ 为任意正常数。

需要特别注意的是,相对于第 2 章中采用的有限时间状态有界控制,有限时间收敛是一种截然不同的方法,两种概念不能混为一谈。有限时间状态有界要求动力定位船在预设时间内保持状态有界,关注的是“有限时间”以内的控制性能,考

察的是从初始时刻开始预设时间内的动力定位船运动状态,该方法并不关心船舶在超出预设时间后的运动状态,更适合处理短时间有效、超出一定时间无效或者作业区间是一个固定区域的海洋作业。有限时间收敛控制要求动力定位船运动在短时间内收敛,这种控制方法要求船舶在短时间之后迅速达到所期望的作业目标,也就是在小的收敛时间内达到稳定效果,实现期望的稳态性能,该方法关注的是"有限时间"以后的控制性能,考察的是初始时刻开始以后动力定位船运动状态收敛的时间,对于该时间段内的船舶运动状态的变化范围没有要求,更适合处理对时间要求紧迫的海洋作业或者任务。

最近几十年在众多研究人员的不懈努力下,有限时间收敛在理论和应用上都得到了极大的发展,目前主要的设计方法有三种:齐次系统理论法、加幂积分法和终端滑模控制。三种方法各有特点,也都具有各自的局限性。采用齐次系统理论法不能在设计中同时考虑外界干扰,也无法估计收敛时间,而加幂积分法对于控制增益的约束要求比较严格,此外,终端滑模控制无法估计出趋近阶段的时间[140]。结合设计需要,本章将采取终端滑模控制的方法进行动力定位船控制器设计,接下来的小节里将会对终端滑模控制方法进行简单介绍,为本章的控制器设计提供理论基础。

5.2.2 终端滑模控制理论

从 20 世纪 50 年代开始,苏联研究人员就提出了变结构控制的概念,经过最初 20 年的发展,控制对象从二阶线性系统拓展至了高阶系统,到了 20 世纪 70 年代,随着关于变结构控制英文专著的出版[144],这一控制概念开始受到世界范围内的关注。由于滑模变结构控制具有响应速度快、对结构不确定性鲁棒性强等优点,并且能够与自适应控制、鲁棒控制等控制方法灵活地结合,半个多世纪以来得到研究人员广泛而深入的研究,并且逐步发展成为一种系统完善的非线性控制方法。自 20 世纪 90 年代开始,以著名学者高为炳院士为代表的国内研究人员也开始了变结构控制的研究工作,提出了趋近律的概念,给出了等速趋近律、指数趋近律、幂次趋近律等形式,丰富了滑模变结构控制的理论[145,146]。

在 20 世纪 90 年代,为了实现有限时间收敛控制,研究人员提出了终端滑模控制方法,终端滑模不仅具有传统滑模控制鲁棒性强的优点,还具备了收敛速度快、稳定性分析方便等特点,因此从诞生以来就得到了广泛的关注。与此同时,终端滑模控制因为其特殊的滑模面设计方式,也常常会面临两种特殊问题:①终端滑模控制器在某些特定状态会出现无穷大的情况,也就是奇异问题;②当系统状态远离平衡点时,会减弱其快速收敛的性能。针对于上述两类问题,研究人员提出了快速终端滑模控制[147]、非奇异终端滑模控制[148]和快速非奇异终端滑模控制[149]等解决方法。此外,终端滑模控制中的抖振问题也吸引着众多研究人员对其进行继续深入的研究[150-152]。

接下来,本章将以一个二阶系统为例,简单说明终端滑模控制的基本设计思路和方法。

$$\begin{cases}\dot{x}_1 = x_2 \\ \dot{x}_2 = u + d\end{cases} \tag{5-2}$$

其中,干扰 d 满足 $|d|<l$。

选择如下形式的终端滑模面:

$$s = \dot{x}_1 + \beta x_1^{\frac{q}{p}} \tag{5-3}$$

其中,$\beta>0$,p、q 为正奇数,且满足 $p>q>0$,则有限时间达到滑模面的条件为

$$s\dot{s} < 0 \tag{5-4}$$

对所设计的终端滑模面进行微分可得

$$\dot{s} = \ddot{x}_1 + \beta \frac{q}{p} x_1^{\frac{q}{p}-1} \dot{x}_1 \tag{5-5}$$

由于幂指数$\frac{q}{p}-1<0$,因此当系统状态接近于 0 的时候会产生奇异现象,为了避免奇异问题,通常将设计非奇异终端滑模面:

$$s = x_1 + \frac{1}{\beta}\dot{x}_1^{\frac{p}{q}} \tag{5-6}$$

其中,$\beta>0$,p、q 为正奇数,$p>q>0$,且满足 $1<\frac{p}{q}<2$,则有

$$\begin{aligned} s\dot{s} &= s\left(\dot{x}_1 + \frac{p}{\beta q}\dot{x}_1^{\frac{p}{q}}\ddot{x}_1\right) \\ &= s\left(x_2 + \frac{p}{\beta q}x_2^{\frac{p}{q}}(u + d)\right) \end{aligned} \tag{5-7}$$

根据有限时间到达滑模面的条件，可以设计非奇异终端滑模控制器：

$$u = -\frac{\beta q}{p} x_2^{2-\frac{p}{q}} - (l + \eta)\,\mathrm{sign}(s) \tag{5-8}$$

将控制器式(5-8)代入式(5-7)可得

$$s\dot{s} = -\frac{p}{\beta q} x_2^{\frac{p}{q}-1} \eta |s| \tag{5-9}$$

综上，二阶系统式(5-2)的状态可以在有限时间内沿滑模面收敛至0。

通过上述的例子可以看出，在外界干扰上界已知的情况下，能够为二阶系统式(5-2)设计终端滑模控制器 u，但是在实际情况中，研究人员通常难以获得外界干扰的上界信息。为此，本章将会在动力定位船控制器的设计中引入鲁棒自适应项处理终端滑模控制对干扰上界信息的需要。接下来，本章将以有限时间收敛理论和终端滑模控制方法为基础，为包含输入饱和约束与速度不可测约束的动力定位船设计自适应滑模输出反馈航迹跟踪控制方法。

5.3 基于有限时间收敛状态观测器的滑模输出反馈控制设计

5.3.1 包含输入饱和约束的动力定位船非线性模型

本章所采用的动力定位船运动模型包含了科里奥利与向心力矩阵以及非线性阻尼项，根据第2章中的动力定位船运动建模，本章模型可以描述如下：

$$\dot{\boldsymbol{\eta}} = \boldsymbol{J}(\psi)\,\boldsymbol{v} \tag{5-10}$$

$$\dot{\boldsymbol{v}} = -\boldsymbol{M}^{-1}\boldsymbol{C}(\boldsymbol{v})\,\boldsymbol{v} - \boldsymbol{M}^{-1}\boldsymbol{D}(\boldsymbol{v})\,\boldsymbol{v} + \boldsymbol{M}^{-1}\mathbf{sat}(\boldsymbol{\tau}) + \boldsymbol{M}^{-1}\boldsymbol{\tau}_d \tag{5-11}$$

其中各项参数的定义如第2章所示，在此不再赘述。为了方便下一步的处理，首先对于动力定位船运动模型进行变形，将其转化为一种多输入多输出的严格反馈形式，在此定义 $\boldsymbol{x}_1 = \boldsymbol{\eta}, \boldsymbol{x}_2 = \boldsymbol{J}\boldsymbol{v}, J = \boldsymbol{J}(\psi)$，则式(5-10)和式(5-11)可以转化为下列形式：

$$\dot{\boldsymbol{x}}_1 = \boldsymbol{x}_2 \tag{5-12}$$

$$\dot{\boldsymbol{x}}_2 = F(\boldsymbol{x}_1, \boldsymbol{x}_2) + \boldsymbol{J}\boldsymbol{M}^{-1}\boldsymbol{\tau} + d(t) \tag{5-13}$$

其中，$F(\boldsymbol{x}_1, \boldsymbol{x}_2) = (S(r) - \boldsymbol{J}\boldsymbol{M}^{-1}(C(\boldsymbol{J}^{\mathrm{T}}\boldsymbol{x}_2) + D(\boldsymbol{J}^{\mathrm{T}}\boldsymbol{x}_2))\boldsymbol{J}^{\mathrm{T}})\boldsymbol{x}_2$，$d(t) = \boldsymbol{J}\boldsymbol{M}^{-1}\boldsymbol{\tau}_d$，$\boldsymbol{S}(r) = \begin{pmatrix} 0 & -r & 0 \\ r & 0 & 0 \\ 0 & 0 & 0 \end{pmatrix}$。

在此作如下定义：

$$F_C(\boldsymbol{x}_1,\boldsymbol{x}_2) = \boldsymbol{S}(r) - \boldsymbol{J}\boldsymbol{M}^{-1}C(\boldsymbol{J}^{\mathrm{T}}\boldsymbol{x}_2)\boldsymbol{J}^{\mathrm{T}} \tag{5-14}$$

$$F_D(\boldsymbol{x}_1,\boldsymbol{x}_2) = \boldsymbol{J}\boldsymbol{M}^{-1}D(\boldsymbol{J}^{\mathrm{T}}\boldsymbol{x}_2)\boldsymbol{J}^{\mathrm{T}}\boldsymbol{x}_2 \tag{5-15}$$

则 $F(\boldsymbol{x}_1,\boldsymbol{x}_2)$ 可以表述为

$$F(\boldsymbol{x}_1,\boldsymbol{x}_2) = F_C(\boldsymbol{x}_1,\boldsymbol{x}_2)\boldsymbol{x}_2 + F_D(\boldsymbol{x}_1,\boldsymbol{x}_2) \tag{5-16}$$

至此，本章将包含科里奥利与向心力矩阵以及非线性阻尼项的动力定位船运动模型转化为了一类严格反馈非线性系统。

为了后续的控制器和观测器设计，在本小节将给出以下假设。

假设 5.1[136]　考虑式（5-14）和式（5-15）中所给出的非线性函数 $F_C(\boldsymbol{x}_1,\boldsymbol{x}_2)$ 和 $F_D(\boldsymbol{x}_1,\boldsymbol{x}_2)$，则该函数满足如下性质：

$$\| F_D(\boldsymbol{x}_1,\boldsymbol{x}_2) - F_D(\boldsymbol{x}_1,\boldsymbol{y}) \| \leqslant (d_{M_1} + d_{M_2}\| \boldsymbol{x}_2 - \boldsymbol{y} \|)\| \boldsymbol{x}_2 - \boldsymbol{y} \|$$

$$F_C(\boldsymbol{x}_1,\boldsymbol{x}_2)\boldsymbol{y} = F_C(\boldsymbol{x}_1,\boldsymbol{y})\boldsymbol{x}_2 \text{ 且 } \| F_C(\boldsymbol{x}_1,\boldsymbol{x}_2) \| \leqslant F_{C_M}\| \boldsymbol{x}_2 \|$$

其中，d_{M_1}、d_{M_2} 和 F_{C_M} 为未知的正常数。

假设 5.2　取 $d(t) = \boldsymbol{J}\boldsymbol{M}^{-1}\tau_d$，作用在动力定位船上的外部环境干扰是未知、时变并且有界的，即满足如下不等式：

$$\| \boldsymbol{d}(t) \| \leqslant d_M$$

其中，d_M 为未知常数。

假设 5.3　动力定位船的标称控制指令与实际控制输入之间的差异 $\Delta\boldsymbol{\tau}$ 是有界的，即满足如下不等式：

$$\Delta\boldsymbol{\tau} = \| \boldsymbol{\tau} - \mathbf{sat}(\boldsymbol{\tau}) \| \leqslant \sigma$$

其中，σ 为一个已知正常数。

在实际工程中，由于输入饱和发生的时候，系统仍然需要满足可控性，故而期望的控制输入 $\boldsymbol{\tau}$ 和实际的控制输入 $\bar{\boldsymbol{\tau}}$ 的偏差不会过大，因此，可以得到 $\Delta\boldsymbol{\tau}$ 有界。为了满足假设 5.3，可以将参数 σ 设计的足够大[14]。

最后给出本章动力定位船控制器的控制目标：考虑包含了输入饱和约束以及速度不可测约束的动力定位船模型式（5-10）和式（5-11），在假设 5.1～假设 5.3 的条件下，设计控制器使得动力定位船状态 $(x,y,\psi)^{\mathrm{T}}$ 在有限时间内能够跟踪到期望航迹，并且跟踪误差有界。

5.3.2 鲁棒自适应终端滑模输出反馈控制器设计

为了实现上述的控制目标,本章为动力定位船设计了基于有限时间收敛状态观测器的自适应终端滑模输出反馈控制方法,具体来讲,本章的航迹跟踪控制方法设计可以分为四部分:首先,设计了有限时间收敛的辅助系统,在动力定位船所需推力超过推进系统所能提供最大推力的时候,辅助系统迅速产生信号补偿输入饱和约束所带来的性能损失;然后,在状态可测的前提下,基于前述的辅助系统信号为动力定位船设计了自适应终端滑模状态反馈控制器,其中,通过鲁棒自适应补偿项对合成干扰的上界进行估计,避免了滑模控制器设计中对合成干扰上界信息的要求;接着,在考虑外部干扰的情况下,为动力定位船设计了有限时间收敛状态观测器,根据动力定位船的位置和艏向角信息快速估计出船舶运动的速度和角速度信息;最后,结合所设计的自适应终端滑模状态反馈受限控制器和有限时间收敛状态观测器,为动力定位船设计仅依赖位置和艏向角信息的自适应终端滑模输出反馈受限控制器,并且给出了动力定位船不触发饱和约束时的标称鲁棒滑模自适应控制器,实现 5.3.1 小节所给出的控制目标。

5.3.2.1 辅助系统设计

首先,为了处理航迹跟踪的输入饱和约束问题,本小节将基于假设 5.3 为动力定位船设计有限时间收敛的辅助系统。

引理 5.5 构造如下辅助系统[153]:

$$\dot{\boldsymbol{\xi}} = -\boldsymbol{A}\boldsymbol{\xi} - \boldsymbol{B}\boldsymbol{\xi}^{r_0} - \sigma \boldsymbol{G}\,\mathrm{sgn}(\boldsymbol{\xi}) - \boldsymbol{J}\boldsymbol{M}^{-1}\Delta\tau \tag{5-17}$$

其中,$\boldsymbol{\xi}=(\xi_1,\xi_2,\xi_3)^{\mathrm{T}}$ 为辅助系统的状态,$\boldsymbol{A}=\mathrm{diag}\{a_i\}_{3\times3}$、$\boldsymbol{B}=\mathrm{diag}\{b_i\}_{3\times3}$ 为待设计的矩阵,并且满足 $a_i>0$、$b_i>0$,$i=1,2,3$,另外还有 $\mathrm{sgn}(\boldsymbol{\xi})=(\mathrm{sgn}(\xi_1),\mathrm{sgn}(\xi_2),\mathrm{sgn}(\xi_3))^{\mathrm{T}}$,$\boldsymbol{G}=\mathrm{diag}\{\|g_i\|\}_{3\times3}$,$g_i$ 为矩阵 $\boldsymbol{J}\boldsymbol{M}^{-1}$ 中的第 i 行,$r_0\in(0,1)$,则在假设 5.3 的条件下,辅助系统的状态 $\boldsymbol{\xi}$ 在有限时间内收敛于 0。

证明 为辅助系统选择如下形式的 Lyapunov 函数:

$$V_1 = \frac{1}{2}\boldsymbol{\xi}^{\mathrm{T}}\boldsymbol{\xi} \tag{5-18}$$

对上式沿动力定位船系统式(5-10)进行微分可得

$$\begin{aligned}\dot{V}_1 &\leqslant -\lambda_{\min}(\boldsymbol{A})\|\boldsymbol{\xi}\|^2 - \lambda_{\min}(\boldsymbol{B})\|\boldsymbol{\xi}\|^{r_0+1} - \sigma\sum_{i=1}^{3} g_i|\xi_i| - \boldsymbol{\xi}^{\mathrm{T}}\boldsymbol{J}\boldsymbol{M}^{-1}\Delta\tau \\ &\leqslant -2\lambda_{\min}(\boldsymbol{A})V_1 - 2^{\frac{r_0+1}{2}}\lambda_{\min}(\boldsymbol{B})V_1^{\frac{r_0+1}{2}}\end{aligned} \tag{5-19}$$

定义 $\boldsymbol{\xi}$ 的初始状态为 ξ_0，则根据引理 5.2，该辅助系统的状态 $\boldsymbol{\xi}$ 会在有限时间内收敛于 0，并且收敛时间可表述为

$$t_a \leqslant \frac{1}{\lambda_{\min}(\boldsymbol{A})(1-r_1)}\ln\frac{2\lambda_{\min}(\boldsymbol{A})V_1^{\frac{1-r_0}{2}}(\xi_0)+2^{\frac{r_0+1}{2}}\lambda_{\min}(\boldsymbol{B})}{2^{\frac{r_0+1}{2}}\lambda_{\min}(\boldsymbol{B})} \tag{5-20}$$

至此引理 5.5 得证。

5.3.2.2　自适应滑模状态反馈跟踪控制器设计

考虑 5.3.2.1 所设计的辅助系统信号，在本小节假设动力定位船的所有状态可测，为动力定位船设计全状态反馈自适应终端滑模航迹跟踪控制器。首先，设计如下跟踪误差向量：

$$\boldsymbol{z}_1=\boldsymbol{x}_1-\boldsymbol{x}_{1d} \tag{5-21}$$

$$\boldsymbol{z}_2=\boldsymbol{x}_2-\boldsymbol{x}_{2d}-\boldsymbol{\xi} \tag{5-22}$$

其中，$\boldsymbol{x}_{1d}$ 与 $\boldsymbol{x}_{2d}$ 为预设的期望位置和艏向角向量，以及速度和角速度向量。为了方便接下来的描述，在此本章定义向量 $\boldsymbol{z}_1=(z_{11},z_{12},z_{13})^{\mathrm{T}}$，$\boldsymbol{z}_2=(z_{21},z_{22},z_{23})^{\mathrm{T}}$，$\boldsymbol{s}=(s_1,s_2,s_3)^{\mathrm{T}}$，$\boldsymbol{\beta}(z_1)=(\beta(z_{11}),\beta(z_{12}),\beta(z_{13}))^{\mathrm{T}}$。根据所定义的跟踪误差向量，设计如下的滑模面[154]：

$$\boldsymbol{s}=\boldsymbol{z}_2+k\boldsymbol{\beta}(z_1) \tag{5-23}$$

其中，$\beta(z_{1i})=\begin{cases}\mathrm{sig}^{r_1}(z_{1i}) & \bar{s}_i=0\ \text{或}\ \bar{s}_i\neq 0,\ z_{1i}\geqslant\Theta\\ l_{11}z_{1i}+l_{12}\mathrm{sig}^2(z_{1i}) & \bar{s}_i\neq 0,z_{1i}\leqslant\Theta\end{cases}$，$\bar{s}_i=z_{2i}+k\cdot\mathrm{sig}^{r_1}(z_{1i})$，$\mathrm{sig}^{r_1}(z_{1i})=|z_{1i}|^{r_1}\mathrm{sign}(z_{1i})$，$0<r_1<1$，$l_{11}=(2-r)\Theta^{r_1-1}$，$l_{12}=(r-1)\Theta^{r_1-2}$。

因此可得向量 $\boldsymbol{\beta}(z_1)$ 的微分为

$$\dot{\beta}(z_{1i})=\begin{cases}r_1|z_{1i}|^{r_1-1}\dot{z}_{1i} & \bar{s}_i=0\ \text{或}\ \bar{s}_i\neq 0,z_{1i}\geqslant\Theta\\ l_{11}\dot{z}_{1i}+2l_{12}|z_{1i}|\dot{z}_{1i} & \bar{s}_i\neq 0,z_{1i}\leqslant\Theta\end{cases} \tag{5-24}$$

根据所设计的滑模面式(5-22)、辅助系统式(5-17)以及假设 5.2，本节在此设计了如下的自适应终端滑模状态反馈航迹跟踪控制器和自适应律：

$$\boldsymbol{\tau}=\boldsymbol{M}\boldsymbol{J}^{\mathrm{T}}(\tau_{c1}+\tau_{c2}+\tau_{c3}) \tag{5-25}$$

$$\tau_{c1}=-F(x_1,x_2)-k\dot{\boldsymbol{\beta}}(z_1)-\boldsymbol{k}_1\boldsymbol{s}-\boldsymbol{k}_2\mathrm{sig}^{r_1}(\boldsymbol{s})+\dot{\boldsymbol{x}}_{2d} \tag{5-26}$$

$$\boldsymbol{\tau}_{c2}=-\boldsymbol{A}\boldsymbol{\xi}-\boldsymbol{B}\xi^{r_0}-\sigma G\,\mathrm{sgn}(\boldsymbol{\xi}) \tag{5-27}$$

$$\tau_{c3} = -\frac{s}{\| s \|}\hat{d}_M \tag{5-28}$$

$$\dot{\hat{d}}_M = k_d(-\varepsilon_d\hat{d}_M(t) + \| s \|) \tag{5-29}$$

其中,τ_{c1} 为状态反馈控制项,τ_{c2} 为饱和补偿项,τ_{c3} 为鲁棒自适应补偿项,鲁棒自适应补偿项能够补偿未知时变的外界干扰,采用该方法可以避免滑模控制对合成干扰上界信息的需求,不仅降低了设计过高干扰上界带来的保守性问题,还能够有效地减弱由此产生的抖振。

为了证明控制器式(5-25)的有限时间收敛性,本节将分为三个部分进行论证:首先,本节将证明动力定位船控制闭环系统的一致最终有界,从而保证自适应律的估计误差始终有界,并且保证动力定位船的跟踪误差始终有界;然后,基于自适应方法估计误差始终有界的结论,证明滑模面能够在有限时间内收敛于原点附近的区域内;最后,本节将证明船舶位置和艏向角将在有限时间内跟踪至期望航迹附近的小区域内。

定理 5.1 考虑动力定位船控制系统式(5-12)和式(5-13),设计自适应终端滑模航迹跟踪控制器式(5-25)和自适应律式(5-29)可以保证闭环系统状态 s 和 $\tilde{d}_M$ 是一致最终有界的,其中 $\tilde{d}_M = d_M - \hat{d}_M$。

证明 为动力定位船闭环控制系统选取如下形式的 Lyapunov 函数:

$$V_2 = \frac{1}{2}s^{\mathrm{T}}s + \frac{1}{2k_d}\tilde{d}_M^{\,2} \tag{5-30}$$

对 V_2 微分可得

$$\begin{aligned}\dot{V}_2 &= s^{\mathrm{T}}\dot{s} + \frac{1}{k_d}\tilde{d}_M\dot{\tilde{d}}_M \\ &= s^{\mathrm{T}}(\dot{z}_2 + k\cdot\dot{\beta}(z_1)) - \tilde{d}_M\dot{\hat{d}}_M \\ &= s^{\mathrm{T}}\Big(F(x_1,x_2) + \sum_{i=1}^{3}\boldsymbol{\tau}_i + \boldsymbol{d}(t) - \dot{\boldsymbol{x}}_{2d} + \boldsymbol{A\xi} + \boldsymbol{B}\xi^{r_0} \\ &\quad + \sigma\boldsymbol{G}\,\mathrm{sgn}(\boldsymbol{\xi}) + k\cdot\dot{\beta}(z_1)\Big) - \| c \|\tilde{d}_M + \varepsilon_d\hat{d}_M\tilde{d}_M\end{aligned} \tag{5-31}$$

将控制器式(5-25)代入上式可得

$$\begin{aligned}\dot{V}_2 &\leqslant -\lambda_{\min}(\boldsymbol{k}_1)\ \|\boldsymbol{s}\|^2 - \lambda_{\min}(\boldsymbol{k}_2)\sum_{i=1}^{3}|s_i|^{r_1+1} + \varepsilon_d\hat{d}_M\widetilde{d}_M \\ &\leqslant -\lambda_{\min}(\boldsymbol{k}_1)\ \|\boldsymbol{s}\|^2 + \varepsilon_d\widetilde{d}_M(d_M - \widetilde{d}_M)\end{aligned} \tag{5-32}$$

根据 Young 不等式可得

$$\varepsilon_d\widetilde{d}_M d_M \leqslant \frac{1}{2}\varepsilon_d\widetilde{d}^2{}_M + \frac{1}{2}\varepsilon_d d_M^2 \tag{5-33}$$

因此关于 $\dot{V}_2$ 的不等式可以重新写为

$$\begin{aligned}\dot{V}_2 &\leqslant -\lambda_{\min}(\boldsymbol{k}_1)\ \|\boldsymbol{s}\|^2 - \frac{1}{2k_d}k_d\varepsilon_d\widetilde{d}_M^2 + \frac{1}{2}\varepsilon_d d_M^2 \\ &\leqslant -\alpha_1 V_2 + \beta_1\end{aligned} \tag{5-34}$$

其中，$\alpha_1=\min\{2\lambda_{\min}(\boldsymbol{k}_1),k_d\varepsilon_d\}$，$\beta_1=\frac{1}{2}\varepsilon_d d^2{}_M$，根据文献[155]中所给出的有界定理，在此可以得到所设计控制器和自适应律能够保证动力定位船闭环控制系统内的 s 和 $\widetilde{d}_M$ 是一致最终有界的。

至此定理 5.1 得证。

根据定理 5.1，可以得到结论：存在一个正数 $\bar{d}_M$，使得 $\bar{d}_M \geqslant \widetilde{d}_M$，接下来，本小节将应用该结论证明滑模面能够在有限时间内收敛于原点附近的小区域内，在此给出如下定理。

定理 5.2　考虑动力定位船控制系统式(5-12)和式(5-13)，设计自适应终端滑模航迹跟踪控制器式(5-25)和自适应律式(5-29)可以保证滑模面在有限时间内收敛于原点附近的小区域。

证明　为动力定位船闭环控制系统选取如下形式的 Lyapunov 函数：

$$V_3 = \frac{1}{2}\boldsymbol{s}^{\mathrm{T}}\boldsymbol{s} \tag{5-35}$$

对 V_3 进行微分可得

$$
\begin{aligned}
\dot{V}_3 &\leqslant -\lambda_{\min}(\boldsymbol{k}_1)\ \|\boldsymbol{s}\|^2 - \lambda_{\min}(\boldsymbol{k}_2)\sum_{i=1}^{3}|s_i|^{r_1+1} + \|\boldsymbol{s}\|\bar{d}_M \\
&\leqslant -\lambda_{\min}(\boldsymbol{k}_1)\ \|\boldsymbol{s}\|^2 - \lambda_{\min}(\boldsymbol{k}_2)\sum_{i=1}^{3}|s_i|^{r_1+1} + \frac{1}{2}\|\boldsymbol{s}\|^2 + \frac{1}{2}\bar{d}^2{}_M \\
&\leqslant -\left(\lambda_{\min}(\boldsymbol{k}_1) - \frac{1}{2}\right)\|\boldsymbol{s}\|^2 - \left(2^{\frac{r_1+1}{2}}\lambda_{\min}(\boldsymbol{k}_2) - \frac{\bar{d}^2{}_M}{2V_3^{\frac{r_1+1}{2}}}\right)V_3^{\frac{r_1+1}{2}}
\end{aligned}
\tag{5-36}
$$

根据引理 5.2 可知，如果控制参数选取满足 $\left(\lambda_{\min}(\boldsymbol{k}_1)-\frac{1}{2}\right)>0$，$V_3$ 将会在有限时间内收敛于 $V_3\leqslant\frac{1}{2}\left(\frac{\bar{d}^2{}_M}{2\lambda_{\min}(\boldsymbol{k}_2)}\right)^{\frac{2}{r_1+1}}$，即滑模面 $\boldsymbol{s}$ 能够在有限时间内收敛于 $\|\boldsymbol{s}\|\leqslant\left(\frac{\bar{d}^2{}_M}{2\lambda_{\min}(\boldsymbol{k}_2)}\right)^{\frac{1}{r_1+1}}$。

至此定理 5.2 得证。

最后，结合 5.3.2.1 中的辅助系统和 5.3.2.2 中的自适应律，考虑整个动力定位船闭环控制系统，进一步证明所设计的自适应滑模受限控制器能够保证动力定位船在有限时间内收敛于期望航迹附近的小区域内。

定理 5.3　考虑动力定位船式(5-12)和式(5-13)，设计自适应终端滑模控制器式(5-25)、辅助系统式(5-17)和自适应律式(5-29)，通过选取合适参数，能够保证动力定位船位置和艏向角在有限时间内跟踪至期望航迹附近的小区域内。

证明　在此，本节选取 Lyapunov 函数 $V_4=V_1+V_2$，结合引理 5.5 和定理 5.1 的结果对 V_4 进行微分计算可得

$$
\begin{aligned}
\dot{V}_4 \leqslant & -\lambda_{\min}(\boldsymbol{k}_1)\ \|\boldsymbol{s}\|^2 - \lambda_{\min}(\boldsymbol{k}_2)\sum_{i=1}^{3}|s_i|^{r_1+1} + \varepsilon_d\hat{d}_M\tilde{d}_M \\
& -\lambda_{\min}(\boldsymbol{A})\ \|\boldsymbol{\xi}\|^2 - \lambda_{\min}(\boldsymbol{B})\ \|\boldsymbol{\xi}\|^{r_0+1}
\end{aligned}
\tag{5-37}
$$

设一个常数 $\delta_d > \frac{1}{2}$，则可以得到以下不等式成立：

$$\begin{aligned}\varepsilon_d \tilde{d}_M \hat{d}_M &= \varepsilon_d \tilde{d}_M (d_M - \tilde{d}_M) \\ &\leqslant \varepsilon_d \left(- \tilde{d}_M^2 + \frac{1}{2\delta_d} \tilde{d}_M^2 + \frac{\delta_d}{2} d_M^2 \right) \\ &= \frac{-\varepsilon_d (2\delta_d - 1)}{2\delta_d} \tilde{d}_M^2 + \frac{\varepsilon_d \delta_d}{2} d_M^2 \end{aligned} \tag{5-38}$$

因此，不等式(5-37)可以重新写成如下形式：

$$\begin{aligned}\dot{V}_4 \leqslant & - \lambda_{\min}(\boldsymbol{k}_2) \sum_{i=1}^{3} |s_i|^{r_1+1} - \lambda_{\min}(\boldsymbol{B}) \|\boldsymbol{\xi}\|^{r_0+1} \\ & - \frac{\varepsilon_d (2\delta_d - 1)}{2\delta_d} \tilde{d}_M^2 + \frac{\varepsilon_d \delta_d}{2} d_M^2 \end{aligned} \tag{5-39}$$

在此定义 $r_c = \min\{r_0, r_1\}$，$\sigma_{\min} = \{\lambda_{\min}(\boldsymbol{k}_2), \lambda_{\min}(\boldsymbol{B})\}$ 则上式可以进一步的写成：

$$\begin{aligned}\dot{V}_4 \leqslant & - \lambda_{\min}(\boldsymbol{k}_2) \sum_{i=1}^{3} |s_i|^{r_c+1} - \lambda_{\min}(\boldsymbol{B}) \|\boldsymbol{\xi}\|^{r_c+1} + \varepsilon_d \hat{d}_M \tilde{d}_M \\ \leqslant & - \lambda_{\min}(\boldsymbol{k}_2) \sum_{i=1}^{3} |s_i|^{r_c+1} - \lambda_{\min}(\boldsymbol{B}) \|\boldsymbol{\xi}\|^{r_c+1} - \left(\frac{\varepsilon_d (2\delta_d - 1)}{2\delta_d} \tilde{d}_M^2 \right)^{\frac{r_c+1}{2}} \\ & + \left(\frac{\varepsilon_d (2\delta_d - 1)}{2\delta_d} \tilde{d}_M^2 \right)^{\frac{r_c+1}{2}} + \varepsilon_d \hat{d}_M \tilde{d}_M \\ \leqslant & - \gamma_0 \left(\left(\frac{1}{2} \boldsymbol{s}^{\mathrm{T}} \boldsymbol{s} \right)^{\frac{r_c+1}{2}} + \left(\frac{1}{2} \boldsymbol{\xi}^{\mathrm{T}} \boldsymbol{\xi} \right)^{\frac{r_c+1}{2}} + \left(\frac{1}{2k_d} \tilde{d}_M^2 \right)^{\frac{r_c+1}{2}} \right) \\ & + \left(\frac{\varepsilon_d (2\delta_d - 1)}{2\delta_d} \tilde{d}_M^2 \right)^{\frac{r_c+1}{2}} + \varepsilon_d \hat{d}_M \tilde{d}_M \\ \leqslant & - \gamma_0 V_4^{\frac{r_c+1}{2}} + \left(\frac{\varepsilon_d (2\delta_d - 1)}{2\delta_d} \tilde{d}_M^2 \right)^{\frac{r_c+1}{2}} + \varepsilon_d \hat{d}_M \tilde{d}_M \end{aligned} \tag{5-40}$$

其中，$k_d = \frac{\delta_d \gamma^{\frac{2}{r_c+1}}}{\varepsilon_d (2\delta_d - 1)}$，$\gamma_0 = 2^{\frac{r_c+1}{2}} \sigma_{\min}$。

由于 $0<r_c<1, \delta_d>\frac{1}{2}$，接下来进行分类讨论分析。

若 $\frac{\varepsilon_d(2\delta_d-1)}{2\delta_d}\tilde{d}^2_M>1$，代入上式则有

$$\begin{aligned}\dot{V}_4 &\leqslant -\gamma_0 V_4^{\frac{r_c+1}{2}}+\left(\frac{\varepsilon_d(2\delta_d-1)}{2\delta_d}\tilde{d}_M^2\right)^{\frac{r_c+1}{2}}+\varepsilon_d\hat{d}_M\tilde{d}_M \\ &\leqslant -\gamma_0 V_4^{\frac{r_c+1}{2}}+\frac{\varepsilon_d(2\delta_d-1)}{2\delta_d}\tilde{d}_M^2+\varepsilon_d\hat{d}_M\tilde{d}_M \\ &\leqslant -\gamma_0 V_4^{\frac{r_c+1}{2}}+\frac{\varepsilon_d\delta_d}{2}d_M^2\end{aligned} \tag{5-41}$$

若 $\frac{\varepsilon_d(2\delta_d-1)}{2\delta_d}\tilde{d}_M^2\leqslant 1$，则有

$$\begin{aligned}&\left(\frac{\varepsilon_d(2\delta_d-1)}{2\delta_d}\tilde{d}_M^2\right)^{\frac{r_c+1}{2}}\Bigg|_{\frac{\varepsilon_d(2\delta_d-1)}{2\delta_d}\tilde{d}_M^2\leqslant 1} \\ \leqslant &\left(\frac{\varepsilon_d(2\delta_d-1)}{2\delta_d}\tilde{d}_M^2\right)^{\frac{r_c+1}{2}}\Bigg|_{\frac{\varepsilon_d(2\delta_d-1)}{2\delta_d}\tilde{d}_M^2>1}\end{aligned} \tag{5-42}$$

则类似于式(5-41)可得

$$\dot{V}_4\leqslant -\gamma_0 V_4^{\frac{r_c+1}{2}}+\frac{\varepsilon_d\delta_d}{2}d_M^2 \tag{5-43}$$

综合式(5-41)和式(5-43)可得，Lyapunov 函数 V_4 的微分满足如下不等式关系：

$$\dot{V}_4\leqslant -\gamma_0 V_4^{\frac{r_c+1}{2}}+\frac{\varepsilon_d\delta_d}{2}d_M^2 \tag{5-44}$$

根据引理 5.3 可得，定理 5.3 得证。

至此，本节得到了动力定位船控制系统自适应终端滑模状态反馈航迹跟踪控制器的设计结果。

5.3.2.3　有限时间收敛状态观测器设计

5.3.2.2 小节所设计的自适应终端滑模控制器能够在所有状态可测的情况下保证动力定位船在有限时间内对期望航迹进行跟踪控制，但是在实际工程中，动力

定位船的速度信息通常难以通过传感器精确获得。本节将为动力定位船设计有限时间收敛状态观测器,根据船舶的位置和艏向角信息能够在有限时间内估计出船舶的速度和角速度信息,受文献[156]启发,在此给出如下定理:

定理 5.4 考虑动力定位船系统式(5-12)和式(5-13),设计如下形式的有限时间收敛状态观测器:

$$\dot{\hat{x}}_1 = \hat{x}_2 - \boldsymbol{L}_1 \mathrm{sig}(\hat{x}_1 - x_1)^{\frac{r_2+1}{2}} \tag{5-45}$$

$$\dot{\hat{x}}_2 = F(x_1, \hat{x}_2) + \boldsymbol{J}(\psi)\boldsymbol{M}^{-1}\boldsymbol{\tau} - \boldsymbol{L}_2 \mathrm{sig}(\hat{x}_1 - x_1)^{r_2} \tag{5-46}$$

其中,$0<r_2<1$ 为待设计的参数,$\boldsymbol{L}_1=\mathrm{diag}\{l_i\}$、$\boldsymbol{L}_2=\mathrm{diag}\{l_i\}$,$i=1,2,3$,为待设计的观测器矩阵。根据动力定位船运动模型,本节所设计的有限时间收敛状态观测器的误差系统可以写为

$$\dot{\tilde{x}}_1 = \tilde{x}_2 - \boldsymbol{L}_1 \mathrm{sig}(\tilde{x}_1)^{\frac{r_2+1}{2}} \tag{5-47}$$

$$\dot{\tilde{x}}_2 = F(x_1, \hat{x}_2)\hat{x}_2 - F(x_1, x_2)x_2 - d(t) - \boldsymbol{L}_2 \mathrm{sig}(\tilde{x}_1)^{r_2} \tag{5-48}$$

其中,估计误差定义为 $\tilde{x}_1=\hat{x}_1-x_1$、$\tilde{x}_2=\hat{x}_2-x_2$,那么通过选取合适的参数,能够保证误差系统式(5-47)和式(5-48)在有限时间内收敛于原点附近足够小的区域内。

证明 首先,根据假设 5.1 可以得到一个关于 $F(x_1,x_2)x_2-F(x_1,\hat{x}_2)\hat{x}_2$ 的一个性质。根据假设 5.1 可得:

$$\begin{aligned} F_C(x_1,x_2)x_2 - F_C(x_1,\hat{x}_2)\hat{x}_2 &= F_C(x_1,x_2)x_2 - F_C(x_1,x_2)\hat{x}_2 \\ &\quad + F_C(x_1,x_2)\hat{x}_2 - F_C(x_1,\hat{x}_2)\hat{x}_2 \\ &= 2F_C(x_1,x_2)\tilde{x}_2 - F_C(x_1,\tilde{x}_2)\tilde{x}_2 \end{aligned} \tag{5-49}$$

又根据假设 5.1 以及文献[59]、[136]可以得到如下不等式成立:

$$\| F_C(x_1,x_2)x_2 - F_C(x_1,\hat{x}_2)\hat{x}_2 \| \leqslant 2F_{CM_1}\|\tilde{\boldsymbol{x}}_2\| + F_{CM_2}\|\tilde{\boldsymbol{x}}_2\|^2 \tag{5-50}$$

其中,F_{CM1} 和 F_{CM2} 是未知的正常数,此外,根据假设 5.1 可得

$$\begin{aligned} \| F_D(x_1,x_2) - F_D(x_1,\hat{x}_2) \| &\leqslant (d_{M_1} + d_{M_2}\|\boldsymbol{x}_2 - \hat{\boldsymbol{x}}_2\|)\|\boldsymbol{x}_2 - \hat{\boldsymbol{x}}_2\| \\ &= d_{M_1}\|\tilde{\boldsymbol{x}}_2\| + d_{M_2}\|\tilde{\boldsymbol{x}}_2\|^2 \end{aligned} \tag{5-51}$$

综合不等式(5-50)与(5-51),代入式(5-49)可得:

$$\begin{aligned}&\| F(x_1,x_2)x_2-F(x_1,\hat{x}_2)\hat{x}_2\| \\ &\leqslant \| F_C(x_1,x_2)x_2-F_C(x_1,\hat{x}_2)\hat{x}_2\| + \| F_D(x_1,x_2)-F_D(x_1,\hat{x}_2)\| \\ &\leqslant 2F_{CM_1}\|\tilde{\boldsymbol{x}}_2\| + F_{CM_2}\|\tilde{\boldsymbol{x}}_2\|^2 + d_{M_1}\|\tilde{\boldsymbol{x}}_2\| + d_{M_2}\|\tilde{\boldsymbol{x}}_2\|^2 \\ &=\bar{d}_{M_1}\|\tilde{\boldsymbol{x}}_2\| + \bar{d}_{M_2}\|\tilde{\boldsymbol{x}}_2\|^2\end{aligned} \tag{5-52}$$

其中,$\bar{d}_{M_1}=2F_{CM_1}+d_{M_1}$,$\bar{d}_{M_2}=F_{CM_2}+d_{M_2}$ 均为未知的正常数。接下来,本小节将证明所设计的有限时间收敛状态观测器能够保证观测器误差系统在有限时间内收敛至任意小的区间内,为此,考虑观测器误差系统式(5-47)和式(5-48),构造如下的 Lyapunov 函数:

$$V_5=\tilde{\boldsymbol{X}}^{\mathrm{T}}\boldsymbol{P}\tilde{\boldsymbol{X}} \tag{5-53}$$

其中,误差状态向量 $\tilde{\boldsymbol{X}}=((\mathrm{sig}(\tilde{x}_1)^{\frac{r_2+1}{2}})^{\mathrm{T}},\tilde{x}_2^{\mathrm{T}})^{\mathrm{T}}$,$\boldsymbol{P}=\begin{pmatrix}p_{11}\otimes I_3 & p_{12}\otimes I_3\\ p_{12}\otimes I_3 & p_{22}\otimes I_3\end{pmatrix}$,其中矩阵 $\boldsymbol{P}$ 满足 $p_{11}>0$,$p_{11}p_{22}-p_{12}^2>0$,对状态观测器误差系统的 Lyapunov 函数进行微分可得:

$$\begin{aligned}\dot{V}_5&=\begin{pmatrix}\mathrm{sig}(\tilde{x}_1)^{\frac{r_2+1}{2}}\\ \tilde{x}_2\end{pmatrix}^{\mathrm{T}}\boldsymbol{P}\begin{pmatrix}\dfrac{r_2+1}{2}|\tilde{x}_1|^{\frac{r_2-1}{2}}\dot{\tilde{x}}_1\\ \dot{\tilde{x}}_2\end{pmatrix}\\ &=\begin{pmatrix}\mathrm{sig}(\tilde{x}_1)^{\frac{r_2+1}{2}}\\ \tilde{x}_2\end{pmatrix}^{\mathrm{T}}\begin{pmatrix}p_{11}\otimes I_3 & p_{12}\otimes I_3\\ p_{12}\otimes I_3 & p_{22}\otimes I_3\end{pmatrix}\\ &\quad\cdot\begin{pmatrix}\dfrac{r_2+1}{2}\mathrm{diag}(|\tilde{x}_1|^{\frac{r_2-1}{2}})(\tilde{x}_2-\boldsymbol{L}_1\mathrm{sig}(\tilde{x}_1)^{\frac{r_2+1}{2}})\\ F(x_1,\hat{x}_2)\hat{x}_2-F(x_1,x_2)x_2-d(t)-\boldsymbol{L}_2\mathrm{sig}(\tilde{x}_1)^{r_2}\end{pmatrix}\end{aligned} \tag{5-54}$$

其中，$\mathrm{diag}(|\tilde{x}_1|^{\frac{r_2-1}{2}})=\begin{pmatrix}|\tilde{x}_{11}|^{\frac{r_2-1}{2}} & 0 & 0\\ 0 & |\tilde{x}_{12}|^{\frac{r_2-1}{2}} & 0\\ 0 & 0 & |\tilde{x}_{13}|^{\frac{r_2-1}{2}}\end{pmatrix}$，$\lambda_{\min}(\boldsymbol{L}_1)$、$\lambda_{\min}(\boldsymbol{L}_2)$ 为 $\boldsymbol{L}_1$、$\boldsymbol{L}_2$ 最小的特征值，又根据符号函数 sig(·)的定义，可以得到如下等式成立：

$$
\begin{aligned}
\mathrm{sig}(\tilde{x}_1)^{r_2} &= |\tilde{x}_1|^{r_2}\mathrm{sgn}(\tilde{x}_1)=|\tilde{x}_1|^{\frac{r_2-1}{2}}|\tilde{x}_1|^{\frac{r_2+1}{2}}\mathrm{sgn}(\tilde{x}_1)\\
&=|\tilde{x}_1|^{\frac{r_2-1}{2}}\mathrm{sig}(\tilde{x}_1)^{\frac{r_2+1}{2}}
\end{aligned}
\tag{5-55}
$$

结合状态观测器误差系统中误差状态的微分关系以及不等式关系式(5-52)，则 $\dot{V}_5$ 可以重新写为

$$
\begin{aligned}
\dot{V}_5 \leqslant &-\sum_{i=1}^{3}|\tilde{x}_{1i}|^{\frac{r_2-1}{2}}\begin{pmatrix}\mathrm{sig}(\tilde{x}_{1i})^{\frac{r_2+1}{2}} & \tilde{x}_{2i}\end{pmatrix}^{\mathrm{T}}Q\begin{pmatrix}\mathrm{sig}(\tilde{x}_{1i})^{\frac{r_2+1}{2}}\\ \tilde{x}_{2i}\end{pmatrix}\\
&+p_M\|\tilde{\boldsymbol{X}}\|(\bar{d}_{M_1}\|\tilde{\boldsymbol{x}}_2\|+\bar{d}_{M_2}\|\tilde{\boldsymbol{x}}_2\|^2)+d_Mp_M\|\tilde{\boldsymbol{X}}\|
\end{aligned}
\tag{5-56}
$$

其中，定义 $p_M=\max(p_{12},p_{22})$，$Q_{11}=\dfrac{r_2+1}{2}\lambda_{\min}(\boldsymbol{L}_1)p_{11}+\lambda_{\min}(\boldsymbol{L}_2)p_{12}$，$Q_{22}=-\dfrac{r_2+1}{2}p_{12}$，

$Q_{12}=Q_{21}=\dfrac{r_2+1}{4}\lambda_{\min}(\boldsymbol{L}_1)p_{12}+\dfrac{1}{2}\lambda_{\min}(\boldsymbol{L}_2)p_{22}-\dfrac{r_2+1}{4}p_{11}$，$\bar{Q}=\begin{pmatrix}Q_{11}\otimes I_3 & Q_{12}\otimes I_3\\ Q_{21}\otimes I_3 & Q_{22}\otimes I_3\end{pmatrix}$，

$Q=\begin{pmatrix}Q_{11} & Q_{12}\\ Q_{21} & Q_{22}\end{pmatrix}$。

又根据 Lyapunov 函数 V_5 的定义可知：

$$
\frac{1}{2}\lambda_{\min}(\boldsymbol{P})\ \|\tilde{\boldsymbol{X}}\|^2\leqslant V_5\leqslant\frac{1}{2}\lambda_{\max}(\boldsymbol{P})\ \|\tilde{\boldsymbol{X}}\|^2 \tag{5-57}
$$

由上式可得

$$
\frac{V_5^{\frac{1}{2}}}{\sqrt{\lambda_{\max}(\boldsymbol{P})/2}}\leqslant\|\tilde{\boldsymbol{X}}\|\leqslant\frac{V_5^{\frac{1}{2}}}{\sqrt{\lambda_{\min}(\boldsymbol{P})/2}} \tag{5-58}
$$

根据 V_5 的定义以及 $0<r_2<1$ 可得以下不等式成立：

$$\|\tilde{x}_1\|^{\frac{1}{2}} \leqslant \sqrt{2/\lambda_{\min}(\boldsymbol{P})}\, V_5^{\frac{1}{2}} \tag{5-59}$$

$$\|\tilde{x}_2\| \leqslant \sqrt{2/\lambda_{\min}(\boldsymbol{P})}\, V_5^{\frac{1}{2}} \tag{5-60}$$

$$\|\tilde{x}_1\|^{\frac{r_2-1}{2}} \geqslant (2/\lambda_{\min}(\boldsymbol{P}))^{\frac{r_2-1}{2}} V_5^{\frac{r_2-1}{2}} \tag{5-61}$$

综合以上不等式可得 $\dot{V}_5$ 满足如下不等式关系：

$$\begin{aligned}\dot{V}_5 \leqslant& -(2/\lambda_{\min}(\boldsymbol{P}))^{\frac{r_2-1}{2}} V_5^{\frac{r_2-1}{2}} \lambda_{\min}(Q)\|\widetilde{\boldsymbol{X}}\|^2 + \bar{d}_{M_1} p_M \|\widetilde{\boldsymbol{X}}\|^2 \\ &+ \bar{d}_{M_2} p_M \|\widetilde{\boldsymbol{X}}\|^3 + \bar{d}_M p_M \|\widetilde{\boldsymbol{X}}\| \\ \leqslant& -\lambda_{\min}(Q)(2/\lambda_{\min}(\boldsymbol{P}))^{\frac{r_2+1}{2}} V_5^{\frac{r_2+1}{2}} + \bar{d}_{M_1} p_M \left(\frac{\lambda_{\min}(\boldsymbol{P})}{2}\right)^{-1} V_5 \\ &+ \bar{d}_{M_2} p_M \left(\frac{\lambda_{\min}(\boldsymbol{P})}{2}\right)^{-\frac{3}{2}} V_5^{\frac{3}{2}} + \bar{d}_{M_2} p_M \left(\frac{\lambda_{\min}(\boldsymbol{P})}{2}\right)^{-\frac{1}{2}} V_5^{\frac{1}{2}}\end{aligned} \tag{5-62}$$

在此作如下定义：$\gamma_1 = \lambda_{\min}(Q)(2/\lambda_{\min}(\boldsymbol{P}))^{\frac{r_2+1}{2}}$，$\gamma_2 = \bar{d}_{M_1} p_M \left(\frac{\lambda_{\min}(\boldsymbol{P})}{2}\right)^{-1}$，$\gamma_3 = \bar{d}_{M_2} p_M \left(\frac{\lambda_{\min}(\boldsymbol{P})}{2}\right)^{-\frac{3}{2}}$，$\gamma_4 = \bar{d}_M p_M \left(\frac{\lambda_{\min}(\boldsymbol{P})}{2}\right)^{-\frac{1}{2}}$，则不等式(5-62)可以重新写为

$$\dot{V}_5 \leqslant -\gamma_1 V_5^{\frac{r_2+1}{2}} + \gamma_2 V_5 + \gamma_3 V_5^{\frac{3}{2}} + \gamma_4 V_5^{\frac{1}{2}} \tag{5-63}$$

因为 $0<r_2<1$，所以 $r_2+1<2$，即 $\frac{1}{2}<\frac{r_2+1}{2}<1$，根据引理 5.1 和引理 5.4，任取 $\theta \in (0,\gamma_1)$，则上式可写为

$$\dot{V}_5 \leqslant -(\gamma_1-\theta) V_5^{\frac{r_2+1}{2}} - \theta V_5^{\frac{1}{2}} \left(V_5^{\frac{r_2}{2}} - \frac{\gamma_2 V_5^{\frac{1}{2}} + \gamma_3 V_5 + \gamma_4}{\theta}\right) \tag{5-64}$$

在此首先定义 $V_5^{\frac{r_2+1}{2}} - \frac{\gamma_2 V_5^{\frac{1}{2}} + \gamma_3 V_5 + \gamma_4}{\theta} > 0$ 时，$X \in \boldsymbol{\Omega}_1$，定义 V_5 的初始值为 $V_5(0)$，根据引理 5.1 和引理 5.4 可知，取 $X \in \boldsymbol{\Omega}_1$，有限时间收敛状态观测器估计误差系统和可以在有限时间内收敛于原点附近足够小的区域内，并且驻留时间可以描述为

$$T_o = \frac{V_5(0)^{\frac{1-r_2}{2}}}{(\gamma_1 - \theta)\left(\frac{1 - r_2}{2}\right)} \tag{5-65}$$

定理5.4得证。

至此,定理5.4给出了严格反馈形式下动力定位船有限时间收敛状态观测器的设计方法,根据$x_1=\boldsymbol{\eta}, x_2=\boldsymbol{J}(\psi)\boldsymbol{v}$的关系,由于艏向角$\psi$已知,因此可以得到对速度和角速度的估计值为$\hat{\boldsymbol{v}}=\boldsymbol{J}^{-1}(\psi)\hat{x}_2$,这样就得到动力定位船速度向量的估计值。

由有限时间收敛状态观测器式(5-45)和式(5-46)的形式可知,定理5.4中所给出的状态观测器是连续的,相对于文献[157]中所给出的自适应滑模观测器,本节所设计的状态观测器不包含不连续项,有效地降低了滑模观测器中的抖振问题,相对于文献[59]中的有限时间收敛扩张状态观测器,本节所设计的状态观测器不需要对动力定位船所受到的外界干扰进行估计,只需要假设外界干扰有界,对海洋环境干扰具有更好的鲁棒性。

5.3.2.4　自适应滑模输出反馈跟踪控制器设计

在本小节,结合5.3.2.1中所设计的辅助系统、5.3.3.2中所设计的状态反馈自适应终端滑模航迹跟踪控制器和5.3.2.3中所设计的有限时间收敛状态观测器,在此将给出输入饱和约束以及速度不可测约束下动力定位船自适应终端滑模输出反馈航迹跟踪控制器的设计方法。首先,根据以上结果,重新定义滑模面为如下形式:

$$\hat{s} = \hat{z}_2 + \hat{k}\beta(\hat{z}_1) \tag{5-66}$$

其中,将滑模面式(5-23)中的船舶运动状态x_1、x_2替换为状态观测器的估计值$\hat{x}_1$、$\hat{x}_2$,即为输出反馈控制中所需要的滑模面$\hat{s}$。在此,为动力定位船设计如下形式的自适应终端滑模输出反馈航迹跟踪控制器以及自适应律:

$$\hat{\boldsymbol{\tau}} = \boldsymbol{M}\boldsymbol{J}^{\mathrm{T}}(\hat{\tau}_{c1} + \hat{\tau}_{c2} + \hat{\tau}_{c3}) \tag{5-67}$$

$$\hat{\tau}_{c1} = -F(x_1, \hat{x}_2) - k\dot{\beta}(\hat{z}_1) - k_1\hat{s} - k_2\mathrm{sig}^{r_1}(\hat{s}) + \dot{x}_{2d} \tag{5-68}$$

$$\hat{\tau}_{c2} = -\boldsymbol{A}\boldsymbol{\xi} - \boldsymbol{B}\boldsymbol{\xi}^{r_0} - \sigma G\,\mathrm{sgn}(\boldsymbol{\xi}) \tag{5-69}$$

$$\hat{\tau}_{c3} = -\frac{\hat{s}}{\|\hat{s}\|}\hat{d}_M \tag{5-70}$$

$$\dot{\hat{d}}_M = k_d(-\varepsilon_d \hat{d}_M(t) + \|\hat{s}\|) \tag{5-71}$$

下面将根据引理 5.5 以及定理 5.1～定理 5.4 给出动力定位船自适应终端滑模输出反馈控制器的设计方法。

定理 5.5 考虑动力定位船系统式(5-12)和式(5-13),设计辅助系统式(5-17)、状态观测器系统式(5-45)和式(5-46)、滑模面式(5-66)、自适应终端滑模控制器式(5-67)以及自适应律式(5-71),设计合适的参数,能够保证动力定位船在有限时间内收敛于期望位置附近足够小的邻域内。

证明 为闭环系统选择 Lyapunov 函数 $V_6=V_4+V_5$,结合定理 5.3 和定理 5.4,对 V_6微分可得

$$\dot{V}_6 \leqslant -\gamma_0 V_4^{\frac{r_c+1}{2}} + \frac{\varepsilon_d \delta_d}{2} d_M^2 - \gamma_1 V_5^{\frac{r_2+1}{2}} + (\gamma_2 V_5^{\frac{1}{2}} + \gamma_3 V_5 + \gamma_4) V_5^{\frac{1}{2}} \tag{5-72}$$

当 $X \in \boldsymbol{\Omega}_1$ 的时候,任取 $\theta \in (0,\gamma_1)$,根据定理 5.4,以上不等式可重新写为

$$\dot{V}_6 \leqslant -\gamma_0 V_4^{\frac{r_c+1}{2}} + \frac{\varepsilon_d \delta_d}{2} d_M^2 - (\gamma_1 - \theta) V_5^{\frac{r_2+1}{2}} \tag{5-73}$$

为了描述方便,在此作如下定义:$\gamma_5 = \min\{\gamma_0, \gamma_1-\theta\}$,$r_3 = \min\left\{\frac{r_c+1}{2}, \frac{r_2+1}{2}\right\}$,$\Delta = \frac{\varepsilon_d \delta_d}{2} d_M^2$,则可重新写为

$$\dot{V}_6 \leqslant -\gamma_4 V_6^{r_3} + \Delta \tag{5-74}$$

根据引理 5.3 可知定理 5.5 得证。

在基于辅助系统和抗干扰补偿器的动力定位船航迹跟踪控制方法设计中,需要不考虑动力定位船的控制输入饱和约束设计标称控制器,这样能够充分发挥控制器的跟踪性能。而在动力定位船航迹跟踪作业中,一般仅在跟踪初始阶段由于初始跟踪误差较大会触发输入饱和的物理约束问题,具有时间短、不光滑的特点,因此采用上述方法处理动力定位船控制输入饱和约束时,标称航迹跟踪控制器对于动力定位船的稳态跟踪性能是十分重要的。考虑本章所设计的动力定位船控制方法,在不考虑控制输入饱和约束时,辅助系统的输出信号为零,因此标称自适应滑模输出反馈控制方法可以描述为以下形式:

$$\bar{\tau} = \boldsymbol{M}\boldsymbol{J}^{\mathrm{T}}(\bar{\tau}_{c1} + \bar{\tau}_{c3}) \tag{5-75}$$

$$\bar{\tau}_{c1} = -F(x_1, \hat{x}_2) - k\dot{\beta}(\hat{z}_1) - k_1\hat{s} - k_2\mathrm{sig}^{r_1}(\hat{s}) + \dot{\boldsymbol{x}}_{2d} \tag{5-76}$$

$$\bar{\tau}_{c3} = -\frac{\hat{s}}{\|\hat{s}\|}\hat{d}_M \tag{5-77}$$

$$\dot{\hat{d}}_M = k_d(-\varepsilon_d\hat{d}_M(t) + \|\hat{s}\|) \tag{5-78}$$

其中,速度跟踪误差向量转化为 $z_2 = \boldsymbol{x}_2 - \boldsymbol{x}_{2d}$。需要注意的是,本章为动力定位船所设计的标称自适应滑模输出反馈控制器是一种连续有限时间收敛的控制方法,能够有效消除传统滑模控制中滑模面不连续所带来的抖振现象,这就能够保证动力定位船在不触发输入饱和约束的时候获得良好的跟踪精度。标称控制器的证明过程与定理5.1~定理5.5的过程相仿,在此不再赘述。

5.4　速度不可测约束下动力定位船滑模输出反馈控制仿真验证

为了说明本章所设计动力定位船滑模输出反馈航迹跟踪控制方法的有效性,本小节将在MATLAB/Simulink的环境下对控制方法进行数字仿真。所考虑的动力定位船模型为挪威科技大学所设计的一种1∶70的动力定位船模型CyberShip Ⅱ,具体参数可参考第2章中的船舶运动控制系统建模中的参数表格。此外,假设推进系统所能提供的最大推力和力矩数值为 $|\tau_{i\max}| = 50$。根据文献[158],设计未知外界时变干扰为如下形式:

$$\boldsymbol{\tau}_d = \begin{pmatrix} -2\cos(0.5t)\cos(t) + 0.3\cos(0.5t)\sin(0.5t) - 3 \\ 0.01\sin(0.1t) \\ 0.6\sin(1.1t)\cos(0.3t) \end{pmatrix}$$

设动力定位船的初始状态为 $\boldsymbol{\eta}(0) = (0\ \mathrm{m}\quad 0\ \mathrm{m}\quad 0.5\ \mathrm{rad})^{\mathrm{T}}$,并且给定动力定位船期望跟踪的航迹为

$$\begin{cases} x_d = 0.2t \\ y_d = 10\sin(0.1t) \end{cases}$$

本章的控制目标是在考虑控制输入饱和约束以及速度不可测约束的情况下,实现动力定位船对期望航迹的快速跟踪控制。为了说明本章工作的有效性,在该仿真环境下,拟进行如下三个仿真:

1)仿真案例1:标称鲁棒自适应滑模输出反馈航迹跟踪控制器式(5-74)~式(5-77)仿真;

2)仿真案例2:定理5.5中输入饱和约束下鲁棒自适应滑模输出反馈航迹跟

踪控制器仿真；

3）对比案例（C3）：基于传统观测器的鲁棒自适应滑模输出反馈航迹跟踪控制器。

5.4.1 标称自适应滑模输出反馈控制仿真案例

在本案例仿真中，考虑动力定位船速度不可测约束，假设动力定位船的推进系统能够提供任意大小的推力和力矩，来验证速度不可测约束下动力定位船标称控制器的航迹跟踪效果，控制器和自适应律描述为式（5-75）~式（5-78），标称控制器主要控制参数如下：$\boldsymbol{L}_1=\mathrm{diag}\{10,20,20\}$，$\boldsymbol{L}_2=\mathrm{diag}\{150,50,100\}$，$r_2=0.6$，$r_1=0.7$，$\boldsymbol{\Theta}=0.2$，$\boldsymbol{k}=\mathrm{diag}\{1.5,0.8,0.8\}$，$\boldsymbol{k}_1=\mathrm{diag}\{8,9,2\}$，$\boldsymbol{k}_2=\mathrm{diag}\{7,7,2\}$。图 5.1~图 5.6 说明了仅仅考虑速度不可测约束下本章所设计动力定位船控制器的航迹跟踪效果，首先通过图 5.1 说明动力定位船对期望航迹的跟踪效果。从图中可以看到，动力定位船能够迅速地跟踪到期望航迹，为了进一步说明标称控制器的跟踪效果，在仿真效果图中分别选择了初始阶段、期望航迹导数改变阶段以及期望航迹导数最大阶段进行局部放大处理，也就是选择了横坐标为区间 [0,1] 阶段、区间 [6,7] 阶段、区间 [8,11] 阶段以及区间 [13,19] 阶段。通过局部放大图可以看出，在初始阶段，本章所设计的标称自适应滑模控制器能够保证动力定位船快速跟踪到预设的期望航迹，并且超调较小，具有良好的暂态性能。在其他阶段，动力定位船对期望航迹的跟踪效果也十分良好，在期望航迹导数改变或者最值阶段，动力定位船仍然保持了良好的跟踪性能。图 5.2 和图 5.3 分别给出了各个自由度上动力定位船对期望位置和期望速度的跟踪误差，从图 5.2 中可以看出，除了初始阶段动力定位船在位置和艏向角上存在一个极小的超调量以外，动力定位船运动航迹和期望航迹之间的误差迅速降低到 5×10^{-3} m 的水平，也就是 5 mm 以内的跟踪误差，艏向角的稳态跟踪误差在 0.02 rad 以内。图 5.3 说明了动力定位船速度对期望速度的跟踪效果，在初始阶段，由于动力定位船初始速度为零，而期望速度不为零，存在较大的初始误差，因此在初始阶段速度跟踪误差会存在一定的超调，但是通过局部放大图可以看出，所设计的标称自适应滑模输出反馈控制器能够迅速地将速度跟踪误差降低到极小的范围内，其中动力定位船的纵荡和横荡速度跟踪误差分别在 0.02 m/s 和 0.01 m/s 以内，艏向角速度跟踪误差在 0.02 rad/s 以内，这说明本章为动力定位船所设计的标称自适应滑模输出反馈控制器能够保证动力定位船对期望航迹和速度的高精度跟踪控制。由于标称自适应滑模控制器是一种连续有限时间收敛控制方法，因此可以有效解决传统滑模控制中的抖振问题。图 5.4 给出了没有输入饱和约束下的控制输入信号，从图中可以看出，没有输入饱和约束的时候，动力定位船需要较大的控制力才能实现以上的控制性能，这样的控制输入在实际工程中是难以实现的，这也促使了对于输入饱和下动力定位船快速跟踪控制方法的研究。

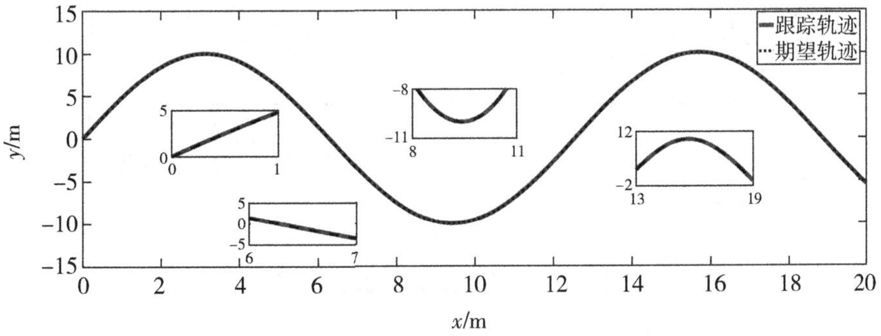

图 5.1　动力定位船期望航迹与实际跟踪航迹

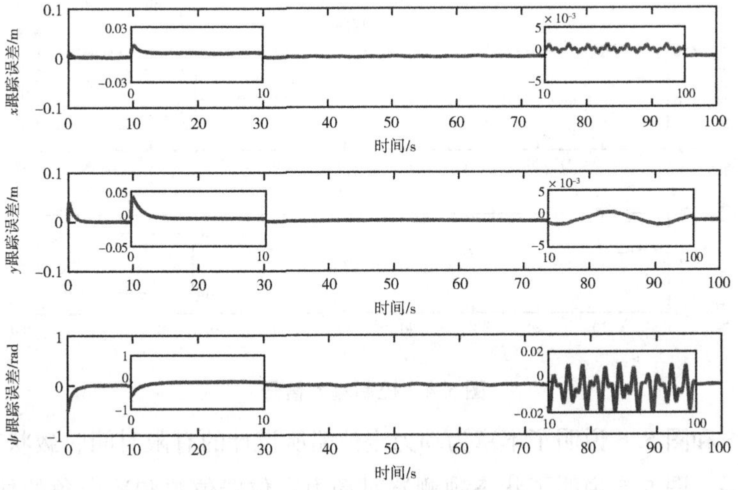

图 5.2　航迹跟踪误差的时间响应

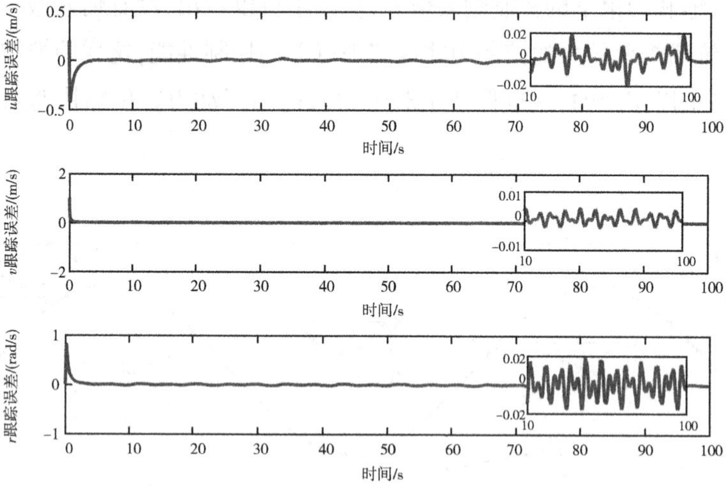

图 5.3　速度跟踪误差的时间响应

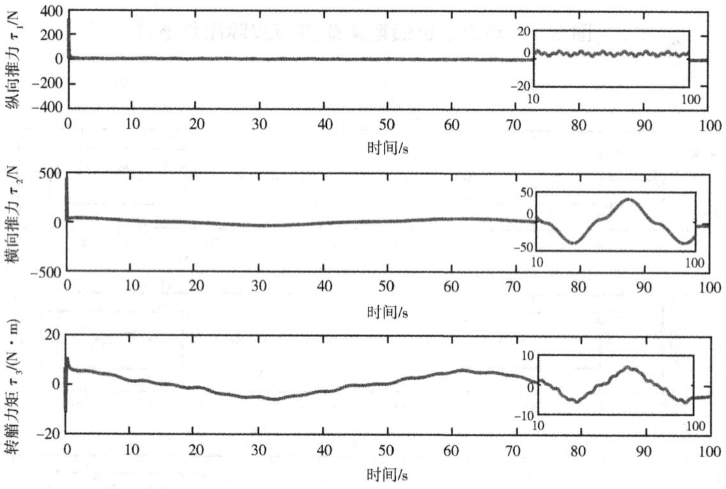

图 5.4　控制输入信号

图 5.5 和图 5.6 说明了本章为动力定位船所设计的有限时间收敛状态观测器的估计效果。图 5.5 说明了状态观测器对动力定位船位置和艏向角的估计误差，由于位置和艏向角信息是已知可测的，因此这一部分状态的重构直接影响对于动力定位船速度和角速度的估计误差。从图 5.5 中可以看出，本章所设计的状态观测器能够迅速地重构出位置和艏向角信息，并且精度极高，估计误差在 1×10^{-4} m(rad) 以内。图 5.6 说明了状态观测器对于动力定位船航迹跟踪运动速度和角速度的估计误差，通过局部放大图可以看出，在初始阶段，状态观测器的估计误差迅速收敛，具

有良好的暂态性能，同时，状态观测器对于动力定位船纵荡速度、横荡速度和艏向角速度的稳态估计误差分别在 5×10^{-3} m/s、5×10^{-3} m/s 以及 8×10^{-3} rad/s 以内。此外，从状态观测器的设计过程中可以看出，本章为动力定位船所设计的有限时间收敛状态观测器不需要知道外界干扰信息，只需要外界干扰满足有界的条件，就可以根据位置和艏向角信息迅速地、高精度地估计出动力定位船的速度和角速度信息，因此对外界干扰具有良好的鲁棒性能。

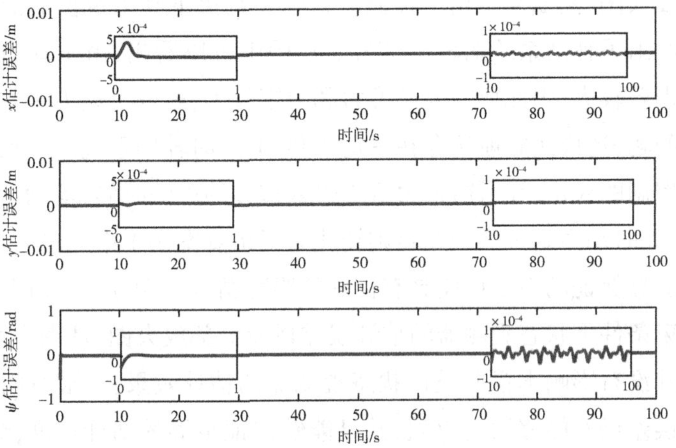

图 5.5　位置的估计误差

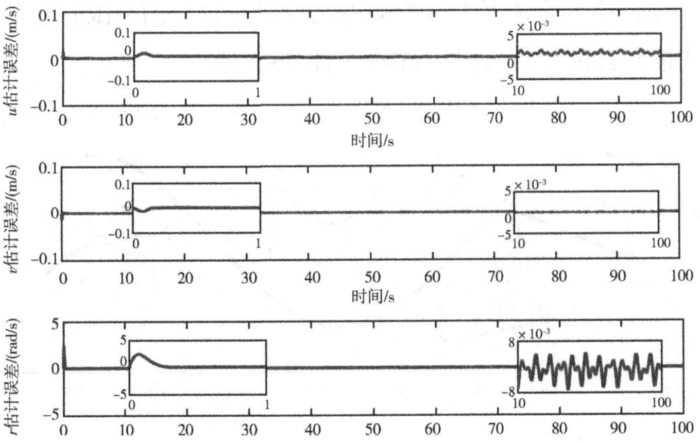

图 5.6　速度的估计误差

5.4.2　输入饱和约束下自适应滑模输出反馈控制仿真案例

本仿真案例同时考虑控制输入饱和约束以及速度不可测约束，采用定理 5.5 中所设计的动力定位船自适应滑模输出反馈航迹跟踪控制器进行仿真验证，包括

图 5.7～图 5.12。根据 5.4 中的仿真环境，主要的控制参数选择如下：$\boldsymbol{L}_1 = \mathrm{diag}\{10,20,20\}$，$\boldsymbol{L}_2 = \mathrm{diag}\{150,50,100\}$，$r_2 = 0.6$，$r_1 = 0.7$，$r_0 = 0.6$，$\Theta = 0.5$，$\boldsymbol{k} = \mathrm{diag}\{30,30,30\}$，$\boldsymbol{k}_1 = \mathrm{diag}\{8,9,2\}$，$\boldsymbol{k}_2 = \mathrm{diag}\{7,7,2\}$，$\boldsymbol{A} = \mathrm{diag}\{5,3,5\}$，$\boldsymbol{B} = \mathrm{diag}\{2,2,5\}$。其中图 5.7 给出了动力定位船对期望航迹的整体跟踪效果图，为了说明跟踪效果，在此给出了初始阶段以及期望航迹导数符号改变阶段的航迹跟踪局部放大效果图，图 5.8 给出了动力定位船对期望位置和艏向角的跟踪误差效果图以及局部发大图，图 5.9 给出了控制输入饱和约束下动力定位船的实际控制输入，图 5.10 给出了辅助系统的输出信号。从图中可以看出，由于动力定位船在初始阶段跟踪误差较大，因此所需要的推力和力矩较大，触发了动力定位船推进系统的饱和约束问题，造成实际航迹存在一定的超调，此时辅助系统产生信号保证动力定位船跟踪控制的稳定，在所需推力低于输入饱和约束的时候，辅助系统输出信号迅速变为零，此时动力定位船控制器则转化为了仿真案例 1 中无输入饱和的情况，标称控制器能够保证动力定位船具有良好的跟踪精度。图 5.11 和图 5.12 给出了输入饱和约束条件下状态观测器的估计误差以及局部放大图，从图中可以看出，输入饱和约束并没有影响本章所设计状态观测器的估计效果，有限时间收敛状态观测器的估计误差仍然能够快速收敛，并且能够保证足够的估计精度，纵荡速度、横荡速度和艏向角速度的估计误差仍然能够分别保持在 2×10^{-3} m/s、1×10^{-3} m/s 和 1×10^{-2} rad/s 以内，这也验证了本章为动力定位船所设计的有限时间收敛状态观测器不仅具有快速收敛的特点，还具有很好的鲁棒性能。

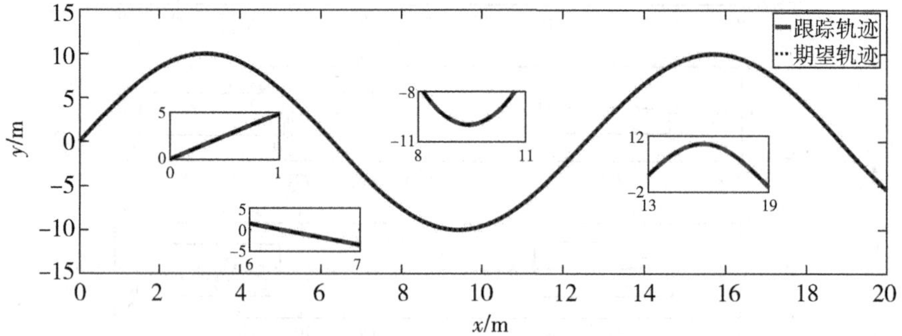

图 5.7　仿真案例 2 中动力定位船期望航迹与实际跟踪航迹

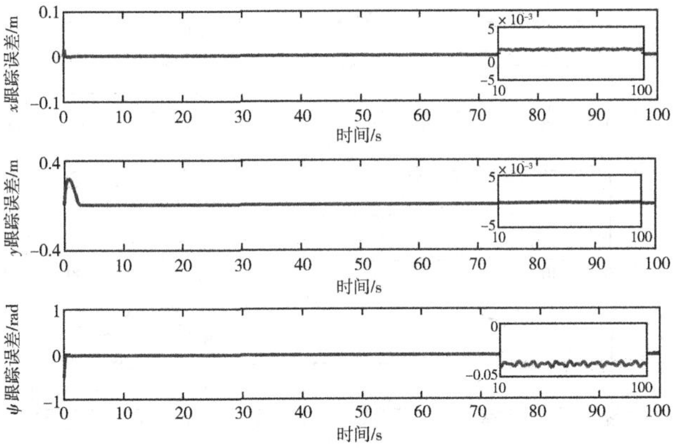

图 5.8　仿真案例 2 中航迹跟踪误差的时间响应

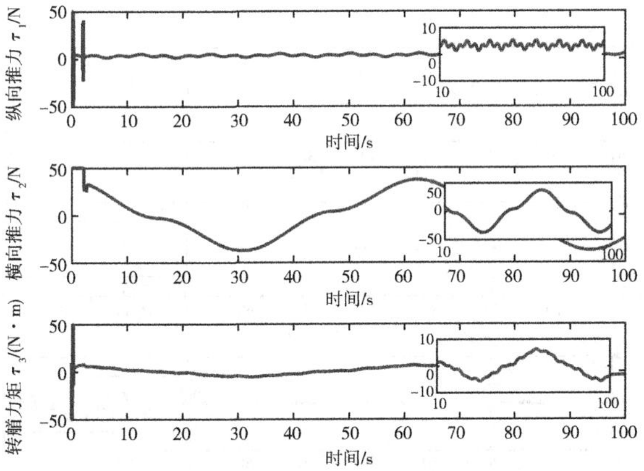

图 5.9　仿真案例 2 中控制输入信号

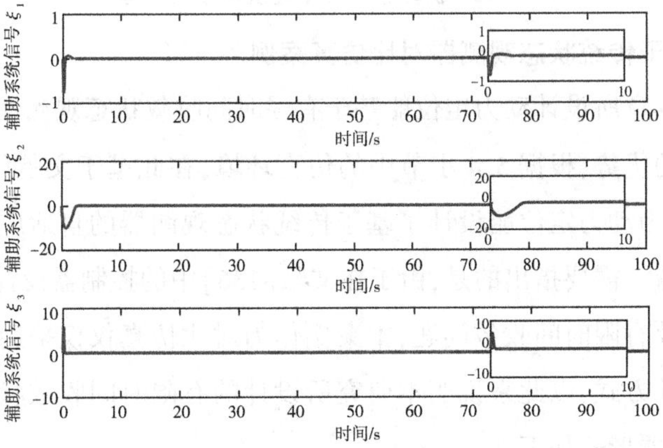

图 5.10　辅助系统状态信号

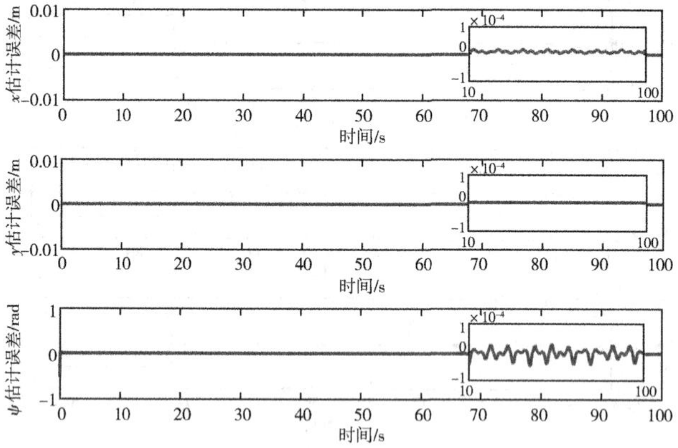

图 5.11　仿真案例 2 中位置的估计误差

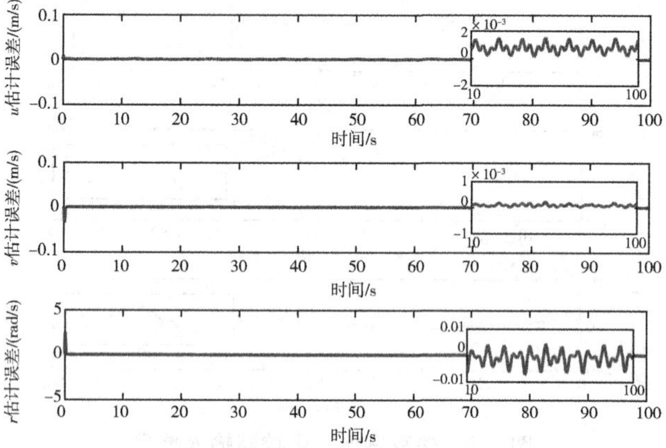

图 5.12　仿真案例 2 中速度的估计误差

5.4.3　基于传统状态观测器对比仿真案例

为了说明本章所设计动力定位船基于有限时间收敛状态观测器的航迹跟踪控制器跟踪效果的优势，根据 5.4 小节中的仿真环境，在此基于文献[136]中所设计的状态观测器，为动力定位船设计了基于传统状态观测器的自适应滑模输出反馈航迹跟踪控制器。需要指出的是，由于在文献[136]中的控制器设计并没有考虑输入饱和约束以及有限时间收敛问题，本案例作为对比仿真仅仅采用了该文献中状态观测器的设计方式，以此来说明本研究所设计的有限时间收敛状态观测器的优势，所设计观测器形式如下：

$$\dot{\hat{x}}_1 = \hat{x}_2 - \boldsymbol{L}_1(\hat{x}_1 - x_1) \tag{5-79}$$

$$\dot{\hat{x}}_2 = F(x_1,\hat{x}_2) + J(\psi) M^{-1}\tau - L_2(\hat{x}_1 - x_1) \qquad (5-80)$$

控制器设计如定理 5.5 所示，对比案例中控制器与观测器的参数选择如下：$L_1 = \mathrm{diag}\{1.5,1.5,1.5\}$，$L_2 = \mathrm{diag}\{200,200,200\}$，$r_1 = 0.7$，$\Theta = 0.5$，$k = \mathrm{diag}\{30,30,30\}$，$k_1 = \mathrm{diag}\{8,9,2\}$，$k_2 = \mathrm{diag}\{7,7,2\}$，$A = \mathrm{diag}\{5,3,5\}$，$B = \mathrm{diag}\{2,2,5\}$。图 5.13~图 5.16 说明了基于传统观测器[136]的自适应滑模输出反馈航迹跟踪控制器与本章所设计基于有限时间收敛状态观测器的自适应滑模航迹跟踪控制器之间跟踪效果和估计误差的对比效果，图 5.13 说明了对比案例(C3)和定理 5.5 所设计动力定位船控制器的航迹跟踪对比效果图，图 5.14 给出了各个自由度上动力定位船的航迹跟踪误差，通过跟踪效果图和局部放大图可以看出，在保证两种控制方法稳态误差相似的情况下，基于传统观测器的自适应滑模控制器会使得动力定位船在跟踪的初始阶段存在一段时间振荡，而本章所设计的控制器则能够克服这种振荡，保证动力定位船平滑地跟踪至期望航迹，因此本章所设计的动力定位船航迹跟踪控制方法具有更好的暂态性能。图 5.15 和图 5.16 对比了两种状态观测器的估计误差，从图中可以看出，在保证两种状态观测器稳态误差相似的情况下，本章为动力定位船所设计的有限时间收敛状态观测器的估计误差具有更快的收敛速度，并且在收敛过程中十分平稳。结合图 5.13 和图 5.14 可知，由于两种状态观测器收敛性能不同，造成了动力定位船的航迹跟踪效果不同，这是因为在状态观测器估计误差收敛之前，动力定位船控制系统中所得到的速度和角速度信息误差较大，无法正确描述动力定位船实时的运动状态，因此本章所设计的动力定位船航迹跟踪控制方法相对于已有成果具有更好的暂态性能。

综上可知，在速度不可测的约束下，本章为动力定位船所设计的标称自适应滑模输出反馈航迹跟踪控制器能够保证动力定位船快速跟踪至期望航迹，并且具有良好的跟踪精度。在动力定位船所需推力触发输入饱和约束的时候，辅助系统能够快速补偿饱和约束的影响。同时，相对于传统状态观测器，本章为动力定位船所设计的航迹跟踪控制方法具有更好的收敛速度，并且能够有效降低跟踪收敛之前动力定位船的振荡现象。

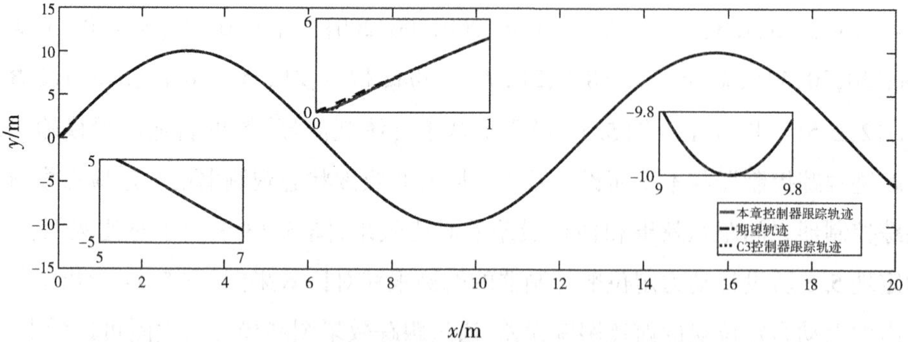

图 5. 13　对比案例中动力定位船期望航迹与实际跟踪航迹

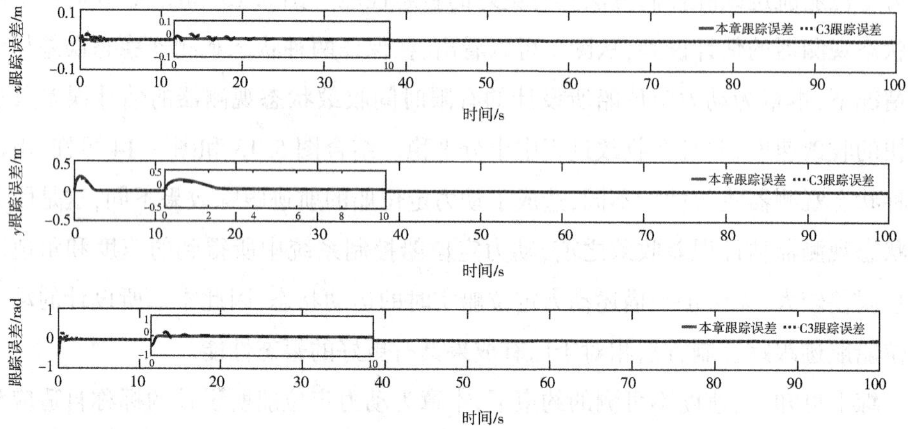

图 5. 14　航迹误差对比

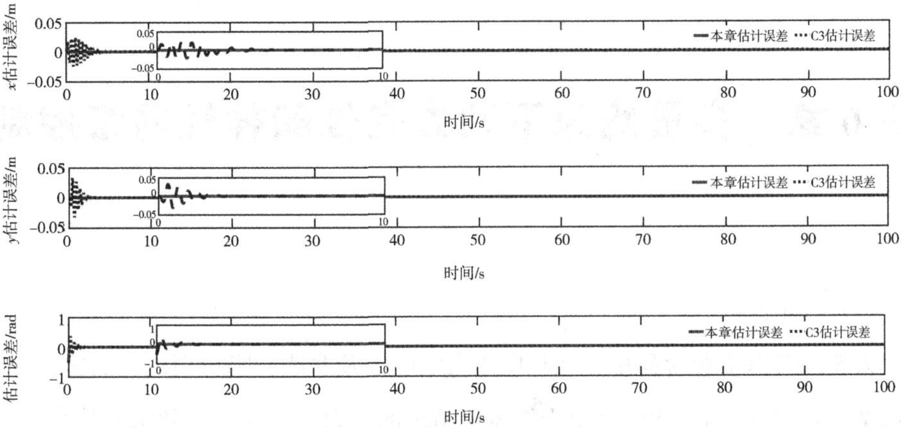

图 5.15　对比案例和本章观测器的位置估计误差对比

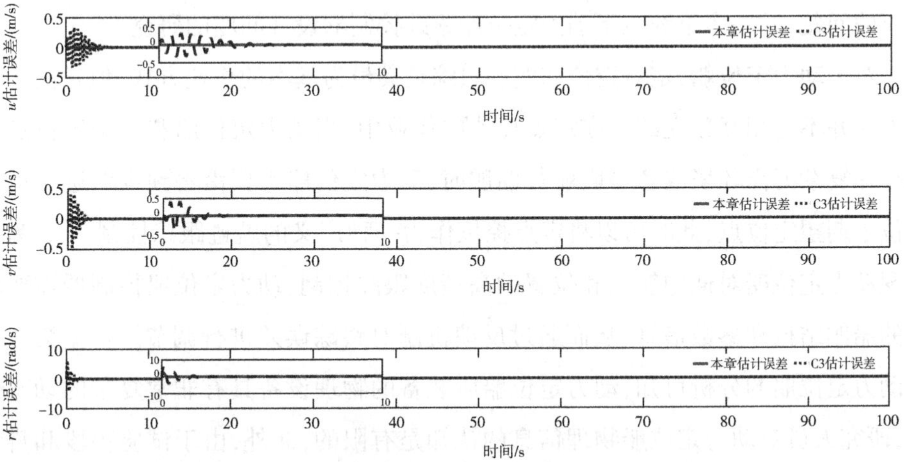

图 5.16　对比案例和本章观测器的速度估计误差对比

第 6 章　多重约束下动力定位船神经网络控制

6.1　引言

第 5 章考虑了包含科里奥利与向心力矩阵以及非线性阻尼项的动力定位船运动模型,但是在控制器的设计中仍然需要精确的动力定位船参数和结构信息,并且需要知道推进系统输入饱和约束的上界信息。本章更进一步考虑模型不确定性约束下动力定位船控制器的设计问题,在考虑船舶物理特性信息限制造成的不确定性约束问题的基础上,综合考量了时滞约束、未知输入饱和约束以及计算负担性能约束的问题,开展多重约束下动力定位船跟踪控制器设计问题的研究。

对于动力定位船,定点控位和航迹跟踪是其最为基本的作业方式,但是两种作业方式并不是相互独立的。在定点控位的作业中,当动力定位船和期望定位点之间存在复杂海洋环境或者多艘航行船舶时,动力定位船需要沿着预设航迹平滑的定位于期望定位点,此时可以将定点控位作为一种广义的航迹跟踪控制[15]。为了实现动力定位船对期望航迹和位置的高精度跟踪控制,动力定位船控制器需要精确的船舶结构和参数信息,从而通过反馈机制对跟踪误差进行调节。根据第 2 章对动力定位船的分析可知,动力定位船所装备的物理设备具有非常复杂的动态信息,研究人员对动力定位船物理信息的认知是有限的,此外,由于试验手段和辨识方法的限制,动力定位船的水动力系数通常也是难以精确获得的,因此,动力定位船在运动中包含了不确定性约束的问题,这就为基于模型的动力定位船控制器设计带来了困难。在面临不确定性约束的时候,基于干扰观测器控制、自适应控制以及以神经网络和模糊控制为代表的智能控制等方法常常被用于动力定位船的控制器设计,其中基于干扰观测器控制需要部分的船舶信息已知,而自适应控制对动力定位船的结构不确定性非常敏感,神经网络控制和模糊控制虽然能够实现对结构不确定性和参数不确定性任意精度的估计,但是难以兼顾估计精度和计算负担,如何在保证估计精度的条件下降低神经网络控制或者模糊控制的计算负担是所设计控制器装备动力定位船的重要条件。

此外,由于动力定位船大惯性的物理特性,其运动状态对于推进系统推力的响应存在延迟现象[46,47,159],这就导致了动力定位船运动会受到延迟状态的影响,这也影响了动力定位船运动模型对实际工程中动力定位船动态信息的描述。文献[46]考虑了延迟状态对动力定位船控制的影响,为动力定位船设计了包含时滞滑模项的鲁棒滑模控制器,但是滑模控制方法仍然需要动力定位船精确的动态信息和参数。文献[47]同时考虑了不确定性约束与时滞约束,采用模糊逼近的方法解决了动力定位船控制器设计问题,但是为了逼近动力定位船的实际动态信息,模糊控制方法会增加动力定位船控制系统的计算负担,不利于其在实际工程中的实现。

根据前述章节的研究可知,动力定位船中的推进系统是其实现跟踪作业的主要执行机构,其中推进器和舵角的机械限制会造成动力定位船跟踪控制中的饱和约束问题。但是需要指出的是,考虑到各类推进器的效率以及输出损耗,推进系统所能提供的最大推力和力矩通常是不确定的,在这种情况下,现有对动力定位船所设计的大部分抗饱和控制策略都将失效[160]。为了解决该问题,文献[93]、[161]将动力定位船推进系统中未知输入饱和约束产生的影响作为匹配性干扰的一部分,分别采用逼近估计方法和干扰观测器方法对整体匹配性干扰进行估计,而后在动力定位船控制器中补偿这一部分干扰,从而解决了未知输入饱和对动力定位船控制性能的影响,但是这两种方法都需要假设动力定位船模型参数精确已知。

综合上述讨论,本章将对包含时滞约束、不确定性约束以及未知输入饱和约束等多重约束条件下动力定位船的控制器设计问题进行研究,提出了一种基于最小参数学习的鲁棒自适应神经网络控制方法,解决了同时包含时滞约束、未知输入饱和约束、不确定性约束和未知时变外界干扰的动力定位船沿期望航迹跟踪至定位点的跟踪控制器设计问题,不仅降低了神经网络权值矩阵更新造成的计算负担,还提高了最小参数学习神经网络方法的鲁棒性。首先,将未知输入饱和约束对动力定位船跟踪控制的影响作为匹配性干扰,同时考虑状态延迟对动力定位船跟踪运动的影响,建立了包含时滞与未知输入饱和的动力定位船运动模型;然后,结合反步法、Lyapunov-Krasovskii 理论、鲁棒自适应补偿技术、最小参数学习技术和径向基神经网络技术为动力定位船设计了基于最小参数学习的鲁棒自适应神经网络跟踪控制器,在所设计的控制方法中通过神经网络对动力定位船运动模型中存在的未知非线性函数进行估计,不仅不需要动力定位船的参数信息,并且避免了对虚拟控制律的求导,易于工程实现,特别的是,所设计的控制方法中采用最小参数学习技术对权值矩阵范数进行在线估计,解决了径向基神经网络权值矩阵的计算复杂度问题,同时,通过选择合适的 Lyapunov-Krasovskii 函数补偿了时滞对动力定位船控制性能的影响,此外,采用鲁棒自适应补偿技术对未知时变外界干扰、未知输入饱和造成的干扰以及神经网络逼近误差进行估计,解决了三种干扰对于动力定位船控制性能的影响,并且基于 Lyapunov 理论,证明了所设计的动力定位船神经网络跟踪控制器的稳定性;最后,通过数值仿真验证了所设计动力定位船跟踪控制器能够在多重约束的条件下保证动力定位船沿期望航迹跟踪至定位点,并且通过对比仿真说明所设计控制方法相对于已有成果具有更好的跟踪效果和精度。

本章首先介绍了神经网络的基本原理,为本章的控制器设计提供了理论基础;然后建立了包含时滞与未知输入饱和约束的动力定位船运动模型,并且给出了本章所设计动力定位船控制器的控制目标;接着,为动力定位船设计了基于最小参数学习的鲁棒自适应神经网络控制器,并通过 Lyapunov 理论严格证明了所设计控制方法的稳定性;最后,通过数值仿真说明了本章所设计动力定位船神经网络控制器的有效性,并且通过对比仿真说明所设计控制器相对于已有成果的优越性。

6.2 不确定性系统神经网络控制描述

动力定位船的动态特性与船速、负载和水深等因素是息息相关的,因此在实际作业中,外部海洋环境的持续变化会影响动力定位船运动模型的参数信息,这就使得动力定位船运动模型中的参数具有动态不确定性[56,162]。另外,动力定位船的运动特性非常复杂,为了方便分析与设计,研究人员对动力定位船运动模型进行了一定程度上的简化,忽略掉了许多复杂的动态信息,因此动力定位船运动模型也包含了结构上的不确定性。在基于模型的动力定位船控制器设计过程中,控制器需要精确的模型结构和参数信息才能够准确反馈跟踪误差信息,从而实现对动力定位船的高性能控制,因此,研究不确定性约束下动力定位船控制器的设计问题是非常必要的。

为了处理不确定非线性系统的控制器设计问题,研究人员提出了多种控制方法[163-167]，其中神经网络因为其对非线性函数优良的逼近能力而被应用于各类非线性系统的控制器设计中。从20世纪40年代开始，经历了启蒙、低潮和复兴时期，时至今日，神经网络仍然是研究热点之一，在非线性系统辨识与控制中得到了广泛的应用。特别地，径向基函数（Radial Basis Function，简称RBF，又称高斯核函数）神经网络相对于其他类型的神经网络具有权值线性化的性质，网络结构简单，不需要冗长的计算过程，可以有效提高控制系统的精度和鲁棒性，因此，被广泛应用于非线性控制中，这也是本书选择径向基神经网络的原因所在[86,168,169]，下边将给出径向基神经网络的基本原理。

径向基神经网络的结构如图6.1所示。

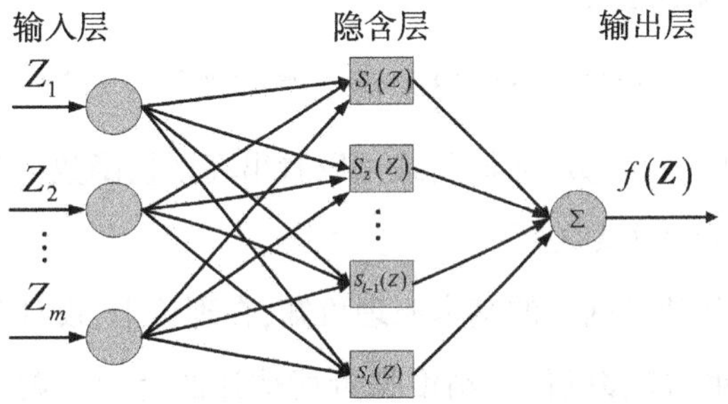

图6.1　径向基神经网络的结构图

如图6.1所示，给出了一个m-l-1结构的径向基神经网络，其中$Z_1,Z_2,\cdots,Z_m$是m个输入信号，$\boldsymbol{Z}=[Z_1,Z_2,\cdots,Z_m]^{\mathrm{T}}$，$l$是节点数，并且满足$l>1$，$S_i(\boldsymbol{Z})$为基函数，一般可以选取为高斯函数：

$$S_i(\boldsymbol{Z})=\exp\left(-\frac{(\boldsymbol{Z}-\boldsymbol{\mu}_i)^{\mathrm{T}}(\boldsymbol{Z}-\boldsymbol{\mu}_i)}{\zeta^2}\right)$$

其中，$\boldsymbol{\mu}_i=[\mu_{i,1},\mu_{i,2},\cdots,\mu_{i,n}]^{\mathrm{T}}$为第$i$个基函数的中心，$\zeta$为基函数的宽度。从图6.1可以看出，径向基神经网络包含了隐含层和输出层两层结构，其中隐含层的作用是将输入信号映射至一个新的空间，输出层则会以线性组合的形式对新空间的数据进行组合。根据文献[170]、[171]中的结果所述，径向基神经网络能够在一个紧集上以任意的精度逼近一个连续函数，在此给出关于神经网络逼近的定理。

引理6.1[172]　对于定义在紧集$\boldsymbol{\Omega}_Z\in\mathbb{R}^n$上的任意连续实值函数$f(\boldsymbol{Z})$，给定一个正常数$\varepsilon$，总存在正整数$l$和常数向量$\boldsymbol{\Theta}$，使得以下不等式成立：

$$\max_{Z\in\boldsymbol{\Omega}_Z}\left|f(\boldsymbol{Z})-\boldsymbol{\Theta}^{\mathrm{T}}S(\boldsymbol{Z})\right|\leqslant\varepsilon$$

根据以上定理可知，总存在一个最优的权值矩阵 $\boldsymbol{\Theta}^*$ 使得以下等式成立：

$$f(\boldsymbol{Z}) = \boldsymbol{\Theta}^{*\mathrm{T}} S(\boldsymbol{Z}) + \varepsilon$$

其中，ε 为逼近误差，该误差在 $\boldsymbol{\Omega}_Z$ 内有界，最优权值矩阵 $\boldsymbol{\Theta}^*$ 可以定义为如下形式：

$$\boldsymbol{\Theta}^* := \arg \min_{\boldsymbol{\Theta} \in \Re^l} \{ \sup_{Z \in \boldsymbol{\Omega}_Z} | f(\boldsymbol{Z}) - \boldsymbol{\Theta}^{\mathrm{T}} S(\boldsymbol{Z}) | \}$$

根据文献[173]，对于给定的连续函数，总存在一个理想的最优权值矩阵，使得不等式 $\boldsymbol{\varepsilon} \leqslant \boldsymbol{\varepsilon}^*$ 成立，其中 $\boldsymbol{\varepsilon}^*$ 为未知常值，又根据文献[174]可以得到关于高斯函数范数上界的引理。

引理 6.2 考虑本节所描述的高斯核函数，令 $\rho := \min_{i \neq j} \| \mu_i - \mu_j \|$，那么 $S(\boldsymbol{Z})$ 函数范数的上界可以描述为

$$\| S(\boldsymbol{Z}) \| \leqslant \sum_{k=0}^{\infty} 3m(k+1)^{m-1} e^{-2\rho^2 k^2 / \zeta^2} := s^*$$

其中，s^* 是一个未知的正常数，从该公式可以看出高斯核函数范数的上界与输入信号 $\boldsymbol{Z}$ 以及神经元节点数 l 无关。

通过上述径向基神经网络的基本原理可知，在理论上，设计足够多的神经网络节点，径向基神经网络能够以任意精度逼近所估计的连续函数[6]。但是需要注意的是，增加神经网络节点个数同样会增加控制系统的计算负担，造成“维度灾难”的问题。本章将以径向基神经网络技术为基础，通过最小参数学习技术[175-178]对权值矩阵的范数进行在线更新，降低径向基神经网络控制的计算负担，为动力定位船设计了一种基于最小参数学习的鲁棒自适应神经网络轨迹跟踪控制方法。

6.3 鲁棒自适应神经网络控制器设计

6.3.1 包含时滞的不确定性动力定位船运动模型

通过绪论和第 2 章的研究可知，动力定位船控制系统不可避免地会存在时滞约束问题，其中推进系统不能立刻响应控制指令在动力定位船运动中表现为一种运动状态的滞后响应[46,47]，根据文献[46]、[47]和文献[179]~[181]中所采用的建模方法，在此将给出包含时滞的不确定性动力定位船运动模型：

$$\dot{\boldsymbol{\eta}} = \boldsymbol{J}(\psi)\boldsymbol{v} \tag{6-1}$$

$$\boldsymbol{M}\dot{\boldsymbol{v}} + (\boldsymbol{C}(\boldsymbol{v}) + \boldsymbol{D}(\boldsymbol{v}))\boldsymbol{v} = \Delta f(\eta(t-d), v(t-d)) + \mathbf{sat}(\boldsymbol{\tau}) + \tau_d \tag{6-2}$$

$$y = \eta \tag{6-3}$$

其中,$\Delta f(\eta(t-d),v(t-d))$为包含动力定位船延迟状态的未知函数,表示状态延迟响应对动力定位船动态关系的影响,其中 d 为已知时间常数,为了方便后边的描述,在此定义 $\Delta f(\eta(t-d),v(t-d))=\Delta f(t-d)$。动力定位船控制向量包含了如下关系:

$$\Delta \tau = \mathbf{sat}(\tau) - \tau \tag{6-4}$$

其中,$\Delta\boldsymbol{\tau}$ 为动力定位船期望控制输入与实际控制输入的偏差,$\boldsymbol{\tau}$ 为动力定位船的期望控制输入。因此动力定位船运动模型可以写为如下形式:

$$\dot{\boldsymbol{\eta}} = \boldsymbol{J}(\psi)\boldsymbol{v} \tag{6-5}$$

$$\boldsymbol{M}\dot{\boldsymbol{v}} + (\boldsymbol{C}(\boldsymbol{v}) + \boldsymbol{D}(\boldsymbol{v}))\boldsymbol{v} = \Delta f(t-d) + \Delta\boldsymbol{\tau} + \boldsymbol{\tau} + \tau_d \tag{6-6}$$

$$\boldsymbol{y} = \boldsymbol{\eta} \tag{6-7}$$

在此将期望控制输入与实际控制输入的差值作为匹配性干扰,与未知时变海洋环境干扰结合为未知时变的合成外部干扰。为了方便描述,在此定义 $\boldsymbol{G}(t)=(\tau_d+\Delta\boldsymbol{\tau})/\boldsymbol{M}$,则上述动力定位船运动模型可以写成如下形式:

$$\dot{\boldsymbol{\eta}} = \boldsymbol{J}(\psi)\boldsymbol{v} \tag{6-8}$$

$$\dot{\boldsymbol{v}} = -\frac{1}{\boldsymbol{M}}(\boldsymbol{C}(\boldsymbol{v}) + \boldsymbol{D}(\boldsymbol{v}))\boldsymbol{v} + \frac{\Delta f(t-d)}{\boldsymbol{M}} + \frac{1}{\boldsymbol{M}}\boldsymbol{\tau} + \boldsymbol{G}(t) \tag{6-9}$$

$$\boldsymbol{y} = \boldsymbol{\eta} \tag{6-10}$$

在不失一般性的前提下,在此给出如下的假设条件。

假设 6.1　动力定位船运动模型中的惯性矩阵 $\boldsymbol{M}$ 是未知正定的有界矩阵,科里奥利与向心力矩阵 $\boldsymbol{C}(\boldsymbol{v})$、阻尼矩阵 $\boldsymbol{D}(\boldsymbol{v})$ 均为未知矩阵。

假设 6.2　动力定位船运动所受到的合成干扰 $\boldsymbol{G}(t)=(g_1(t),g_2(t),g_3(t))^{\mathrm{T}}$ 是未知有界的,即满足:

$$\|\boldsymbol{G}(t)\| \leqslant \bar{G} < \infty \tag{6-11}$$

其中,$\bar{G}$ 为未知常数。

假设 6.3　动力定位船运动受延迟状态影响的函数 $\Delta f(t-d)$ 是光滑有界的,即满足:

$$\|\Delta f(\boldsymbol{\eta},\boldsymbol{v})\| \leqslant \bar{f} \tag{6-12}$$

其中,$\bar{f}$ 为一个已知的光滑函数。

通过前述章节和参考文献[46]、[47]、[180]、[181]可知,动力定位船运动中不可避免地会面临时滞约束带来的问题，推力系统推力输出延迟造成了运动状态的延迟响应，这也使得动力定位船运动会受到来自延迟状态的影响，并且该部分动态是未知的，可以作为包含延迟状态的不确定性函数。

这样，在此给出本章控制器的控制目标：在假设 6.1～假设 6.3 的条件下，综合考虑时滞、未知时变外界干扰、未知控制输入饱和以及动态不确定性等多种约束条件对动力定位船运动的影响，考察动力定位船运动模型式(6-8)～式(6-10)，设计控制器 τ，使得动力定位船的位置(x, y)和艏向角 ψ 能够以任意小的误差沿期望航迹跟踪到期望定位点。

6.3.2 基于最小参数学习的鲁棒自适应神经网络控制器设计

本节将基于 6.3.1 的模型以及假设条件，为包含时滞约束、未知时变外界干扰、未知输入饱和约束以及不确定性约束的动力定位船设计基于最小参数学习的鲁棒自适应神经网络控制器，实现本章的控制目标。在此，将动力定位船控制器的设计分解为六个步骤：首先，定义位置跟踪误差变量和速度跟踪误差变量，基于反步法为动力定位船设计虚拟控制律来镇定位置跟踪误差向量；然后，设计合适的 Lyapunov-Krasovskii 函数，补偿时滞函数对动力定位船跟踪性能的影响；第三步，基于径向基神经网络方法估计控制器设计中存在的不确定非线性函数；而后，采用最小参数学习技术，通过自适应律在线估计神经网络权值矩阵的范数，降低传统神经网络的计算负担；再次，通过引入一个鲁棒自适应补偿项补偿未知的合成干扰以及神经网络的逼近误差，提高最小参数学习技术的估计精度；最后，基于前述步骤的设计结果，为动力定位船设计鲁棒自适应神经网络跟踪控制器，从而实现 6.3.1 的控制器设计目标。以下将给出具体的控制器设计过程：

第一步，首先定义动力定位船控制的位置跟踪误差向量和速度跟踪误差向量为以下形式：

$$\boldsymbol{z}_1 = \boldsymbol{\eta} - \boldsymbol{\eta}_d \tag{6-13}$$

$$\boldsymbol{z}_2 = \boldsymbol{v} - \boldsymbol{\alpha} \tag{6-14}$$

构造如下形式的 Lyapunov 函数：

$$\boldsymbol{V}_1 = \frac{1}{2}\boldsymbol{z}_1^{\mathrm{T}}\boldsymbol{z}_1 \tag{6-15}$$

对 $\boldsymbol{V}_1$ 进行微分可得

$$\dot{\boldsymbol{V}}_1 = z_1^{\mathrm{T}}\dot{z}_1 \tag{6-16}$$

结合动力定位船运动模型式(6-8)~式(6-10),对位置跟踪误差向量微分可得

$$\begin{aligned}\dot{z}_1 &= \dot{\boldsymbol{\eta}} - \dot{\eta}_d \\ &= \boldsymbol{J}(\psi)(z_2 + \boldsymbol{\alpha}) - \dot{\eta}_d\end{aligned} \tag{6-17}$$

根据 $\dot{V}_1$ 为动力定位船设计虚拟控制律为

$$\alpha = -\boldsymbol{J}^{\mathrm{T}}(\psi)(\boldsymbol{K}_1 z_1 - \dot{\eta}_d) \tag{6-18}$$

将虚拟控制律代入 $\dot{\boldsymbol{V}}_1$ 可得

$$\begin{aligned}\dot{\boldsymbol{V}}_1 &= z_1^{\mathrm{T}}\dot{z}_1 \\ &= z_1^{\mathrm{T}}\boldsymbol{J}(\psi)(z_2 - \boldsymbol{J}^{\mathrm{T}}(\psi)\boldsymbol{K}_1 z_1) \\ &= -z_1^{\mathrm{T}}\boldsymbol{K}_1 z_1 + z_1^{\mathrm{T}}\boldsymbol{J}(\psi) z_2\end{aligned} \tag{6-19}$$

第二步,根据动力定位船运动模型,对速度跟踪误差向量 z_2 求导可得

$$\begin{aligned}\dot{z}_2 &= \dot{\boldsymbol{v}} - \dot{\boldsymbol{\alpha}} \\ &= -\frac{\boldsymbol{C}(\boldsymbol{v}) + \boldsymbol{D}(\boldsymbol{v})}{\boldsymbol{M}}v + \Delta f(t-d) + \frac{1}{\boldsymbol{M}}\tau(t) + \frac{1}{\boldsymbol{M}}\boldsymbol{G}(t) - \dot{\boldsymbol{\alpha}}\end{aligned} \tag{6-20}$$

为了补偿时滞约束对动力定位船跟踪性能的影响,在此构造如下形式的 Lyapunov-Krasovskii 函数:

$$V_2 = \boldsymbol{V}_1 + \frac{1}{2}z_2^{\mathrm{T}}\boldsymbol{M}z_2 + \int_{t-d}^{t}\Phi(\rho)\,\mathrm{d}\rho \tag{6-21}$$

其中,$\int_{t-d}^{t}\Phi(\rho)\,\mathrm{d}\rho$ 为正函数,具体形式将在后续的步骤中进行设计,为了方便描述,在此定义 $\Phi(\eta(t),v(t)) = \Phi(t)$,$\Delta f(\eta(t),v(t)) = \Delta f(t)$,对 V_2 微分可得

$$\begin{aligned}\dot{V}_2 &= \dot{V}_1 + z_2^{\mathrm{T}}\boldsymbol{M}\dot{z}_2 + \Phi(t) - \Phi(t-d) \\ &= -z_1^{\mathrm{T}}\boldsymbol{K}_1 z_1 + z_1^{\mathrm{T}}\boldsymbol{J}(\boldsymbol{\psi}) z_2 + \Phi(t) - \Phi(t-d) \\ &\quad + z_2^{\mathrm{T}}(-(\boldsymbol{C}(\boldsymbol{v}) + \boldsymbol{D}(\boldsymbol{v}))\boldsymbol{v} + \Delta f(t-d) + \tau(t) + \boldsymbol{G}(t) - \boldsymbol{M}\dot{\alpha}) \\ &= -z_1^{\mathrm{T}}\boldsymbol{K}_1 z_1 + z_1^{\mathrm{T}}\boldsymbol{J}(\psi) z_2 + z_2^{\mathrm{T}}\Delta f(t-d) - \Phi(t-d) \\ &\quad + z_2^{\mathrm{T}}\left(-(\boldsymbol{C}(v) + \boldsymbol{D}(v))v + \tau(t) + \boldsymbol{G}(t) - \boldsymbol{M}\dot{\alpha} + \frac{z_2}{\|z_2\|^2}\Phi(t)\right)\end{aligned} \tag{6-22}$$

根据 Young 不等式可得

$$z_2^{\mathrm{T}}\Delta f(t-d) \leqslant \frac{z_2^{\mathrm{T}}z_2}{2} + \frac{1}{2}f^{\mathrm{T}}(t-d)f(t-d) \tag{6-23}$$

在此,根据 V_2 的微分设计正函数 $\boldsymbol{\Phi}(t)$ 为

$$\boldsymbol{\Phi}(t) = \frac{1}{2}\Delta f^{\mathrm{T}}(t)\Delta f(t) \tag{6-24}$$

第三步,由于 $\dot{z}_2$ 中的 $\boldsymbol{M}$、$\boldsymbol{C}(\boldsymbol{v})$、$\boldsymbol{D}(\boldsymbol{v})$ 和 $\boldsymbol{\Phi}(t)$ 的具体参数未知,在这一步骤中将采用径向基神经网络技术对包含这些未知矩阵的函数进行估计,根据引理 6.1 可得如下形式:

$$-(\boldsymbol{C}(\boldsymbol{v})+\boldsymbol{D}(\boldsymbol{v}))\boldsymbol{v} - \boldsymbol{M}\dot{\alpha} + \frac{\boldsymbol{z}_2}{\|\boldsymbol{z}_2\|^2}\boldsymbol{\Phi}(t) = \boldsymbol{\Theta}^{*\mathrm{T}}S(\boldsymbol{Z}) + \varepsilon(\boldsymbol{Z}) \tag{6-25}$$

其中,$\boldsymbol{Z}=(\boldsymbol{\eta}^{\mathrm{T}},\boldsymbol{v}^{\mathrm{T}})^{\mathrm{T}} \in \mathbb{R}^6$ 是径向基神经网络的输入向量,$\boldsymbol{\Theta}^* = \begin{pmatrix} \boldsymbol{\theta}_1^{*\mathrm{T}} & \boldsymbol{O}_{1\times l} & \boldsymbol{O}_{1\times l} \\ \boldsymbol{O}_{1\times l} & \boldsymbol{\theta}_2^{*\mathrm{T}} & \boldsymbol{O}_{1\times l} \\ \boldsymbol{O}_{1\times l} & \boldsymbol{O}_{1\times l} & \boldsymbol{\theta}_3^{*\mathrm{T}} \end{pmatrix}^{\mathrm{T}} \in$ $\mathbb{R}^{3l\times 3}$ 是理想最优权值矩阵,需要进行在线的更新调节,$\boldsymbol{\theta}_i^* = (\theta_{i,1}^*,\theta_{i,2}^*,\cdots,\theta_{i,l}^*)^{\mathrm{T}}, i=1,2,3$,$l$ 为所设计神经网络的节点数,$\boldsymbol{S}(\boldsymbol{Z}) = (\boldsymbol{S}_1^{\mathrm{T}}(\boldsymbol{Z}),\boldsymbol{S}_2^{\mathrm{T}}(\boldsymbol{Z}),\boldsymbol{S}_3^{\mathrm{T}}(\boldsymbol{Z}))^{\mathrm{T}} \in \mathbb{R}^{3l}$ 是所选的基函数向量,其中 $\boldsymbol{S}_i(\boldsymbol{Z}) = (\boldsymbol{S}_{i,1}^{\mathrm{T}}(\boldsymbol{Z}),\boldsymbol{S}_{i,2}^{\mathrm{T}}(\boldsymbol{Z}),\cdots,\boldsymbol{S}_{i,l}^{\mathrm{T}}(\boldsymbol{Z}))^{\mathrm{T}}, i=1,2,3$,在此选择基函数为高斯函数,具体形式如下:

$$S_{ij}(\boldsymbol{Z}) = \exp\left(-\frac{\|\boldsymbol{Z}-\boldsymbol{c}_{ij}\|^2}{b_j^2}\right), i=1,2,3, j=1,2,\cdots,l \tag{6-26}$$

其中,$\boldsymbol{c}_{ij} \in \mathbb{R}^6$ 为所选择基函数的中心向量,b_j 为所选择基函数的宽度,$\boldsymbol{\varepsilon}(\boldsymbol{Z}) = (\varepsilon_1(\boldsymbol{Z}),\varepsilon_2(\boldsymbol{Z}),\varepsilon_3(\boldsymbol{Z}))^{\mathrm{T}}$ 为神经网络的逼近误差,并满足 $\|\varepsilon(\boldsymbol{Z})\| \leqslant \bar{\varepsilon}$,其中 $\bar{\varepsilon}$ 为未知常数。

通过虚拟控制律 α 的构造形式可知,虚拟控制律的微分可以描述为如下形式:

$$\dot{\alpha} = \dot{\boldsymbol{J}}^{\mathrm{T}}(\psi)\boldsymbol{K}_1 z_1 + \boldsymbol{J}^{\mathrm{T}}(\psi)\boldsymbol{K}_1\boldsymbol{v}(t)$$

从上式可以看到虚拟控制律的微分均可以通过动力定位船运动状态来构成,因此 $\dot{\alpha}$ 是关于动力定位船运动状态 $\boldsymbol{\eta}$、$\boldsymbol{v}$ 的连续函数,可以通过式(6-25)中设计的神经网络进行逼近,这样不仅避免了虚拟控制律的求导,易于工程实现,也避免了

构造一阶滤波器[127]或者指令滤波器[160]，简化了动力定位船控制器的结构复杂度，降低了估计误差对控制性能的影响。

第四步，由6.2中神经网络控制器的描述可知，随着神经网络节点数的增加，神经网络对于非线性函数的逼近精度也会提高，但是与此同时，神经网络节点数的增加将会加重动力定位船控制系统的计算负担，这主要是因为权值矩阵 $\boldsymbol{\Theta}$ 需要自适应律进行在线更新来获得最优解，如果选择 l 个神经网络节点，则需要同时对 $3l$ 个矩阵的参数进行在线估计，这样使得动力定位船的神经网络控制方法难以兼顾估计精度和计算负担。为了解决该问题，本研究采用最小学习参数法对式(6–25)进行改进，为此考虑如下不等式：

$$z_2^{\mathrm{T}}\boldsymbol{\Theta}^{*\mathrm{T}}S(\hat{\boldsymbol{Z}}) \leqslant \frac{\pi \| z_2 \|^2 \| S(\boldsymbol{Z}) \|^2}{2} + \frac{1}{2} \tag{6 - 27}$$

其中，定义 $\pi = \| \boldsymbol{\Theta}^* \|^2$，因此可以通过对 π 的自适应估计来代替对矩阵 $\boldsymbol{\Theta}$ 的自适应调整。在此，设计自适应律：

$$\dot{\hat{\pi}} = \delta_1\left(\frac{\| z_2 \|^2 \| S(\boldsymbol{Z}) \|^2}{2} - \delta_2(\hat{\pi} - \pi(0))\right) \tag{6 - 28}$$

其中，$\hat{\pi}$ 为 π 的估计值，$\pi(0)$ 为 π 的初始值，δ_1、δ_2 为待设计参数。

第五步，由引理6.1可知，神经网络的逼近误差是有界的，根据假设6.1可知，动力定位船运动所受到的合成干扰也是有界的，在此定义参数 σ 表示合成干扰上界与逼近误差上界之和，即

$$\sigma = \bar{G} + \bar{\varepsilon} \tag{6 - 29}$$

为了补偿上述的合成干扰与误差，在此引入一个鲁棒自适应补偿项如下：

$$\tau_{RC} = -\frac{z_2}{\| z_2 \|}\hat{\sigma} \tag{6 - 30}$$

$$\dot{\hat{\sigma}} = \gamma_1(-\gamma_2\hat{\sigma} + \| \hat{z}_2 \|) \tag{6 - 31}$$

其中，$\hat{\sigma}$ 为 σ 的估计值，且满足初始值 $\hat{\sigma}(0) > 0$，γ_1、γ_2 为待设计参数。

第六步，至此，根据以上步骤可以为动力定位船设计基于最小参数学习的鲁棒自适应神经网络跟踪控制器和自适应律：

$$\tau(t) = -\boldsymbol{J}^{\mathrm{T}}(\psi)z_1 - \boldsymbol{K}_2 z_2 - \frac{\hat{\pi} z_2 \| S(\boldsymbol{Z}) \|^2}{2} + \tau_{LK} + \tau_{RC} \tag{6 - 32}$$

$$\tau_{RC} = -\frac{z_2}{\| z_2 \|}\hat{\sigma} \tag{6-33}$$

$$\tau_{LK} = -\frac{\varpi z_2}{\| z_2 \|^2}\int_{t-d}^{t}\frac{\| \bar{f}(s) \|^2}{2}\mathrm{d}s \tag{6-34}$$

$$\dot{\hat{\pi}} = \delta_1\left(\frac{\| z_2 \|^2 \| S(\boldsymbol{Z}) \|^2}{2} - \delta_2(\hat{\pi} - \pi(0))\right) \tag{6-35}$$

$$\dot{\hat{\sigma}} = \gamma_1(-\gamma_2\hat{\sigma} + \| \hat{z}_2 \|) \tag{6-36}$$

其中，$\boldsymbol{K}_2 \in \mathbb{R}^{3\times3}$ 为待设计矩阵，ϖ 为待设计参数。

6.3.3 稳定性分析

本节将基于 Lyapunov 稳定理论，以定理 6.1 的形式给出了本章为动力定位船所设计控制方法的稳定性分析结论。

定理 6.1 考虑动力定位船系统式(6-8)～式(6-10)，在假设 6.1～假设 6.3 的条件下，设计自适应律式(6-35)和式(6-36)以及鲁棒自适应神经网络控制器式(6-32)，通过选择合适的矩阵 $\boldsymbol{K}_1$、$\boldsymbol{K}_2$ 以及合适的参数 ϖ、δ_1、δ_2、γ_1 和 γ_2，可以使动力定位船以任意小的误差沿期望航迹跟踪到期望位置，并且保证动力定位船闭环控制系统中所有的信号是一致最终有界的。

证明 为了证明本章所设计动力定位船闭环控制系统的稳定性，本节选择如下形式的 Lyapunov 函数：

$$V_3 = \frac{1}{2}z_1^{\mathrm{T}}z_1 + \frac{1}{2}z_2^{\mathrm{T}}\boldsymbol{M}z_2 + \frac{1}{2}\tilde{\pi}\delta_1^{-1}\tilde{\pi} + \frac{1}{2\gamma_1}\tilde{\sigma}^2 + \int_{t-d}^{t}\Phi(s)\,\mathrm{d}s \tag{6-37}$$

其中，$\tilde{\pi}=\hat{\pi}-\pi$ 表示权值矩阵范数的估计误差，$\tilde{\sigma}=\hat{\sigma}-\sigma$ 表示对于合成干扰上界和神经网络逼近误差上界之和的估计误差，对 V_3 微分可得

$$\dot{V}_3 = \dot{V}_1 + z_2^{\mathrm{T}}\boldsymbol{M}\dot{z}_2 + \tilde{\pi}\delta_1^{-1}\dot{\hat{\pi}} + \frac{1}{\gamma_1}\tilde{\sigma}\dot{\hat{\sigma}} + \Phi(t) - \Phi(t-d) \tag{6-38}$$

将 z_2 的微分表达式(6-20)和 $\boldsymbol{V}_1$ 的微分表达式(6-19)代入式(6-38)可得

$$
\begin{aligned}
\dot{V}_3 =& -z_1^{\mathrm{T}}\boldsymbol{K}_1 z_1 + z_1^{\mathrm{T}}\boldsymbol{J}(\psi) z_2 + \tilde{\pi}\delta_1^{-1}\dot{\hat{\pi}} + \frac{1}{\gamma_1}\tilde{\sigma}\dot{\hat{\sigma}} \\
&+ z_2^{\mathrm{T}}(-(\boldsymbol{C}(\boldsymbol{v}) + \boldsymbol{D}(\boldsymbol{v})) + \tau(t) + \boldsymbol{G}(t) + \Delta f(t-d) - \boldsymbol{M}\dot{\alpha}) \\
&+ \Phi(t) - \Phi(t-d) \\
\leqslant& -z_1^{\mathrm{T}}\boldsymbol{K}_1 z_1 + z_1^{\mathrm{T}}\boldsymbol{J}(\psi) z_2 + \tilde{\pi}\delta_1^{-1}\dot{\hat{\pi}} + \frac{1}{\gamma_1}\tilde{\sigma}\dot{\hat{\sigma}} \\
&+ z_2^{\mathrm{T}}\left(-(\boldsymbol{C}(\boldsymbol{v}) + \boldsymbol{D}(\boldsymbol{v})) + \tau(t) + \boldsymbol{G}(t) + \frac{z_2}{\| z_2 \|^2}\Phi(t) - \boldsymbol{M}\dot{\alpha}\right) \\
&+ \frac{z_2^{\mathrm{T}} z_2}{2} + \frac{1}{2} f^{\mathrm{T}}(t-d) f(t-d) - \Phi(t-d) \\
\leqslant& -z_1^{\mathrm{T}}\boldsymbol{K}_1 z_1 + z_1^{\mathrm{T}}\boldsymbol{J}(\psi) z_2 + \tilde{\pi}\delta_1^{-1}\dot{\hat{\pi}} + \frac{1}{\gamma_1}\tilde{\sigma}\dot{\hat{\sigma}} \\
&- z_2^{\mathrm{T}}\boldsymbol{J}^{\mathrm{T}}(\psi) z_1 - z_2^{\mathrm{T}}\boldsymbol{K}_2 z_2 + \frac{z_2^{\mathrm{T}} z_2}{2} - \boldsymbol{\varpi}\int_{t-d}^{t}\frac{\| \bar{f}(s) \|^2}{2}\mathrm{d}s \\
&+ z_2^{\mathrm{T}}\left(\boldsymbol{\Theta}^{*\mathrm{T}} S(\boldsymbol{Z}) + \boldsymbol{G}(t) + \varepsilon(\boldsymbol{Z}) - \frac{\hat{\pi} z_2 \| S(\boldsymbol{Z}) \|^2}{2} + \tau_{RC}\right)
\end{aligned}
\tag{6-39}
$$

首先,根据假设 6.3 可知:

$$
-\boldsymbol{\varpi}\int_{t-d}^{t}\frac{\| \bar{f}(s) \|^2}{2}\mathrm{d}s \leqslant -\boldsymbol{\varpi}\int_{t-d}^{t}\Phi(s)\,\mathrm{d}s \tag{6-40}
$$

然后,根据不等式(6-27)可知:

$$
z_2^{\mathrm{T}}\boldsymbol{\Theta}^{*\mathrm{T}} S(\boldsymbol{Z}) \leqslant \frac{\pi \| z_2 \|^2 \| S(\boldsymbol{Z}) \|^2}{2} + \frac{1}{2} \tag{6-41}
$$

因此可得式(6-39)中存在如下的不等式关系:

$$
\boldsymbol{\Theta}^{*\mathrm{T}} S(\boldsymbol{Z}) - \frac{\hat{\pi} z_2 \| S(\boldsymbol{Z}) \|^2}{2} \leqslant -\frac{\tilde{\pi} z_2 \| S(\boldsymbol{Z}) \|^2}{2} + \frac{1}{2} \tag{6-42}
$$

将自适应律式(6-35)代入式(6-42)可得

$$
\tilde{\pi}\delta_1^{-1}\dot{\hat{\pi}} = \tilde{\pi}\left(\frac{\| z_2 \|^2 \| S(\boldsymbol{Z}) \|^2}{2} - \delta_2(\hat{\pi} - \pi(0))\right) \tag{6-43}
$$

考虑上式左边部分：

$$\begin{aligned}
&-\delta_2\tilde{\pi}(\hat{\pi}-\pi(0))\\
&=-\delta_2\tilde{\pi}^2-\delta_2\tilde{\pi}(\pi-\pi(0))\\
&\leqslant-\delta_2\tilde{\pi}^2+\frac{1}{2}\delta_2\tilde{\pi}^2+\frac{1}{2}\delta_2(\pi-\pi(0))^2\\
&\leqslant-\frac{\delta_2}{2\lambda_{\max}(\delta_1^{-1})}\tilde{\pi}\delta_1^{-1}\tilde{\pi}+\frac{1}{2}\delta_2(\pi-\pi(0))^2
\end{aligned}\tag{6-44}$$

综合式(6-42)和式(6-44)可得在式(6-39)中存在如下的不等式关系：

$$\begin{aligned}
&\boldsymbol{\Theta}^{*\mathrm{T}}S(\mathbf{Z})-\frac{\hat{\pi}z_2\|S(\mathbf{Z})\|^2}{2}+\tilde{\pi}\delta_1^{-1}\dot{\hat{\pi}}\\
&\leqslant-\frac{\delta_2}{2\lambda_{\max}(\delta_1^{-1})}\tilde{\pi}\delta_1^{-1}\tilde{\pi}+\frac{1}{2}+\frac{1}{2}\delta_2(\pi-\pi(0))^2
\end{aligned}\tag{6-45}$$

接下来，考虑控制方法中鲁棒自适应项对合成干扰和误差的补偿能力：

$$z_2^{\mathrm{T}}(\boldsymbol{G}(t)+\boldsymbol{\varepsilon}(\mathbf{Z})+\tau_{RC})\leqslant\|z_2\|(\sigma-\hat{\sigma})\tag{6-46}$$

根据鲁棒自适应补偿项的自适应律可得

$$\frac{1}{\gamma_1}\tilde{\sigma}\dot{\hat{\sigma}}=-\gamma_2\tilde{\sigma}\hat{\sigma}+\tilde{\sigma}\|z_2\|\tag{6-47}$$

结合式(6-46)与式(6-47)，可以得到

$$z_2^{\mathrm{T}}(\boldsymbol{G}(t)+\boldsymbol{\varepsilon}(\mathbf{Z})+\tau_{RC})+\frac{1}{\gamma_1}\tilde{\sigma}\dot{\hat{\sigma}}\leqslant-\gamma_2\tilde{\sigma}\hat{\sigma}\tag{6-48}$$

又因为下列不等式成立：

$$2\tilde{\sigma}\hat{\sigma}=\tilde{\sigma}^2+\hat{\sigma}^2-\sigma^2\geqslant\tilde{\sigma}^2-\sigma^2\tag{6-49}$$

因此式(6-48)可以改写为

$$-\gamma_2\tilde{\sigma}\hat{\sigma}\leqslant-\frac{\gamma_2}{2}\tilde{\sigma}^2+\frac{\gamma_2}{2}\sigma^2\tag{6-50}$$

将式(6-50)代入式(6-48)可得

$$z_2^{\mathrm{T}}(\boldsymbol{G}(t)+\boldsymbol{\varepsilon}(\mathbf{Z})+\tau_{RC})+\frac{1}{\gamma_1}\tilde{\sigma}\dot{\hat{\sigma}}\leqslant-\frac{\gamma_2}{2}\tilde{\sigma}^2+\frac{\gamma_2}{2}\sigma^2\tag{6-51}$$

综合式(6-40)、式(6-45)和式(6-51)代入式(6-39)，则 V_3 的微分可以转化成如下形式：

$$\begin{aligned}\dot{V}_3 \leqslant & -z_1^{\mathrm{T}}\boldsymbol{K}_1 z_1 - z_2^{\mathrm{T}}\left(\boldsymbol{K}_2 - \frac{1}{2}\boldsymbol{I}_{3\times3}\right)z_2 - \boldsymbol{\varpi}\int_{t-d}^{t}\Phi(s)\,\mathrm{d}s \\ & -\frac{\delta_2}{2\lambda_{\max}(\delta_1^{-1})}\tilde{\pi}\delta_1^{-1}\tilde{\pi} + \frac{1}{2} + \frac{1}{2}\delta_2(\pi - \pi(0))^2 - \frac{\gamma_2}{2}\tilde{\sigma}^2 + \frac{\gamma_2}{2}\sigma^2 \\ \leqslant & -\mu V_3 + \rho\end{aligned} \tag{6-52}$$

其中，$\mu=\min\left\{2\lambda_{\min}(\boldsymbol{K}_1),2\lambda_{\min}\left(\left(\boldsymbol{K}_2-\frac{1}{2}\boldsymbol{I}_{3\times3}\right)\boldsymbol{M}^{-1}\right),\frac{\delta}{\lambda_{\max}(\delta_1^{-1})},\frac{\gamma_1\gamma_2}{2},\boldsymbol{\varpi}\right\}$，$\rho=\frac{1}{2}+\frac{\gamma_2}{2}\sigma^2+\frac{1}{2}\delta_2(\pi-\pi(0))^2$，对上式积分可得

$$0 \leqslant V_3(t) \leqslant \frac{\rho}{2\mu} + \left(V_3(0) - \frac{\rho}{2\mu}\right)e^{-2\mu t} \tag{6-53}$$

因此，$V_3(t)$ 是全局一致最终有界的，并且根据 $V_3(t)$ 的定义可知

$$\|z_1\| \leqslant \sqrt{\frac{\rho}{\mu} + 2\left(V_i(0) - \frac{\rho}{2\mu}\right)e^{-2\mu t}} \tag{6-54}$$

至此，可以得到位置跟踪误差 z_1 是全局一致最终有界的。对任意给定的常数 $\zeta>\sqrt{\rho/\mu}$，总是存在一个时间常数 $T>0$，使得当 $t>T$ 的时候，满足 $\|z_1\|\leqslant\zeta$，因此，跟踪误差 z_1 达到并保持于闭集 $\boldsymbol{\Omega}_{z_1}=\{z_1\in\mathbb{R}^3 \mid \|z_1\|\leqslant\zeta\}$，通过选择合适的矩阵 $\boldsymbol{K}_1$、$\boldsymbol{K}_2$ 以及合适的参数达、$\boldsymbol{\Gamma}$、δ、γ_1 和 γ_2 可以使得有界闭集 $\boldsymbol{\Omega}_{z_1}$ 任意小，也就能够保证动力定位船以任意小的误差沿期望航迹跟踪到期望定位点。至此定理 6. 1 得证。

6.4　具有约束和时滞的动力定位神经网络控制仿真验证

为了验证本章所设计动力定位船神经网络跟踪控制器的有效性，本小节将在 MATLAB/Simulink 的环境下对所设计控制方法进行数字仿真。所考虑的动力定位船模型为挪威科技大学所设计的一种 1∶70 动力定位模型 CyberShip Ⅱ，具体参数可参考第 2 章中船舶运动控制系统建模中的参数表格。此外，假设推进系统所能提供的最大推力和力矩为 $|\tau_{i\max}|=50$。根据文献[158]，设计未知外界时变干扰为

如下形式：

$$\boldsymbol{\tau}_d=\begin{pmatrix}-2\cos(0.5t)\cos(t)+0.3\cos(0.5t)\sin(0.5t)-3\\0.01\sin(0.1t)\\0.6\sin(1.1t)\cos(0.3t)\end{pmatrix}$$

假设动力定位船受到的状态时滞干扰如下[182]：

$$f(t)=\begin{pmatrix}0.5(\sin x+\cos \mu)\\0.4(\sin y-\cos v)\\0.2(\sin \psi-\cos r)\end{pmatrix}$$

在此给定动力定位船的初始状态为 $\boldsymbol{\eta}_d=[0\text{ m},0\text{ m},0°]^{\mathrm{T}}$，沿期望航迹后到达的期望状态为 $[20\text{ m},20\text{ m},10°]^{\mathrm{T}}$，并且根据文献[183]为动力定位船设计了生成期望航迹的导引律如下：

$$\begin{cases}\dot{\eta}_d=\boldsymbol{v}_d\\\dot{v}_d=-\omega^2{}_n\boldsymbol{\eta}_d-\chi|\eta_d|\boldsymbol{\eta}_d-2\zeta\omega_n\boldsymbol{\eta}_d+\omega^2{}_n\boldsymbol{\varphi}\end{cases}$$

其中，$\dot{\eta}_d,\ddot{\eta}_d\in\mathbb{R}^3$ 为期望位置向量的一阶、二阶导数；ω_n 为导引系统固有频率；ζ 为阻尼比；δ 为待设计的参数；φ 为导引系统输入。在此选择 $\omega_n=0.4$ 、$\zeta=0.5$、$\chi=0.8$、$\varphi=[20,20,10]^{\mathrm{T}}$，则所设计导引律所生成的纵荡、横荡和艏向三个自由度上位置和速度的期望轨线分别为图 6.2 中所示。

为了验证本章所设计动力定位船控制器的有效性，在该仿真环境下，拟进行如下两个仿真：

(1)仿真案例，定理 6.1 所设计的鲁棒自适应神经网络控制器；

(2)对比案例(C1)，无输入饱和补偿的神经网络控制器。以下两个小节是具体的仿真结果。

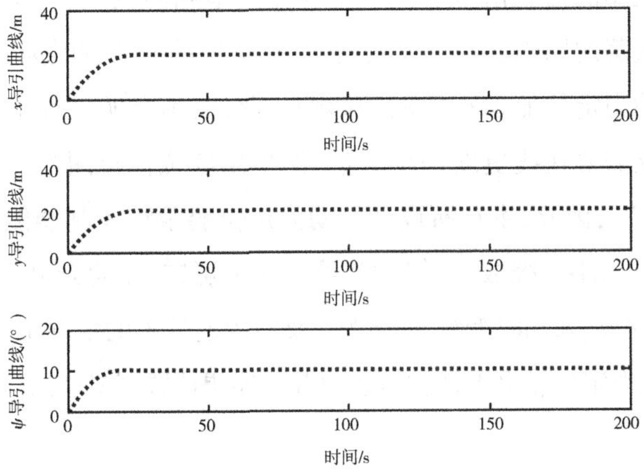

图 6.2　导引律生成纵荡、横荡、艏向位置和速度的期望航迹

6.4.1　鲁棒自适应神经网络仿真案例

在上述的仿真条件下，本章为动力定位船所设计的控制器定理 6.1 中的参数选择如下：神经网络节点数选为 $l=500$，高斯函数的宽度选择为 $b_j=2(j=1,2,\cdots,l)$，中心 $c_{ij}(i=1,2,\cdots,6,j=1,2,\cdots,l)$ 选取为满足以下区间上均匀分布的常数：$[-2\quad 20]\times[-2\quad 20]\times[-0.1\quad 0.2]\times[-2\quad 1]\times[-2\quad 1]\times[-0.02\quad 0.01]$，$\delta_1=1$，$\delta_2=1$，$\pi(0)=0$，$\gamma_1=15$，$\gamma_2=30$，$\boldsymbol{K}_1=\mathrm{diag}\{40,50,20\}$，$\boldsymbol{K}_2=\mathrm{diag}\{50,50,50\}$。图 6.3～图 6.7 说明了本章所设计动力定位船控制器方法的有效性，其中图 6.3 给出了动力定位船在各个自由度上的跟踪效果。从图中可以看出，除了在初始阶段存在一定的振荡，动力定位船能够迅速准确地跟踪到期望航迹，保证动力定位船能够沿期望航迹平稳地跟踪至期望定位点。相对于文献[160]中的结果，本章所设计控制器所实现的跟踪航迹光滑，具有更好的控制效果。为了能够进一步说明本章所设计控制器的控制性能，图 6.4 给出了横荡、纵荡和艏向上的位置跟踪误差，图 6.5 给出了动力定位船速度和角速度的响应曲线，图 6.6 给出了神经网络权值矩阵范数的估计收敛过程。通过整体图可以看出，在初始阶段动力定位船的跟踪会存在有限偏差，但是控制器能够保证其迅速跟踪到期望航迹，最终平稳地跟踪至期望位置和姿态，通过局部放大图可以看出，动力定位船跟踪至定位点之后位置和艏向角的跟踪误差能够分别稳定至 0.05 m、0.01 m 以及 0.05°范围以内。通过图 6.6 可以看出，速度和角速度跟踪至定位点后速度收敛至 0.01 m/s、0.01 m/s 以及 0.01°/s 以内。图 6.7 则给出了动力定位船的控制输入信号曲线，从局部放大图中可以看出，初始阶段动力定位船的控制信号超出了未知输入饱和约束上界，这也是造成初始阶段动力定位船振荡的原因，但是经过鲁棒自适应项的补偿，能够很快消除触发输入饱和约束对于动力定位船运动性能的影响。此外，本章所设计动力定位船控制器中的神经网络仅需要在线更新一个参数，而采用传统神经网络控制器需要在线更新 1500 个参数[82]，因此，本章所设计的动力定位船跟踪控制器能够极大降低传统方法的计算负担，解决“维数灾难”的问题。综上可知，在动力定位船包含时滞约束、未知输入饱和约束、未知时变外界干扰以及不确定约束的情况下，本章所设计的控制器能够保证动力定位船沿着期望航迹跟踪至期望位置，并且计算负担较小。

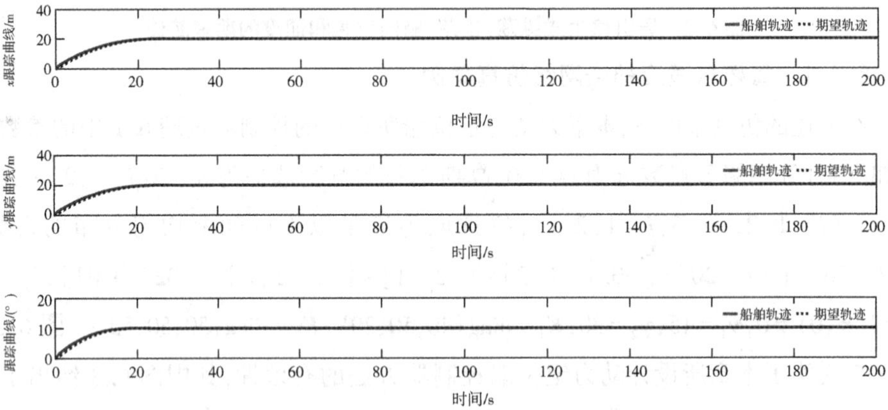

图 6.3　动力定位船在纵荡、横荡和艏向上的跟踪曲线

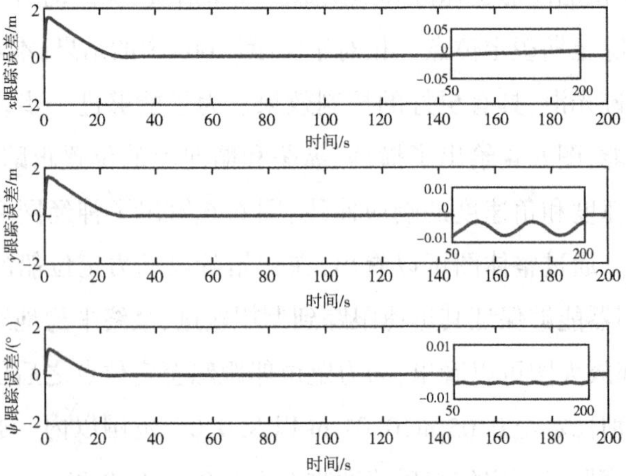

图 6.4　船舶跟踪航迹与导引律的跟踪误差

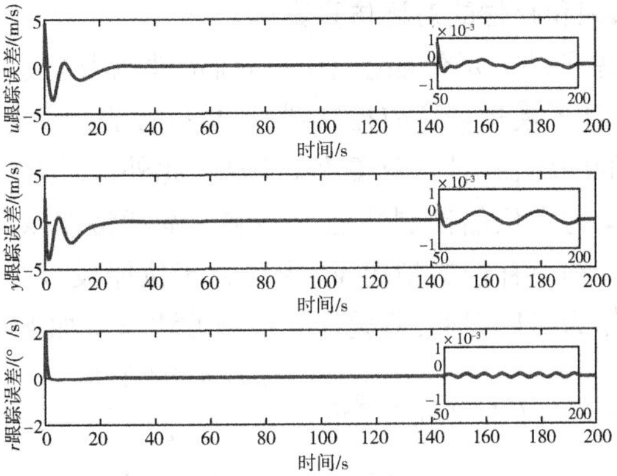

图 6.5　速度响应曲线

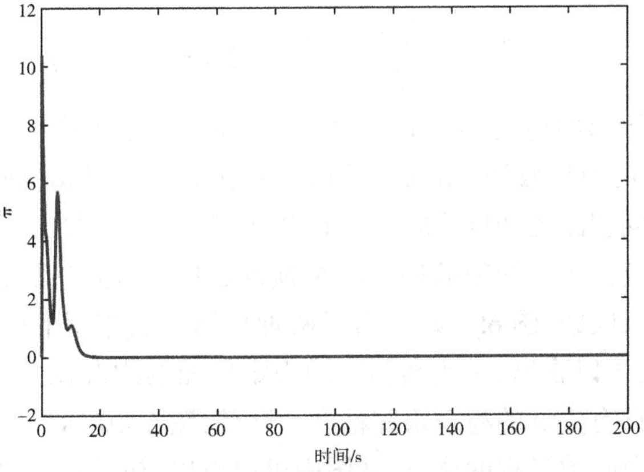

图 6.6　神经网络权值矩阵范数

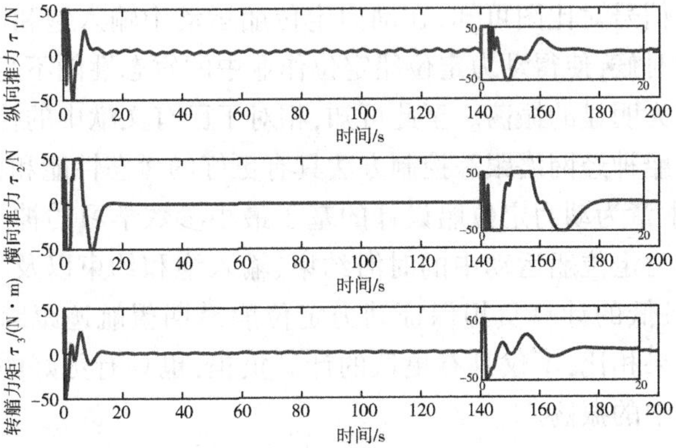

图 6.7　控制输入信号

6.4.2 无输入饱和补偿的对比仿真案例

文献[47]中考虑了动力定位船模型的不确定性以及状态延迟响应带来的影响,为动力定位船设计了模糊自适应控制器,但是该方法并没有考虑动力定位船中控制输入饱和约束的问题,并且计算复杂度较高,此外,该结果也没有考虑模糊控制的逼近误差对于动力定位船控制性能的影响。本章将以该文献方法为基础,在不考虑控制输入饱和约束补偿的情况下,为动力定位船设计了基于最小参数学习的神经网络控制器作为对比案例,所设计的控制方法形式如下:

$$\tau_{C1} = -\boldsymbol{J}^{\mathrm{T}}(\psi)z_1 - \boldsymbol{K}_2 z_2 - \frac{\hat{\pi} z_2 \| S(\boldsymbol{Z}) \|^2}{2} + \tau_{LK} \tag{6-55}$$

$$\tau_{LK} = -\frac{\boldsymbol{\varpi} z_2}{\| z_2 \|^2}\int_{t-d}^{t} \frac{\| \bar{f}(s) \|^2}{2} \mathrm{d}s \tag{6-56}$$

$$\dot{\hat{\pi}} = \delta_1 \left(\frac{\| z_2 \|^2 \| S(\boldsymbol{Z}) \|^2}{2} - \delta_2 (\hat{\pi} - \pi(0)) \right) \tag{6-57}$$

在6.4中所给出的仿真环境下,图6.8~图6.11给出了本章所设计控制器与已有文献结果[47]的对比效果,图6.8给出了对比案例中纵荡、横荡和艏向方向上动力定位船对于期望路径和位置的跟踪效果,从图中可以看出,对比案例中的控制器能够保证动力定位船沿期望航迹跟踪至预设定位点,但是已有成果没有考虑控制输入饱和的约束问题,图6.9则给出了两种控制方法作用下位置和艏向角的跟踪误差对比效果,可以看出,对比案例中动力定位船的跟踪误差更大,因此本章所设计的控制器也具有更好的稳态跟踪精度。同理,图6.10给出了两种方法中神经网络权值矩阵范数收敛过程的比较,从图中可以看出,初始阶段动力定位船控制输入饱和对神经网络权值矩阵的收敛过程也存在影响。结合图6.11所给出的动力定位船控制输入信号对比图可知,在动力定位船运动中输入饱和约束带来的干扰无法进行补偿的时候,使得动力定位船定位作业中的暂态性能不足,引起动力定位船跟踪过程中较为明显的振荡。至此可知,相对于已有文献中的控制方法,本章所设计的动力定位船神经网络跟踪控制方法具有更好的暂态性能和稳态性能。

综上可知,本章为动力定位船设计的基于最小参数学习的神经网络跟踪控制器在同时考虑动力定位船运动中的时滞约束、输入饱和约束以及不确定性约束的情况下,能够以较低的计算负担保证动力定位船沿期望航迹跟踪至期望定位点。与已有文献的结果相比,不仅具有更低的计算负担,也具有更好的跟踪精度,并且减弱了跟踪过程中的振荡。

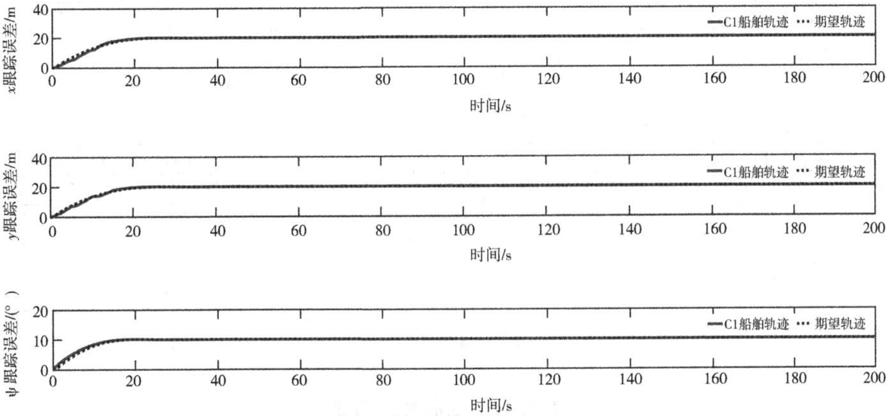

图 6.8　对比案例条件下的期望航迹与实际航迹

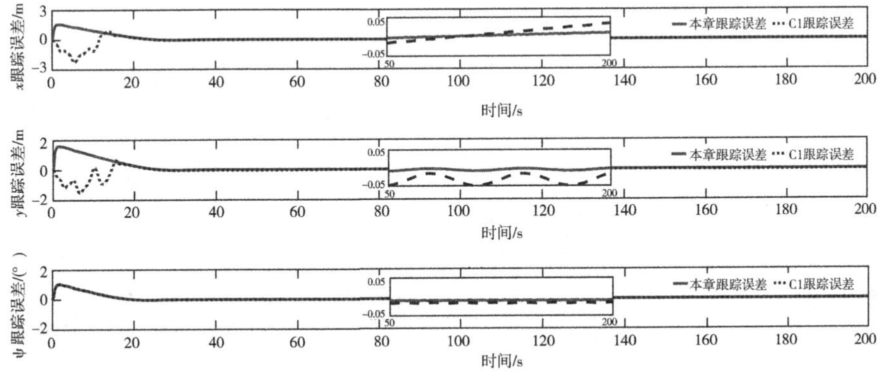

图 6.9　位置和艏向角跟踪误差对比

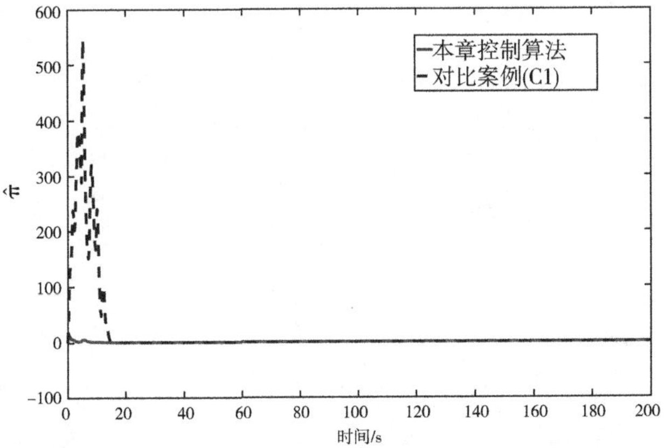

图 6.10　神经网络权值矩阵范数收敛过程对比

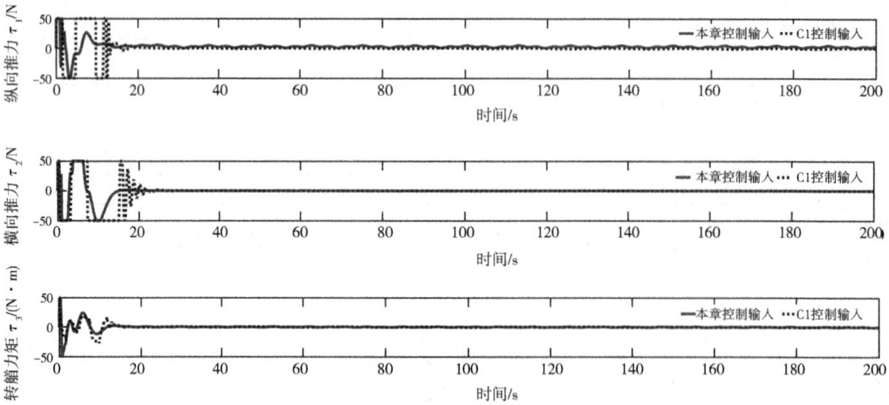
纵向推力 τ1/N
本章控制输入
C1控制输入
时间/s
横向推力 τ2/N
本章控制输入
C1控制输入
时间/s
转艏力矩 τ3/(N·m)
本章控制输入
C1控制输入
时间/s

图 6.11　控制输入对比

第 7 章　结论

由于物理特性的限制,在动力定位船控制器的设计过程中不可避免地会面临这些限制所带来的约束问题,这些约束问题通常会影响动力定位船的控制性能,因此,在动力定位船控制器的设计中应该充分考虑这些约束问题。本书针对动力定位船控制系统中物理特性限制所带来的时滞约束、输入饱和约束、速度不可测约束以及不确定性约束问题,在满足各类约束的前提下为动力定位船设计了一系列控制方法,实现了动力定位船高性能的定位或者航迹跟踪控制。

7.1　本书的主要研究内容

(1)针对推进系统推力生成速度限制造成的时滞约束问题,并考虑动力定位船在预设作业时间内的状态约束问题,本书研究了包含输入时滞约束和预设作业时间内状态约束的动力定位船定点控位控制问题。首先,基于艏向角较小的假设,建立了包含输入时滞的动力定位船线性化模型;然后,去掉传统 H_∞ 控制中零初始状态的假设条件,引入一种包含初始状态的暂态 H_∞ 性能指标,基于线性矩阵不等式技术,为动力定位船提出了一种有限时间暂态 H_∞ 控制器,不仅实现了在包含初始时刻的预设作业时间内动力定位船定位状态的定量分析,还减弱了定位过程中动力定位船的振荡幅度,降低了传统 H_∞ 控制的保守性;此外,研究了有限时间稳定理论,提出了一种改进的有限时间稳定分析方法,通过考虑类 Lyapunov-Krasovskii 函数的整体正定性,提出了新的有限时间稳定性判据,缩小了被控对象在预设时间内的状态边界,降低了传统分析方法的保守性;最后,通过数值仿真和对比仿真说明本书所设计的动力定位船有限时间暂态 H_∞ 控制器能够保证动力定位船在时滞约束的影响下,在包含初始时刻的预设作业时间内定位于期望定位点附近,并且在定位过程中满足预设的作业状态约束;此外,减弱了作业时间内动力定位船的振荡,降低了传统 H_∞ 控制方法的保守性。

(2)针对推进系统所提供推力有限造成的输入饱和约束问题,并考虑动力定位船的抗干扰性能约束问题以及计算负担约束问题,本书研究了包含输入饱和约束与非匹配干扰的动力定位船航迹跟踪控制问题。首先,研究了六自由度动力定位船运动模型转化为三自由度运动模型的过程,分析了该过程中运动状态耦合对于运动学模型的影响,考虑了由此产生的非匹配干扰问题,建立了包含非匹配干扰的动力定位船运动模型;然后,提出了一种基于干扰观测器的鲁棒自适应双回路超前抗饱和航迹跟踪控制器,分别设计了干扰观测器和自适应律补偿动力定位船所受到的非匹配干扰和匹配性干扰,全面提升了动力定位船在实际海洋环境下的抗干扰性能,将超前抗饱和结构拓展至多输入多输出的动力定位船控制器设计中,通过集成不同性能的抗饱和补偿器,构造了一种改进的双回路超前抗饱和控制方法,有效处理了动力定位船中的输入饱和问题,进一步降低了传统抗饱和控制方法作用下动力定位船的超调;同时,采用动态面技术避免了对虚拟控制律偏导数的计算,使得所设计方法结构简单,计算负担小,易于工程实现;最后,通过数值仿真和对比仿真说明所设计的航迹控制方法能够保证动力定位船在输入饱和约束的影响下,稳定精确地跟踪到期望航迹,不仅解决了动力定位船非匹配干扰对航迹跟踪精度的影响,并且解决了输入饱和约束引起的超调量较大的问题,此外,该方法还进一步降低了传统抗饱和控制方法的超调量,提升了传统方法的暂态性能。

(3)针对传感器成本和精度限制造成的速度不可测约束问题,并考虑动力定位船的输入饱和约束问题以及快速收敛性能约束问题,本书研究了包含速度不可测约束与输入饱和约束的动力定位船快速航迹跟踪控制问题。首先,将包含科里奥利与向心力矩阵、非线性阻尼项以及输入饱和约束的动力定位船运动模型转换为一类严格反馈非线性系统的形式;然后,为动力定位船设计了自适应滑模输出反馈控制器,通过一个辅助系统处理了输入饱和约束问题,结合辅助系统信号构造了包含输入饱和补偿信号的终端滑模面,通过自适应律在线估计外界干扰的上界,避免了对外界干扰信息的需要;同时,为动力定位船设计了一种连续有限时间收敛状态观测器,能够快速估计出动力定位船的速度信息,并且避免了滑模观测器的抖振问题;最后,通过数值仿真和对比仿真说明所设计的控制器能够保证动力定位船在速度不可测约束与输入饱和约束的影响下,快速跟踪到期望航迹,并且与已有成果相比,减弱了初始阶段动力定位船跟踪运动的振荡,提高了动力定位船跟踪误差的收敛速度。

(4)针对船舶物理信息限制造成的不确定性约束问题,并综合考虑时滞约束、未知输入饱和约束以及计算负担约束等多重约束问题,本书研究了包含时滞、模型不确定性与未知输入饱和多约束条件下动力定位船沿期望航迹跟踪至定位点的跟踪控制器设计问题。首先,将未知输入饱和对动力定位船运动的影响等效为一种匹配性干扰,建立了包含时滞与未知输入饱和约束的动力定位船运动模型;然后,为动力定位船提出了一种基于最小参数学习的鲁棒自适应神经网络跟踪控制方法,通过基于最小参数学习的神经网络方法解决了模型不确定性问题,降低了传统神经网络的计算负担,避免了对虚拟控制律导数的求解,同时解决了“维数灾难”问题和“计算爆炸”问题;此外,选择合适的 Lyapunov-Krasovskii 函数补偿了时滞约束对于动力定位船控制性能的影响,并且通过鲁棒自适应技术解决了未知输入饱和约束对初始阶段暂态跟踪性能的影响以及神经网络逼近误差对跟踪精度的影响。最后,通过数值仿真和对比仿真说明了所设计的控制器能够保证动力定位船在时滞约束、未知输入饱和约束以及不确定性约束的多重约束影响下,沿着期望航迹跟踪至期望位置,降低了计算负担,相对于已有结果减弱了动力定位船的振荡,并且具有更好的跟踪精度。

7.2 存在的不足

本书对于约束条件下动力定位船的控制方法设计问题进行了研究,一定程度上解决了现有研究成果的不足,但是研究中仍然存在不足,需要进一步完善:

(1)本书虽然考虑了多种约束条件下动力定位船的控制器设计问题,但是对于约束条件的综合考虑仍然具有局限性,一方面,对于单一约束问题仍然值得继续进行深入研究,例如输入饱和中的速率约束问题;另一方面,多约束条件的综合问题仍然是今后研究的重点,例如不确定性约束和速度不可测约束的控制器设计问题以及闭环系统的稳定性证明问题。如何在深度和广度上进一步考虑动力定位船的约束问题,为动力定位船设计高性能的控制器是今后需要继续研究的重点问题。

(2)本书和已有大部分成果仍然忽略了推进系统的动态特性,将控制器的输出等效为推进系统的输出推力和力矩,这也制约了所设计动力定位船控制方法应用于实际工程。对于推进系统动态的研究不仅需要考虑单一推进器的磁滞、死区、时滞等非线性特性,还需要考虑多推进器的推力分配问题,这样才能设计出更贴近于实际工程标准的动力定位船控制方法。

(3)本书对于动力定位船控制方法的研究仍然局限于基本控制方法的研究,而自主性、智能性仍然是研究人员所追求的最终目标。在满足动力定位船多种约束的条件下,设计更具有智能性的动力定位船控制系统也是今后需要研究的重要问题。

参考文献

[1] 国家发展改革委员会，国家海洋局. 中国海洋经济发展报告 2016[M]. 北京:海洋出版社,2016.

[2] MORGAN M J. 近海船舶的动力定位[M]. 北京:国防工业出版社，1984.

[3] 边信黔，付明玉，王元慧. 船舶动力定位[M]. 北京：科学出版社，2011.

[4] 张爱华. 动力定位船任务驱动的跟踪控制方法研究[D]. 哈尔滨:哈尔滨工程大学，2014.

[5] FOSSEN T I. Handbook of marine craft hydrodynamics and motion control[M]. Hoboken：John Wiley and sons，2011.

[6] 胡鑫. 船舶动力定位非线性控制研究[D]. 大连:大连海事大学,2018.

[7] 雷正玲. 船舶动力定位系统的自抗扰控制研究[D]. 大连:大连海事大学,2014.

[8] 谢文博. 船舶铺管作业动力定位控制方法研究[D]. 哈尔滨:哈尔滨工程大学,2013.

[9] 张国庆. 超恶劣海况下船舶运动简捷鲁棒自适应控制[D]. 大连:大连海事大学,2015.

[10] SORENSEN A J. A survey of dynamic positioning control systems[J]. Annual Reviews in Control. 2011，35(1):123-136.

[11] 宋军. 含 Markovian 跳变特性及有限时间约束的动态系统控制综合[D]. 上海:华东理工大学,2018.

[12] WANG N，QIAN C，SUN J C，et al. Adaptive robust finite-time trajectory tracking control of fully actuated marine surface vehicles[J]. IEEE Transactions on Control Systems Technology，2015，24(4):1-9.

[13] KATAYAMA H. Nonlinear sampled-data stabilization of dynamically positioned

ships[J]. IEEE Transactions on Control Systems Technology, 2010, 18(2):463-468.

[14] 安昊. 吸气式高超声速飞行器控制方法研究[D]. 哈尔滨:哈尔滨工业大学, 2017.

[15] 武慧勇. 基于不确定性模型的船舶航行和定位自适应控制[D]. 哈尔滨:哈尔滨工程大学,2015.

[16] 杨杨. 动力定位船非线性自适应控制研究[D]. 大连:大连海事大学,2013.

[17] 赵昂. 基于子空间理论的动力定位船模型辨识及控制方法研究[D]. 哈尔滨:哈尔滨工程大学,2016.

[18] SORENSEN A J. Structural issues in the design and operation of marine control systems[J]. Annual Reviews in Control, 2005, 29: 125-149.

[19] SHI Y, SHEN C, FANG H Z, et al. Advanced control in marine mechatronic systems: A survey[J]. 2017, 22(3): 1121-1131.

[20] SORENSEN A J. Marine cybernetics: Modelling and control. 2nt ed. marine [M]. Technology Centre, Trondheim, Norway: Marine Cybernetics, 2002.

[21] BALCHEN J G, JENSSEN N A, SAELID S. Dynamic positioning using Kalman filtering and optimal control theory[C]. IFAC/IFIP Symposium on Automation in Offshore Oil Field Operation, 1976: 183-186.

[22] FUNG P T, GRIMBLE M J. Dynamic ship positioning using a self-tuning Kalman filter[J]. IEEE Transactions on Automatic Control, 1983, 28 (3):339-350.

[23] GROVLEN A, FOSSEN T I. Nonlinear control of dynamic positioned ships using only position feedback: An observer backstepping approach[J]. IEEE Conference on Decision & Control. IEEE, 1998, 3388-3393.

[24] FOSSEN T I, GROVLEN A. Nonlinear output feedback control of dynamically positioned ships using vectorial observer backstepping[J]. IEEE Transactions on Control Systems Technology, 1998, 6(1):121-128.

[25] KATEBI M R, GRIMBLE M J, ZHANG Y. H_∞ robust control design for dynamic ship positioning[J]. IEE Proceedings-Control Theory and Applications, 1997, 144(2): 110-120.

[26] TANNURI E A, DONHA D C, PESCE C P. Dynamic positioning of a turret moored FPSO using sliding mode control[J]. International Journal of Robust & Nonlinear Control, 2001, 11(13):1239-1256.

[27] TANNURI E A, AGOSTINHO A C, MORISHITA H M, et al. Dynamic positioning systems: An experimental analysis of sliding mode control[J]. Control Engineering Practice, 2010, 18(10):1121-1132.

[28] KATEBI M R, YAMAMOTO I, MATSUURA M, et al. Robust dynamic ship positioning control system design and applications[J]. International Journal of Robust & Nonlinear Control, 2001, 11(13):1257-1284.

[29] WERNELD E N, DU J L, WANG R. Robust fuzzy controller design for dynamic positioning system of ships[J]. International Journal of Control, Automation, and Systems, 2015, 13(5):1294-1305.

[30] ZHANG G Q, ZHANG X K. Concise adaptive neural control of uncertain nonlinear systems with periodically nonlinear time-varying parameterized disturbances [J]. Journal of Process Control, 2014, 24(4):410-423.

[31] ZHANG G Q, ZHANG X K. Concise adaptive fuzzy control of nonlinearly parameterized and periodically time-varying systems via small gain theory[J]. International Journal of Control, Automation and Systems, 2016, 14(4):893-905.

[32] 付明玉，王元慧，朱晓环. 现代舰船动力定位[M]. 北京：国防工业出版社，2019.

[33] AMIN J, MEHRA R K, ARAMBEL P. Coordinated dynamic positioning of a multiPlatform mobile offshore base using nonlinear model predictive control[J]. Print Quarterly, 2001, 3(1):19-33.

[34] 王元慧，施小成，边信黔，等. 基于模型预测控制的船舶动力定位约束控制[J]. 船舶工程，2007，29(3):22-25.

[35] 王元慧，隋玉峰，吴静. 基于非线性模型预测的船舶动力定位控制器设计[J]. 哈尔滨工程大学学报，2013，34(1):110-115.

[36] 孙行衍. 船舶动力定位系统模型预测控制研究[D]. 哈尔滨:哈尔滨工程大学,2014.

[37] 赵大威,边信黔,丁福光. 非线性船舶动力定位控制器设计[J]. 哈尔滨工程大学学报,2011,32(1):57-61.

[38] LEI Z L, GUO C, FAN Y. Dynamic positioning systems based on active disturbance rejection technology[J]. Journal of Ocean University of China, 2014, 14(4):636-644.

[39] LEI Z L, GUO C. Noise suppression by ADRC for ship positioning and heading control[C]. 32nd Chinese Control Conference, 2013.

[40] NGUYENA T D, QUEKA R T. Design of hybrid controller for dynamic positioning from calm to extreme sea conditions[J]. Automatica, 2007, 43(5):768-785.

[41] NGUYEN T D, SORENSEN A J, QUEK S T. Multi-operational controller structure for station keeping and transit operations of marine vessels[J]. IEEE Transactions on Control Systems Technology, 2008, 16(3):491-498.

[42] 谢业海. 海况变化时的船舶定点定位切换自适应控制研究[D]. 哈尔滨:哈尔滨工程大学,2013.

[43] 林孝工, 谢业海, 赵大威, 等. 基于滞后-停留时间切换控制的输入受限系统[J]. 哈尔滨工程大学学报, 2012, 33(6): 720-724.

[44] 林孝工, 谢业海, 赵大威, 等. 基于海况分级的船舶动力定位切换控制[J]. 中国造船, 2012, 53(3): 165-173.

[45] LEI Z L, CHEN G. Disturbance rejection control solution for ship steering system with uncertain time delay[J]. Ocean Engineering, 2015, 95:78-83.

[46] 谢文博,付明玉,丁福光,等. 带有输入时滞的动力定位船鲁棒滑模控制[J]. 哈尔滨工程大学学报,2013,34(10):1249-1253.

[47] XIA G Q, XUE J J, JIAO J P. Dynamic positioning control system with input time-delay using fuzzy approximation approach[J]. International Journal of Fuzzy Systems, 2018, 20(2):630-639.

[48] ZHAO D W, DING F G, ZHOU L, et al. Robust H-infinity control of neutral system with time-delay for dynamic positioning ships[J]. Mathematical Problems in Engineering, 2015:1-11.

[49] RICHARD J P. Time-delay systems: An overview of some recent advances and open problems[J]. Automatica, 2003, 39: 1667-1694.

[50] SUN W C, ZHAO Y, LI J F, et al. Active suspension control with frequency band constraints and actuator input delay[J]. IEEE Transactions on Industrial Electronics, 2012, 59(1):530-537.

[51] ZHANG B L, TANG G Y. Active vibration H-infinity control of offshore steel jacket platforms using delayed feedback[J]. Journal of Sound and Vibration, 2013, 332:5662-5677.

[52] PEREZ T, DONAIRE A. Constrained control design for dynamic positioning of marine vehicles with control allocation[J]. Modeling Identification and Control, 2009, 8(4):2142-2149.

[53] CHEN M, JIANG B, CUI R. Actuator fault-tolerant control of ocean surface vessels with input saturation[J]. International Journal of Robust & Nonlinear Control, 2016, 26(3):542-564.

[54] KAHVECI N E, IOANNOU P A. Adaptive steering control for uncertain ship dynamics and stability analysis[J]. Automatica, 2013, 49(3):685-697.

[55] 付明玉, 刘佳, 吴宝奇. 基于扰动观测器的动力定位船终端滑模航迹跟踪控制[J]. 中国造船, 2015,56(4):33-45.

[56] 胡忠辉. 船舶航向运动非线性自适应及优化控制方法研究[D]. 哈尔滨:哈尔滨工程大学, 2013.

[57] 彭秀艳,贾书丽,张彪. 一类具有执行器饱和的非线性系统抗饱和方法研究[J]. 自动化学报, 2016(5):798-804.

[58] XIA G Q, ZHAO A, WU H, et al. Adaptive robust output feedback trajectory tracking control for ships with input nonlinearities[J]. International Journal of Robotics and Automation, 2016, 31(4):341-353.

[59] FU M Y, YU L L. Finite-time extended state observer-based distributed formation control for marine surface vehicles with input saturation and disturbances[J]. Ocean Engineering, 2018, 159: 219-227.

[60] DU J L, HU X , MIROSLAV K, et al. Robust dynamic positioning of ships with disturbances under input saturation[J]. Automatica, 2016, 73(C):207-214.

[61] CHEN M, TAO G, JIANG B. Dynamic surface control using neural networks for a class of uncertain nonlinear systems with input saturation[J]. IEEE Transactions on Neural Networks and Learning Systems, 2017, 26(9):2086-2097.

[62] REHAN M, KHAN A Q, ABID M, et al. Anti-windup-based dynamic controller synthesis for nonlinear systems under input saturation[J]. Applied Mathematics and Computation, 2013, 220:382-393.

[63] PARK J K, CHOI C H, CHOO H. Dynamic anti-windup method for a class of time-delay control systems with input saturation[J]. International Journal of Robust & Nonlinear Control, 2015, 10(6):457-488.

[64] CHEN M, GE S S, REN B. Adaptive tracking control of uncertain MIMO nonlinear systems with input constraints[J]. Automatica, 2011, 47:452-465.

[65] CHEN M, WU Q X, CUI R X. Terminal sliding mode tracking control for a class of SISO uncertain nonlinear systems[J]. ISA Transactions, 2013, 52(2):198-206.

[66] MORISHITA H M, SOUZA C E S. Modified observer backstepping controller for a dynamic positioning system[J]. Control Engineering Practice, 2014, 33(33):105-114.

[67] LORIA A, FOSSEN T I, PANTELEY E. A separation principle for dynamic positioning of ships: Theoretical and experimental results[J]. IEEE Transactions on Control Systems Technology, 2000, 8(2):332-343.

[68] 芮世民, 朱继懋, 黄根余. 应用自适应模糊控制实施船舶动力定位[J]. 上海交通大学学报, 2000, 34(1):56-59.

[69] 谢文博,付明玉,施小成. 动力定位船自适应滑模无源观测器[J]. 控制理论与应用,2013,30(1):1799-1804.

[70] 杜佳璐,李文化,郑凯,等. 船舶动力定位系统的非线性输出反馈控制[J]. 华南理工大学学报(自然科学版), 2012, 40(2):70-75.

[71] DO K D. Global robust and adaptive output feedback dynamic positioning of sur-

face ships[J]. Journal of Marine of Science and Application, 2011, 10 (3):325-332.

[72] DU J L, HU X, LIU H, et al. Adaptive robust output feedback control for a marine dynamic positioning system based on a high-gain observer[J]. IEEE Transactions on Neural Networks & Learning Systems, 2015, 26(11):2775-2786.

[73] 徐树生. 船舶动力定位多位置参考系统信息融合方法研究[D]. 哈尔滨:哈尔滨工程大学,2013.

[74] KHALED N, CHALHOUB N G. A self-tuning robust observer for marine surface vessels[J]. Nonlinear Dynamics, 2014, 79(2):937-951.

[75] CHEN M, GE S S, HOW B V E, et al. Robust adaptive position mooring control for marine vessels[J]. IEEE Transactions on Control Systems Technology, 2013, 21(2):395-409.

[76] DU J L, HU X, KRSTI M, et al. Dynamic positioning of ships with unknown parameters and disturbances[J]. Control Engineering Practice, 2018, 76:22-30.

[77] HU X, DU J L, SUN Y Q. Robust adaptive control for dynamic positioning of ships[J]. IEEE Journal of Oceanic Engineering, 2017:1-10.

[78] HE W, ZHANG S, GE S S. Robust adaptive control of a thruster assisted position mooring system[J]. Automatica, 2014, 50(7):1843-1851.

[79] YIN S, XIAO B. Tracking control of surface ships with disturbance and uncertainties rejection capability[J]. IEEE/ASME Transactions on Mechatronics, 2016, 22(3):1154-1162.

[80] DU J L, YANG Y, WANG D, et al. A robust adaptive neural networks controller for maritime dynamic positioning system[J]. Neurocomputing, 2013, 110(1):128-136.

[81] ZHANG G Q, CAI Y, ZHANG W. Robust neural control for dynamic positioning ships with the optimum-seeking guidance[J]. IEEE Transactions on Systems Man & Cybernetics Systems, 2017, 47(7):1500-1509.

[82] HU X, DU J L, ZHU G B, et al. Robust adaptive NN control of dynamically positioned vessels under input constraints[J]. Neurocomputing, 2018, 318:201-212.

[83] YANG Y, GUO C, DU J L. Robust adaptive NN-based output feedback control for a dynamic positioning ship using DSC approach[J]. Science China Information Sciences, 2014, 57(10):1-13.

[84] ZHANG L, LI Z, YANG C. Adaptive Neural Network based Variable Stiffness Control of Uncertain Robotic Systems using Disturbance Observer[J]. IEEE Transactions on Industrial Electronics, 2017:2236-2245.

[85] 王芳. 基于反步法的高超声速飞行器鲁棒自适应控制[D]. 天津:天津大学, 2014.

[86] 崔国增. 具有输入约束的不确定非线性系统自适应神经网络控制[D]. 南京:南京理工大学,2016.

[87] 李永明. 非匹配不确定非线性系统自适应模糊控制[D]. 大连:大连海事大学,2014.

[88] SKJETNE R, FOSSEN T I, PETAR V, et al. Adaptive maneuvering, with experiments, for a model ship in a marine control laboratory[J]. Automatica, 2005, 41(2):289-298.

[89] 毕凤阳, 张嘉钟, 魏英杰. 模型不确定时滞欠驱动 AUV 的模糊变结构控制[J]. 哈尔滨工业大学学报, 2010, 42(3):358-363.

[90] 吴彦鹏. 网络化不确定时滞系统鲁棒控制研究及其在飞行控制中的应用[D]. 西安:西北工业大学,2015.

[91] XIA G Q, XUE J J, JIAO J P, et al. Adaptive fuzzy control for Dynamic Positioning ships with time-delay of actuato[C]. OCEANS 2016 MTS/IEEE Monterey, 2016:1-6.

[92] DONAIRE A, PEREZ T. Dynamic positioning of marine craft using a port-Hamiltonian framework[J]. Automatica, 2012, 48(5):851-856.

[93] FU M Y, XU Y J. Finite-Time Tracking Control for a Class of MIMO Nonlinear Systems with Unknown Asymmetric Saturations[J]. Mathematical Problems in Engineering, 2017:1-10.

[94] 杨青运. 具有输入饱和的近空间飞行器鲁棒控制[D]. 南京:南京航空航天大学,2016.

[95] 杨明, 梁小斌, 贵献国. 控制系统 Anti-Windup 设计综述[J]. 电机与控制学报, 2007, 10(2):622-626.

[96] 李元龙. 饱和约束控制系统的吸引域估计与扩展[D]. 上海:上海交通大学, 2015.

[97] YIN Z, HE W, YANG C. Tracking control of a marine surface vessel with full-state constraints[J]. International Journal of Systems Science, 2017, 48(3):12.

[98] ZHAO Z, HE W, GE S S. Adaptive neural network control of a fully actuated marine surface vessel with multiple output constraints[J]. IEEE Transactions on Control Systems Technology, 2014, 22(4):1536-1543.

[99] 周克敏. 鲁棒与最优控制[M]. 北京: 国防工业出版社, 2006.

[100] KATAYAMA H. Nonlinear sampled-data stabilization of dynamically positioned ships[J]. IEEE Transactions on Control Systems Technology, 2010, 18(2):463-468.

[101] LASALLE J P, LEFSCHETZ S. Stability by Lyapunov's direct method with applications[M]. New York: Academic Press, 1961.

[102] DORATO P. Short-time stability in linear time-varying systems[D]. PHD thesis, Polytechnic Institute of Brooklyn, 1961.

[103] 王顺. 网络化线性切换系统有限时间控制问题研究[D]. 哈尔滨:哈尔滨工业大学,2016.

[104] ZHANG L X, WANG S, KARIMI H R, et al. Robust finite-time control of switched linear systems and application to a class of servomechanism systems[J]. IEEE/ASME Transactions on Mechatronics, 2015, 20(5):2476-2485.

[105] LAM J, GAO H, WANG C. Stability analysis for continuous systems with two additive time-varying delay components[J]. Systems & Control Letters, 2007, 56(1):16-24.

[106] SEURET, A, GOUAISBAUT F. Wirtinger-based integral inequality: Application to time-delay systems[J]. Automatica, 2013, 49: 2860-2866.

[107] LI Z C, BAI Y, HUANG C Z, et al. Novel delay-partitioning stabilization ap-

proach for networked control system via Wirtinger-based inequalities[J]. ISA Transactions, 2016, 61: 75-86.

[108]PARK P G, KO J W, JEONG C. Reciprocally convex approach to stability of systems with time-varying delays[J]. Automatica, 2011, 47:235-238.

[109]GU K, KHARITONOV V L, CHEN J. Stability of time-delay systems[M]. Berlin:Springer Science & Business Media, 2003.

[110]XU S Y, LAM J, ZHANG B Y, et al. New insight into delay-dependent stability of time-delay systems[J]. International Journal of Robust & Nonlinear Control, 2015, 25:961-970.

[111]SHAO H, HAN Q. On stabilization for systems with two additive time-varying input delays arising from networked control systems[J]. Journal of the Franklin Institute,2012, 349: 2033-2046.

[112]SHAO H, ZHANG Z. Delay-dependent state feedback stabilization for a networked control model with two additive input delays[J]. Applied Mathematics & Computation, 2015,265:748-758.

[113]CHENG J, CHEN S, LIU Z, et al. Robust finite-time sampled-data control of linear systems subject to random occurring delays and its application to Four-Tank system[J]. Applied Mathematics and Computation, 2016, 281:55-76.

[114]CRISTOFARO A, JOHANSEN T A. Fault tolerant control allocation using unknown input observers[J]. Automatica, 2014, 50(7):1891-1897.

[115]KHARGONEKART P P, NAGPAL K M. H-infinity control with transients[J]. SIAM Journal on Control & Optimization, 1991, 29(6):1373-1393.

[116]FENG Z, LAM J, XU S, et al. H-infinity control with transients for Singular Systems[J]. Asian Journal of Control, 2016, 18(4): 1-11.

[117]路坤锋. 空间飞行器姿态复合控制方法研究[D]. 北京:北京理工大学,2014.

[118]张传林. 非线性系统的非光滑控制理论及应用研究[D]. 南京:东南大学,2014.

[119]LEE W I, LEE S Y, PARK P G. A combined first- and second-order reciprocal

convexity approach for stability analysis of systems with interval time-varying delays[J]. Journal of the Franklin Institute, 2016, 353(9):2104-2116.

[120]JI X, SU H. A note on equivalence between two integral inequalities for time-delay systems[J]. Automatica, 2015, 53:244-246.

[121]GHAOUI E L, OUSTRY F, AITRAMI M. A cone complementarity linearization algorithm for static output-feedback and related problems[J]. IEEE Transactions on Automatic Control, 1997, 42(8): 1171-1176.

[122]KANG W, ZHONG S M, SHI K B, et al. Finite-time stability for discrete-time system with time-varying delay and nonlinear perturbations[J]. ISA Transactions, 2016, 60: 67-73.

[123]SAJJADI-KIA S, JABBARI F. Modified anti-windup compensators for stable plants[J]. IEEE Transactions on Automatic Control, 2009, 54(8):1934-1939.

[124]WU X, LIN Z. On immediate, delayed and anticipatory activation of anti-windup mechanism: static anti-windup case[J]. IEEE Transactions on Automatic Control, 2012, 57(3):771-777.

[125]WU X J, LIN Z. Design of multiple anti-windup loops for multiple activations [J]. Science China: Information Sciences, 2012, 55(9):1925-1934.

[126]DAS S, TALOLE S E. GESO based robust output tracking controller for marine vessels[J]. Ocean Engineering, 2016, 121:156-165.

[127]HU X, DU J L. Robust nonlinear control design for dynamic positioning of marine vessels with thruster system dynamics[J]. Nonlinear Dynamics, 2018,94: 365-376.

[128]KOKOTOVIE P V. The joy of feedback: nonlinear and adaptive[J]. IEEE Control Systems Magazine, 1992, 12(3): 7-17.

[129]SWAROOP D, HEDRICK J K, YIP P P, et al. Dynamic surface control for a class of nonlinear systems[J]. IEEE Transactions on Automatic Control, 2000, 45(10): 1893-1899.

[130]SUN H B, LI S H, YANG J, et al. Global output regulation for strict-feedback nonlinear systems with mismatched nonvanishing disturbances[J]. International

Journal of Robust and Nonlinear Control, 2015, 25(15): 2631-2645.

[131]WANG J, HE S M, LIN D F. Robust backstepping control for a class of nonlinear systems using generalized disturbance observer[J]. International Journal of Control, Automation and Systems, 2016, 14(6): 1475-1483.

[132]LIN Z, WU X. Dynamic anti-windup design in anticipation of actuator saturation [J]. International Journal of Robust and Nonlinear Control, 2013, 24(2):295-312.

[133]孙维超. 汽车悬架系统的主动振动控制[D]. 哈尔滨:哈尔滨工业大学,2013.

[134]SUN W, ZHAO Z, GAO H. Saturated adaptive robust control for active suspension systems[J]. IEEE Transactions on Industrial Electronics, 2013, 60(9): 3889-3896.

[135]TEEL A R, ZACCARIAN L, MARCINKOWSKI J J. An anti-windup strategy for active vibration isolation systems[J]. Control Engineering Practice, 2006, 14(1):17-27.

[136]WONDERGEM M, LEFEBER E, PETTERSEN K Y, et al. Output Feedback Tracking of Ships[J]. IEEE Transactions on Control Systems Technology, 2011, 19(2):442-448.

[137]张国庆,黄晨峰,吴晓雪,等. 考虑伺服系统增益不确定的船舶动力定位自适应有限时间控制[J]. 自动化学报, 2018, 44(10):1907-1912.

[138]黄琳. 稳定性与鲁棒性理论基础[M]. 北京: 科学出版社, 2003.

[139]BHAT S P, BERNSTEIN D S. Finite-time stability of continuous autonomous systems[J]. SIAM Journal on Control & Optimization, 2000, 38(3): 751-766.

[140]姜博严. 二阶系统有限时间控制问题研究[D]. 哈尔滨:哈尔滨工业大学,2018.

[141]SHEN Y, XIA X. Semi-global finite-time observers for nonlinear systems[J]. Automatica, 2008, 44(12):3152-3156.

[142]ZHU Z, XIA Y, FU M. Attitude stabilization of rigid spacecraft with finite-time convergence[J]. International Journal of Robust & Nonlinear Control, 2015, 21

(6):686-702.

[143]HU Q, JIANG B. Continuous Finite-time attitude control for rigid spacecraft based on angular velocity observer[J]. IEEE Transactions on Aerospace and Electronic Systems, 2018,54(3):1082-1092.

[144]ITKIS U. Control systems of variable structure[M]. New York: Wiley, 1976.

[145]高为炳. 变结构控制理论基础[M]. 北京: 中国科学技术出版社, 1990.

[146]高为炳, 程勉. 变结构控制系统的品质控制[J]. 控制与决策, 1989, 4(4): 1-6.

[147]YU X, MAN Z. Fast terminal sliding mode control design for nonlinear dynamic systems[J]. IEEE Transactions on Circuits and Systems-I: Fundmental Theory and Applications, 2002, 49(2): 261-264.

[148]FENG Y, YU X, MAN Z. Non-singular terminal sliding mode control of rigid manipulators[J]. Automatica, 2002, 38(12):2159-2167.

[149]YANG L, YANG J. Nonsingular fast terminal sliding-mode control for nonlinear dynamical systems[J]. International Journal of Robust & Nonlinear Control, 2011, 21(16):1865-1879.

[150]王钊. 非线性系统的有限时间控制及若干应用研究[D]. 南京:东南大学,2010.

[151]丁世宏, 李世华. 有限时间控制问题综述[J]. 控制与决策, 2011, 26(2): 161-169.

[152]王军晓. 先进控制方法的若干典型应用研究[D]. 南京:东南大学,2017.

[153]CHEN M, REN B B, WU Q X, et al. Anti-disturbance control of hypersonic flight vehicles with input saturation using disturbance observer[J]. Science China Information Sciences, 2015, 58(7):1-12.

[154]SHAO S K, ZONG Q, TIAN B L, et al. Finite-time sliding mode attitude control for rigid spacecraft without angular velocity measurement[J]. Journal of the Franklin Institute, 2017, 354: 4656-4674.

[155]ZHOU J, YANG J. Smooth sliding mode control for missile Interception with finite-time convergence[J]. Journal of Guidance, Control, and Dynamics, 2015,

38(7):1311-1318.

[156]LIU H, ZHANG T, TIAN X. Continuous output-feedback finite-time control for a class of second-order nonlinear systems with disturbances[J]. International Journal of Robust and Nonlinear Control, 2016, 26: 218-234.

[157]WANG Y,GU L, GAO M, et al. Multivariable output feedback adaptive terminal sliding mode control for underwater vehicles[J]. Asian Journal of Control, 2016, 18(1):247-265.

[158]YU L, GUOQING Z, ZHIJIAN S, et al. Adaptive cooperative formation control of autonomous surface vessels with uncertain dynamics and external disturbances [J]. Ocean Engineering, 2018, 167:36-44.

[159]XIA G, XUE J, JIAO J, et al. Adaptive fuzzy control for dynamic positioning ships with time-delay of actuator[C]. IEEE OCEANS 2016 MTS/IEEE, Monterey, CA, 2016:1-6.

[160]ZHANG G, HUANG C, ZHANG X, et al. Practical constrained dynamic positioning control for uncertain ship through the minimal learning parameter technique [J]. IET Control Theory & Applications, 2018, 12(18):2526-2533.

[161]XIA G Q, XUE J J, SUN C, et al. Sliding mode control with RBFNN compensation for dynamic positioning of ship with disturbance and input saturation[J]. International Journal of Innovative Computing, Information and Control, 2018, 14(6): 2163-2174.

[162]贾书丽. 船舶舵减横摇系统非线性控制方法研究[D]. 哈尔滨:哈尔滨工程大学,2015.

[163]朱阳. 不确定系统的自适应反步控制[D]. 杭州:浙江大学,2015.

[164]查雯婷. 一类不确定非线性系统反馈控制研究[D]. 南京:东南大学,2016.

[165]于靖, 陈谋, 姜长生. 基于干扰观测器的非线性不确定系统自适应滑模控制[J]. 控制理论与应用, 2014, 31(8):993-999.

[166]LIN X, NIE J, JIAO Y, et al. Nonlinear adaptive fuzzy output-feedback controller design for dynamic positioning system of ships[J]. Ocean Engineering, 2018, 158:186-195.

[167]GAO Y F, SUN X M, WEN C, et al. Observer-based adaptive NN control for a class of uncertain nonlinear systems with nonsymmetric input saturation[J]. IEEE Transactions on Neural Networks and Learning Systems, 2016,28(7): 1520-1530.

[168]唐忠樑. 具有输出约束和状态约束的不确定非线性系统的自适应神经网络控制及其应用[D]. 成都:电子科技大学,2016.

[169]刘文慧. 具有量化输入的非线性系统的自适应控制和采样数据控制[D]. 南京:南京理工大学, 2017.

[170]SANNER R M,SLOTINE J J E. Gaussian networks for direct adaptive control [J]. IEEE Transactions on Neural Networks,1992,3(6):837-863.

[171]NUMBERGER G. Approximation by spline functions[M]. New York:Springer-Verlag,1989.

[172]PARK J, SANDBERG I W. Universal approximation using radial-basis-function networks[J]. Neural Computation, 1991, 3(2):246-257.

[173]GE S S, WANG C. Adaptive NN control of uncertain nonlinear pure-feedback systems[J]. Automatica, 2002, 38(4): 671-682.

[174]KURDILA A J, NARCOWICH F J, WARD J D. Persistence of excitation in identification using radial basis function approximants[J]. SIAM Journal of Control and Optimization, 1995, 33(2): 625-642.

[175]YANG Y, FENG G, REN J. A combined backstepping and small-gain approach to robust adaptive fuzzy control for strict-feedback nonlinear systems[J]. IEEE Transactions on Systems Man and Cybernetics - Part A Systems and Humans, 2004, 34(3):406-420.

[176]CHEN B, LIU X, LIU K, et al. Direct adaptive fuzzy control of nonlinear strict-feedback systems[J]. Automatica, 2009, 45(6):1530-1535.

[177]MIAO B, LI T. A novel neural network-based adaptive control for a class of uncertain nonlinear systems in strict-feedback form[J]. Nonlinear Dynamics, 2015, 79(2):1005-1013.

[178]MIAO B, LI T, LUO W. A DSC and MLP based robust adaptive NN tracking

control for underwater vehicle[J]. Neurocomputing, 2013, 111(6):184-189.

[179]GUAN X P, WU X J, WU X L, et al. Dynamic surface control for a class of state-constrained non-linear systems with uncertain time delays[J]. IET Control Theory & Applications, 2012, 6(12):1948-1957.

[180]CHEN Y, YANG X, ZHENG X. Adaptive neural control of a 3-DOF helicopter with unknown time delay[J]. Neurocomputing, 2018,307(13): 98-105.

[181]ZHANG X, XIAO Y, ZHANG G, et al. Delay-independent stabilization of depth control for unmanned underwater vehicle[J]. IEEE International Conference on Mechatronics & Automation. IEEE, 2016:2494-2499.

[182]CAI J, WAN J, QUE H, et al. Adaptive actuator failure compensation control of second-order nonlinear systems with unknown time delay[J]. IEEE Access, 2018, 6(99):15170-15177.

[183]FOSSEN T I. Guidance and control of ocean vehicles[M]. Norway: John Wiley, 1994.

附　录

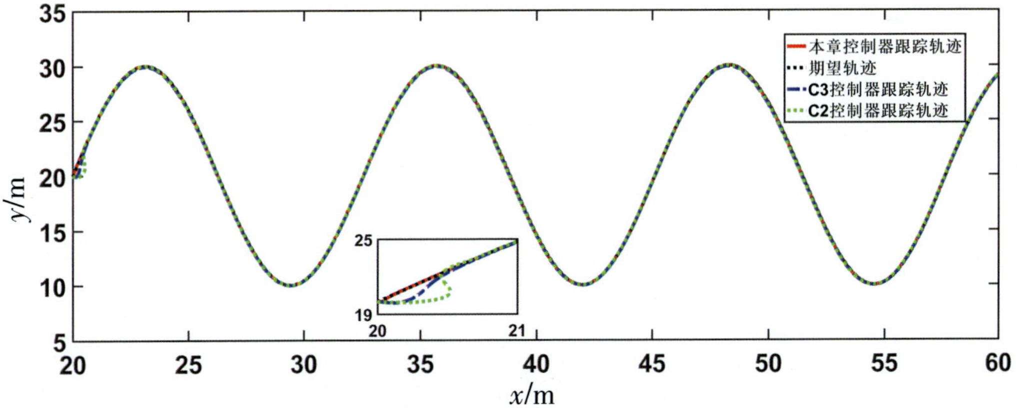

彩图1　对比案例3条件下的期望航迹与实际跟踪航迹